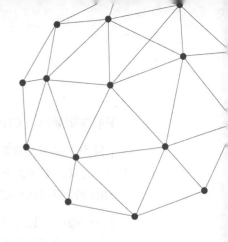

河北政法职业学院资助出版

河北政法职业学院学术文丛

# 生鲜农产品电商供应链
# 体系构建研究

王永钊　程　扬◎著

中国商务出版社

·北京·

**图书在版编目（CIP）数据**

生鲜农产品电商供应链体系构建研究／王永钊，程
扬著. —北京：中国商务出版社，2023.9

ISBN 978-7-5103-4784-9

Ⅰ.①生… Ⅱ.①王…②程… Ⅲ.①农产品—电子
商务—供应链管理—研究—中国 Ⅳ.①F724.72-39

中国国家版本馆 CIP 数据核字（2023）第 151812 号

# 生鲜农产品电商供应链体系构建研究
SHENGXIAN NONGCHANPIN DIANSHANG GONGYINGLIAN TIXI GOUJIAN YANJIU

王永钊 程 扬◎著

| | | |
|---|---|---|
| 出 版：中国商务出版社 | | |
| 地 址：北京市东城区安外大街东后巷 28 号 | 邮 编：100710 | |
| 责任部门：商务事业部（010-64269744） | | |
| 责任编辑：林小燕 | | |
| 直销客服：010-64266119 | | |
| 总 发 行：中国商务出版社发行部（010-64208388 64515150） | | |
| 网购零售：中国商务出版社淘宝店（010-64286917） | | |
| 网 址：http://www.cctpress.com | | |
| 网 店：https://shop595663922.taobao.com | | |
| 印 刷：北京建宏印刷有限公司 | | |
| 开 本：710 毫米×1000 毫米 1/16 | | |
| 印 张：15.75 | 字 数：311 千字 | |
| 版 次：2023 年 9 月第 1 版 | 印 次：2023 年 9 月第 1 次印刷 | |
| 书 号：ISBN 978-7-5103-4784-9 | | |
| 定 价：69.00 元 | | |

# 序言（一）

中国互联网络信息中心（CNNIC）发布的第 51 次《中国互联网络发展状况统计报告》显示：截至 2022 年 12 月，我国网民规模为 10.67 亿人，手机网民规模为 10.65 亿人，网络视频（含短视频）用户规模达 10.31 亿人，网络直播用户规模达 7.51 亿人，其中，电商直播用户规模为 5.15 亿人。由此可见，不同地区、不同年龄网民构成广大用户基础，流量型、资金型等不同形式的数字消费活力持续释放，促进电子商务行业健康发展，海量的网民为电子商务行业发展增添新活力。短视频平台持续拓展电商业务，"内容+电商"的种草变现模式已深度影响用户消费习惯。

党中央一直强调，农业强国是社会主义现代化强国的根基，推进农业现代化是实现高质量发展的必然要求。要把产业振兴作为乡村振兴的重中之重，积极延伸和拓展农业产业链，培育发展农村新产业新业态，不断拓宽农民增收致富渠道。近年来，我国生鲜农产品电商市场发展迅速，成为企业入驻掘金的新市场。生鲜农产品电子商务高速发展中出现的瓶颈非常明显，生鲜类农产品由于其本身的特殊性，如易变质、损坏率高，在产品品类选择、冷链保鲜、仓储配送和供应商管理等方面对电商企业提出了更高的要求。根据行业发展规律来看，生鲜农产品电商供应链是一种以保持低温环境为核心要求的特殊供应链形态，其复杂程度可见一斑。随着生鲜农产品电商产品质量的确定性和物流确定性逐渐得到解决，大量消费者也开始养成了网购生鲜农产品的消费习惯，使得许多生鲜农产品电商复购率逐渐提高，盈利能力逐渐增强。

《生鲜农产品电商供应链体系构建研究》展现了王永钊老师团队在生鲜农产品电商供应链体系构建方面的探索和深入思考，阅读此书有以下几点体会：

第一，擘画乡村振兴蓝图，解决好"三农"问题。《中共中央 国务院关于做好 2023 年全面推进乡村振兴重点工作的意见》明确指出，强国必先强农，农强方能国强。要立足国情农情，体现中国特色，建设供给保障强、科技装备强、经营体系强、产业韧性强、竞争能力强的农业强国。加快完善县乡村电子商务和快递物流配送体系，建设县域集采集配中心，推动农村客货邮融合发展，大力发展共同配送、即时零售等新模式，推动冷链物流服务网络向乡村下沉。党中央提出，产业振兴是乡村振兴的重中之重，要落实产业帮扶政策，做好"土特产"文章，依托农业农村特色资源，向开发农业多种功能、挖掘乡村多元价值要效益，向一二三产业融合发展要效益，强龙头、补链条、兴业态、树品牌，推动乡村产业全链条升级，增强市场竞争力和可持续发展能力。《生鲜农产品电商供应链体系构建研究》这部专著体现了党中央关于农业农村工作的最新指示精神，出现了在全面推进乡村振兴进程中生鲜农产品电商供应链体系构建的最新实践、最新经验和最新理念。

第二，重塑电商产业链，打造县域生鲜农产品品牌。当前，我国仍有不少农产品是在田间地头卖、在马路边卖、在社区门口卖，并且还是"披头散发"地卖，这种情况同时延伸到了网络平台。因为农产品生产经营环节多、流转快、无记录，出现质量安全事故时难以溯源、追责，带来一些监管难题。为保障农产品品质品相，减少损耗，对农产品实施必要的包装和标识、采取相应的保鲜储存手段。而重塑电商产业链，打造县域生鲜农产品品牌是农产品生产和流通发展的基本趋势，也是解决上述监管难题，实现全链条监管的有力抓手。《生鲜农产品电商供应链体系构建研究》一书创新性地提出：根据县域特点，深入实施"数商兴农"和"互联网+"农产品出村进城工程，鼓励发展农产品电商直采、定制生产等模式，建设农副产品直播电商基地。完善县乡村产业空间布局，提升县城产业承载和配套服务功能，增强重点镇集聚功能。上述创新思想对于持续支持创建农业产业强镇、现代农业产业园、优势特色产业集群，打造县域生鲜农产品品牌具有重要的现实意义和理论价值。

第三，总结前人经验，敢于探索生鲜农产品电商供应链体系构建的方法。作者对产品物流、供应链及农产品供应链、生鲜农产品供应链、生鲜农产品研究相关理、生鲜电商农产品物流配送模式等概念进行梳理，同时对生鲜农产品电商行业发展现状、产业链上游生鲜农产品市场、生鲜农产品电商供应链模式等进行分析，试图构建生鲜农产品电商供应链的体系，并通过良品铺子智慧化物流中心、SPAR 循环周转筐、全球蛙购 C2M 供应链、亿滋中国 Go-deep、京东物流等案例进行验证。在此基础上，作者创新性地提出了生鲜电商农产品供应链发展建议。

党的二十大擘画了以中国式现代化全面推进中华民族伟大复兴的宏伟蓝图。全面建设社会主义现代化国家，最艰巨最繁重的任务仍然在农村。提升农产品产业供应链现代化水平，提升农业发展质量和效益的内在要求。生鲜农产品电商供应链体系的构建，不仅是推动生鲜农产品规模化扩张、特色产品结构优化的新举措，也是培育生鲜农产品品牌、拓展产品价值增值空间、加速产业带形成的新动力。《生鲜农产品电商供应链体系构建研究》一书的理论探索和研究发现对于全面贯彻落实党的二十大精神，提升农产品产业供应链现代化水平，具有一定的理论意义和实践价值。

中国人民大学商学院教授二级、博导
中国市场营销研究中心主任

2023 年 7 月

# 序言（二）

农产品是农产品物流的主要销售对象，由于产品本身的特性，极易出现损害和腐蚀，且造成损失较为严重，因此，为保证农产品物流顺利完成，农产品价值得以实现，必须不断完善加工、运输、配送等物流环节的基础设施建设，加大新科技、新技术的投入和应用。从长远来看，农产品冷链物流市场的需求和发展空间非常大。由于受技术、资金等限制，农产品在运输、销售等流通环节上依旧存在"断链"情况，我国农业种植所具有的分散、面积小、经纬跨度大等特点，也影响了冷链物流体系的建设。日益增长的市场需求与落后的冷链物流体系产生巨大矛盾，难成规模的农产品冷链物流，大大限制了国内农产品贸易的发展，农产品冷链物流体系和骨干网络建设迫在眉睫。

在农产品巨大的市场需求与政策加持下，各大企业纷纷开始冷链物流体系建设，形成了由传统物流企业、自营电商、专业冷链服务商、合资物流企业四大类竞争者并存的局面，其中又以传统物流企业和自营电商这一对"相爱相杀"的竞争者为主，二者之间的较量主要围绕农产品运输中的

"最先一公里"与"最后一公里"进行。这解决了农产品易腐坏、采摘后的分级贮藏等问题，以"端到端的全程可追溯的常温+良好的冷链物流服务"，从产地集配中心、冷库等商品化处理设施入手，推动农产品在田地就变成标准化的商品。

王永钊老师从整体上对生鲜农产品电商供应链进行了梳理，分析发现电子商务在生鲜农产品市场环境下运作是可行的，供应链已初现规模，形成了一定的交易规模和模式，并对生鲜农产品上行产生了积极的推动作用。电子商务在生鲜农产品供应链构建中，既发挥其普遍规律的作用，又形成了独特的效果。在流通和生产领域，生鲜农产品电商供应链为农产品上行保驾护航日渐凸显。

作者对研究内容精心组织，力求给读者呈现一种全新的视角，全书内容涵盖了生鲜农产品电商供应基本概念和理论基础、生鲜农产品电商行业发展现状分析、生鲜电商产业链上游生鲜农产品市场分析、生鲜农产品电商供应链模式分析、生鲜农产品电商供应链的体系构建、生鲜电商行业典型企业发展案例、生鲜农产品电商供应链的发展趋势、生鲜农产品电商供应链发展的建议等。可见，内容既包括理论阐述又包括现状分析，既涵盖体系构建又有典型发展案例，既有未来展望又有未来发展建议。内容条分缕析，环环相扣，引人入胜，将理论与实践说得晓畅透彻。

实践出真知。在生鲜农产品电商供应链体系构建实践中，相信在王永钊老师团队的不断探索下，形成具有中国特色的生鲜农产品电商供应链体系并在中国的大地上生根发芽。生鲜农产品电商供应链体系中的供应商、生产者、分销商、零售商等通力协作，有助于在中国式现代化进程中全面推进乡村振兴、建设农业强国。

北京林业大学经济管理学院教授、博导

陈凯

2023 年 7 月

# 前　言

　　面临突发事件挤兑，农产品潜在需求出现不确定性，重塑生鲜农产品电商供应链协同体系是一场生死时速，能否有条不紊地实现供需平衡是一场考验。在生鲜电商平台成为众多家庭的选择当下，线上购买生鲜需求激增。消费者网上购买农产品的习惯逐渐养成。农产品供应链覆盖从"田地地头"到"百姓餐桌"全过程，每个环节不同的链接形式影响着整个产业的发展。我国生鲜农产品供应链协调创新关乎经济增长、农民就业、农民收入，因此，对生鲜农产品电商供应链的研究越来越受到重视，已成为学术界和实务界关注的热点问题。

　　农产品供应链协同创新可以大大降低农产品应急供应链脆弱性，打通农产品供应链各个环节，从而增强我国农业创新力和竞争力。因此，打通农产品供应链，为农业产业的现代化发展提供支撑，为农村繁荣提供丰盈的物质支持，为农民增收提供强有力的保障，顺利架起通往乡村振兴的桥梁。有效地解决供应链各个环节不争利于农民、不抢利于渠道、不损利于消费者的问题，可以实现农民增收、农村富裕、农业持续发展。

　　本书从整体上对生鲜农产品电商供应链进行了梳理，分析发现电子商务在生鲜农产品市场环境下运作是可行的，供应链已初现规模，形成了一定的交易规模和模式，并对生鲜农产品上行产生了积极的推动作用。电子商务在生鲜农产品供应链构建中，既发挥其普遍规律的作用，又形成了独特的效果。在流通和生产领域，生鲜农产品电商供应链为农产品上行保驾护航日渐凸显。

　　研究内容涵盖了生鲜农产品电商供应的基本概念和理论基础、生鲜农产品电商行业发展现状分析、生鲜电商产业链上游生鲜农产品市场分析、生鲜农产品电商供应链模式分析、生鲜农产品电商供应链的体系构建、生鲜电商行业典型企业发展案例、生鲜农产品电商供应链的发展趋势、生鲜农产品电商供应链发展的建议等。

　　生鲜农产品电商供应链是一个新的研究领域，由于笔者水平有限，许多问题还有待进一步研究。此外，本书难免有一些研究上的偏差或错误之处，欢迎大家批评指正！

作者

2023 年 7 月

# 目　录

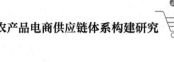

**第三章　生鲜农产品电商行业发展现状分析**

**生鲜电商产业链上游生鲜农产品市场分析　第四章**

**第五章　生鲜农产品电商供应链模式分析**

**第六章　生鲜农产品电商供应链的体系构建**

**生鲜电商行业典型企业发展案例**　　第七章

**第八章　生鲜农产品电商供应链的发展趋势**

**第九章** 生鲜农产品电商供应链发展的建议

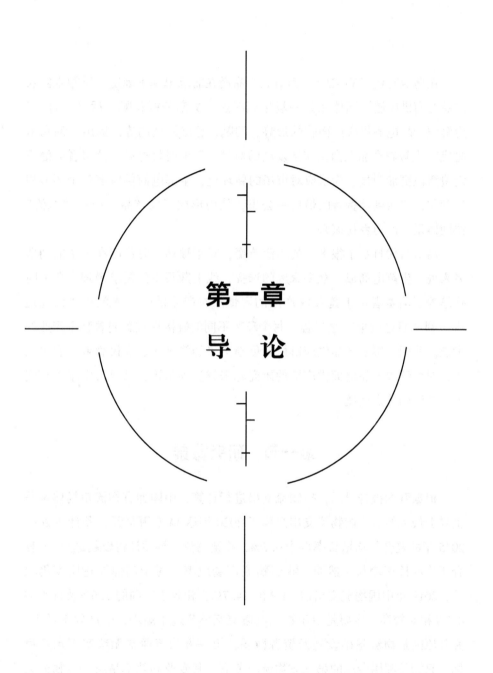

第一章

导　论

在乌卡时代（VUCA），面对农产品潜在需求出现不确定，重塑生鲜农产品电商供应链协同体系是一场生死时速。文章分析我国"后乌卡时代"生鲜农产品电商供应链面临的形势、问题，总结发展趋势，提出"后乌卡时代"生鲜农产品电商供应链发展的对策。乌卡时代过后，消费者的健康消费意识更加明显，为了应对市场的新环境，生鲜电商供应链各个环节积极参与，打通到消费者的最后一公里，从而形成了农产品供应链"八流"协同体系，助力乡村振兴。

乌卡时代打乱了很多人的生活节奏，对于被乌卡时代困在家中的消费者来说，生鲜电商成为众多家庭的选择，线上购买生鲜需求激增。乌卡时代培养了消费者网上购买农产品的习惯。农产品供应链覆盖从"田地地头"到"百姓餐桌"全过程，每个环节不同的链接形式影响着整个产业的发展。我国生鲜农产品供应链协调创新关乎经济增长、农民就业、农民收入，对生鲜农产品电商供应链的研究越来越受到重视，已成为学术界和实务界关注的热点问题。

## 第一节　研究背景

根据咨询报告显示，按物流支出进行计算，中国拥有物流市场体量是世界上最大的。中国物流支出总额于 2020 年达 14.9 万亿元，预计 2020—2025 年的复合年均增长率将为 6.2%，冷链物流市场预计将以超过 9% 的复合年均增长率增长。然而，我国物流市场效率相对于其他发达国家仍较低，2019 年中国物流支出占 GDP 的 14.7%，相较于美国的 7.6% 及日本的8.5% 相对较高，主要是由于物流流通交互环节过于烦琐，生产效率低下。究其原因是物流基础设施及资源薄弱，第一方物流通常无法实现预定目标，只能是利用专业的第三方物流服务商，其专业和效率是第一方物流无法媲美的。此外，将物流服务外包给第三方服务供应商，企业可专注于其核心业务而无须处理复杂且消耗资源的物流计划过程。因此，中国外包物流服务市场发展空间很大，增长率逐年上升。外包物流服务渗透率（外包物流服务支出除以物流支出总额）预期亦将由 2020 年的 43.9% 增至 2025 年的 47.8%，可以看出中国外包物流服务的普及程度日益提升。

根据行业发展数据显示，2021 年中国生鲜电商行业市场规模为 3117.4 亿元，创下历史新高。乌卡时代期间对消费者线上购物习惯进一步养成，同时对生鲜需求强劲，且消费者对经常使用生鲜电商平台依赖度越来越大，预计中国生鲜市场规模将进一步扩大达。艾媒咨询（iiMedia Research）调研数据显示，与 2021 年相比，消费者消费频次和消费金额都是明显增加，形成了前所未有的局面，也对上述内容进一步印证。消费者线上生鲜平台购物习惯进一步养成，且需求很大，生鲜电商平台也成了消费者日常生活需求的重要一环。2022 年中国生鲜电商消费者最偏好的生鲜电商前三品牌，分别是：盒马鲜生（36.2%）、美团买菜（29.5%）、本来生活（26.8%）。消费者的线上购物需求旺盛，各大生鲜电商平台订单量激增。2022 年生鲜电商企业数量是 2017 年的近 3 倍，行业内部有模式的不断创新，外部有企业跨行入局抢夺市场份额，行业竞争持续加剧。

## 一、生鲜农产品发展背景

### （一）生鲜农产品供给

目前我国庞大的种养殖基地为提供充足的生鲜供给带来了便利条件。根据第三次全国农业普查数据，我国有 91 万个以农业生产经营或服务为主的农民合作社、20743 万个农业经营户，其中，上规模的达 398 万个。因此，庞大的生产体系为生鲜农产品的供给做好了后勤保障。同时，近几年国际贸易的不断加速，也促进了农业经营的全球化趋势，为国内的生鲜产品供给能力提升创造了更多机会。

### （二）生鲜农产品消费需求

消费者线上消费习惯的养成为生鲜平台变革提供了动力。随着互联网经济的发展，个体消费者对于食物的要求越来越高，对生鲜产品的多样性也提出了更高的要求，由于每个区域生产生鲜产品的种类是有限的，生鲜电商平台恰恰能满足这样的需求，使得生鲜产品通过一部手机即能实现全球买全球卖的效果。根据相关数据显示，全民人均生鲜消费量较 10 年前有了显著的提升，也为生鲜产品提供了更大的市场发展空间。

（三）生鲜农产品物流需求

随着消费者对生鲜产品在电商平台购买接受度越来越高，对生鲜产品的保鲜性也提出了更高的要求。这对冷链物流提出了更高的要求，也促使冷链物流的需求空间增大。由于我国生鲜供应市场化时间并不是很长，供应链配套设施还不是很成熟，冷链物流的质量和效率与未来的市场需求还是有差距的。据统计，2021 年中国冷链物流市场规模达 4773 亿元，预计2025 年中国冷链物流市场规模将达到 8970 亿元，而我国冷链流通率较低，制约着供应链的发展，同时为今后生鲜供应链发展提供了广阔的空间。

## 二、生鲜农产品供应链发展分析

（一）生鲜农产品流通链

我国冷链流通相比国外的成熟模式，流通主体优先发展是当务之急的。可以借鉴国外的成熟模式，例如，日本是以多级批发市场为主的长链条模式，美国是以大型配送中心为主的短链条模式。两种模式各有千秋。我国流通模式也相对复杂，市场上既有多级批发市场的流通体系，也有自创的农超对接模式。相比国外发达的完善流通体系，我国生鲜农产品流通模式规范化有待改进，急需提升基础设施建设，提高流通主体组织能力。

（二）生鲜农产品市场供给

生鲜农产品品牌无形资产也是很重要的。随着生鲜农产品品类越来越多，自身的辨识度对消费者购买也起了关键的作用，地标农产品的认证成为不可忽视的方式。我国《农产品地理标志管理办法》在 2017 年颁布，

2019 年进行了修订，根据申请是否满足条件，决定是否给申请组织颁发"农产品地理标志"。地标农产品有着自身的独特性，很多地标农产品也融当地的文化、历史于一身，不仅有着食用价值，也有着一定的稀缺性。我国农产品地标认证数量也逐年翻番，成为生鲜农产品的标配。

### （三）生鲜农产品渠道

渠道的长短决定了生鲜农产品到底能走多远。我国生鲜农产品仍然沿用着传统流通渠道，导致产品的保鲜性相对较差。随着宏观政策的进一步推动和社团经济的发展，国内的生鲜农产品渠道模型逐渐形成，并初现规模。批发市场、零售市场和超市的连接越来越紧密。新零售概念的提出并进一步落地，线上线下的 O2O 模式更加凸显，但是仍未解决消费者最后一公里的问题。线下运作模式挤压了生鲜农产品的发展空间，对品牌传播的影响是有限的，而线上运作模式能给生鲜品牌化提供发展空间，倒逼生鲜农产品进行标准化，通过线上线下促进生鲜农产品的渠道融合，并寻求最优化的策略。

### （四）生鲜电商的流通价值链

生鲜电商形成了自身的模式，虽然上线后遭到了不少的非议，但是不得不承认电子商务在生鲜农产品流通上发挥着重要的作用，既提高了效率，又降低了交易成本，同时对供应链品控管理也进行了优化。生鲜农产品与其他商品相比，有其独特性，尤其是没有标准化，且安全品质不统一等问题，在线下渠道似乎更有优势。生鲜电商正在重塑价值链，对供应链管理、标准化认证、交易金融以及生鲜品牌建设等进行重塑，通过良好的形象在消费者心目中占有重要位置。

### （五）直播电商助力新产地快递模式

在直播电商的热潮下，全国各地的生鲜产品走进消费者视野。生鲜产品在田间地头进行直播，消费者在电商平台上下单，产品就地进行打包，各个快递公司通过完善的快递网络将产品快速地交到消费者的手上，让消费者短时间内尝到产品的美味。这种产地生鲜模式比以往的销售渠道大大地缩短了时间，保鲜度也比传统运输质量高出很多，损腐率比传统运输降低很多，使消费者的体验感超乎想象，为下次购买奠定了基础。

### 三、生鲜农产品电商行业影响因素

#### （一）经济因素

2021 年，社会消费品零售总额为 440823 亿元，较 2020 年增长 12.5%，两年平均增速为 3.9%。其中粮油、食品类限额以上单位商品零售同比增长 10.8%；网络消费品成交额占比上升超 14%。生鲜食品是居民较为高频的消费商品。乌卡时代，居民线上生鲜消费需求上升，推动行业增长。

#### （二）技术驱动

2001 年，中国开展冷链物流标准化工作。在技术和政策的支持下，冷链物流的布局已日趋完善。冷链物流在加工、运输、储藏生鲜农产品的过程中，一直处于低温冷藏状态，以保证产品质量，减少损耗。冷链技术的进步极大地推动了中国生鲜电商的发展。因此，生鲜电商行业的部分头部企业开始自建冷链物流系统，或者自有冷链物流的企业开始拓展生鲜电商行业。

2021 年，中国冷链物流市场规模达 5699 亿元，较 2020 年增长 17.5%。生鲜电商对产品品质和消费者购物体验尤其重视，对冷链链条的投资也不断地加大，尤其产地仓和线下店或前置仓，希望解决生鲜电商"最先一公里"与"最后一公里"的需求痛点。

#### （三）消费者认同

消费者认同指的是消费者通过消费来表达自己与他人的同一性和差异性。数据显示，68.9% 的生鲜电商消费者对生鲜电商行业前景表示乐观，86.7% 的消费者愿意将生鲜电商推荐给他人。生鲜电商用户已体验到购物的便捷性，多数用户看好行业未来的发展，并愿意推荐给他人。中国生鲜电商消费者优先关注配送速度（67.0%）、配送准时（56.8%）。面对庞大的市场需求，供应链上的生鲜电商企业提升配送能力，满足消费者购物需求，有望拉动生鲜电商市场的持续增长。

### （四）品牌偏好

生鲜农产品电商平台品牌偏好指生鲜农产品市场中消费者对电商平台品牌的喜好程度，是对消费者的电商平台品牌选择意愿的了解。数据显示，2022年中国生鲜电商消费者常用生鲜电商品牌前三分别是：盒马鲜生（49.8%）、美团买菜（39.4%）、每日优鲜（32.8%）。偏好的前三品牌分别是：盒马鲜生（36.2%）、美团买菜（29.5%）、本来生活（26.8%）。在生鲜电商蓬勃发展的背景下，各平台之间也存在激烈的竞争，部分品牌已经获得用户优势。

### （五）服务、价格因素

数据显示，在服务方面，中国生鲜电商消费者优先关注 App 使用便捷性（75.6%）和商家营业时长（64.8%）；在价格方面，消费者优先关注产品性价比高（78.4%）和平台促销活动频率（56.4%）。

## 第二节　研究目的与意义

### 一、研究目的

面对突发事件挤兑，任何农产品供应链节点企业失效，都会导致服务质量下降。面临供应链中断风险，引入鲁棒优化模型工具，构建场景、时段、产品的不同组合的鲁棒混合整数规划模型，并进行求解验证，可为后乌卡时代农产品应急供应链体系构建提供一定的学术价值。

本课题相关研究主要集中在合作伙伴信任、供应链金融以及物流外包等定义、形成、防范和对策等，中间引入博弈论等相关理论，很少有学者从乡村振兴的视角来研究。本书从我国生鲜农产品特征入手，对生鲜农产品分布、供应链体系构建进行论述，生鲜农产品电子商务化，带动生鲜农产品上行，在此基础上构建乡村振兴战略下的生鲜农产品供应链体系创新的理论构架，提出生鲜电商供应链物流模式这一概念，并对其进行理论界定，为今后进一步研究区域生鲜电商供应链物流模式提供一定的学术价值。

## 二、研究意义

在乌卡时代，面对农产品潜在需求出现不确定，重塑农产品应急供应链体系是一场生死时速。面临突发事件挤兑，能够有条不紊地实现供需平衡。因此，应急体系的构建可以大大降低农产品应急供应链脆弱性，有效解决供应链各个环节不争利于农民、不抢利于渠道、不损利于消费者的问题，实现农民增收、农村富裕、农业持续发展。

本书区域聚焦，研究生鲜农产品供应链体系，对涉农企业现状进行调研，优化种植项目，通过以销定产的方式来解决生鲜农产品的"两难"境地，从而解决供需双方的矛盾，促使生鲜农产品流通更加便捷，从而带动生鲜农产品供应链物流进一步优化。生鲜农产品供应链体系整合，以市场为导向，电子商务为依托，重塑生鲜农产品供应链体系，确保成本最小化，效益最大化。因此，可以大大提高供应链竞争优势，有效解决各个环节的利润分配问题，解决农村就业，缓解城市就业压力，促进农民增收、农村富裕、农产品持续发展，有利于乡村振兴战略的快速实现。

## 三、趋势判断

为了整合和重塑生鲜农产品供应链体系，解决生鲜农产品企业面临供应链问题，打通生鲜农产品电商供应链各个环节，通过合作，使供应链联系更加紧密，从而使供应链的整体成本下降，成员获利，农民增收，不断提高供应链优势。本课题的研究目标是以生鲜电商为研究核心，理清供应链伙伴关系，剖析各个环节的关系动力，探明供应链存在问题的真正原因；构建生鲜电商供应链物流模式，以产业集群的形式，构建纵向、横向及混合的供应链。通过实证分析，验证纵向、横向和混合的供应链的有效性；根据案例研究，研究开发生鲜农产品供应链的方法，对传统农产品供应链存在问题进行剖析，探索生鲜电商供应链物流模式的实现路径。

### 四、需求分析及背景阐述

对我国生鲜农产品供应链存在的问题进行深入的调查，龙头企业的带动作用非常渺小，在整个产业链上的话语权非常小，尤其是在农村投资环境不佳的情况下，生鲜农产品供应链的成本居高不下，严重阻碍了生鲜农产品的发展。

构建生鲜农产品供应链结构模型，以产业集群的形式，构建纵向和横向供应链。本课题对先前供应链进行延伸、整合，利用"互联网+"战略，打通各个生鲜农产品供应链环节，在现有的基础上，调整生鲜农产品产业结构，发展区域特色产品，打造和培育生鲜农产品品牌，同时引入信用评价体系，尤其是对生鲜农产品供应链的弱小的农户环节进行保护，促进与现代农产品有机结合，增强风险的抵抗能力。探索"订单农产品+保险+期货（权）"试点，将链条打通，长链、短链相互交错，形成纵向、横向及混合的供应链。延伸生鲜农产品产业链，使农民成为真正的受益者，并提出生鲜农产品供应链构建的政策建议。

## 第三节　国内外研究动态及其评述

供应链整合是企业创造价值和提升竞争优势的重要战略入口。尤其是在互联网快速发展的浪潮下，将互联网+农产品融合，能加快农业发展方式。梳理互联网对农业供应链上商流、物流、信息流及资金流发展模式的影响，找出制约瓶颈并提出经营新模式。从供给侧改革的背景出发，为了保障农产品供应链安全、高效，运用协同理论，采用高效率的运作机制，提出了新型农产品供应链模式。

## 一、国内研究现状综述

国内文献已经关注了农产品供应链，主要聚焦战略顶层设计、物流外包、供应链金融以及应急供应链管理等方面，国内关于应急供应链管理的研究中已有一些理论探讨，但是对农产品应急供应链体系构建研究，尤其是后乌卡时代的研究还处于探索阶段。

### （一）供应链战略顶层设计研究

周熙登（2015）提出了战略协调是农产品物流协同系统的基础，精神文化和制度文化主导着战略协同演化过程。王佳元（2019）分析了现代供应链特征，根据现代供应链存在的问题，提出了现代供应链战略目标以及重点任务。曾佑新等（2019）运用 Stackelberg 博弈模型，针对单一生鲜电商和农产品供应商组合成的供应链系统进行三种类型的最优策略和最大利润计算，三种方式各有千秋。张旭梅等（2020）以百果园和每日优鲜的双案例为研究对象，对比"互联网+"供应链升级过程，提出了生鲜零售商优势资源的升级路径。刘念等（2020）引入动态演进理论，对动态服务供应链整合战略进行界定，并验证了服务供应链整合能力与创新能力之间的关系。侯媛媛等（2021）以海南省生鲜农产品电商物流为研究对象，构建海南省的生鲜农产品电商物流能力评价指标体系，包括5个二级指标和 21 个三级指标。朱婷等（2022）在农业数字化背景下，从小农户商品生产和流通两个维度，揭示农户嵌入现代农产品供应链的实现路径。

### （二）农产品电商供应链模式创新研究

付磊等（2017）根据零售商和第三方物流企业组成的供应链系统，考虑价格和竞争因素，形成策略最优，满足客户需求。向红梅（2016）基于微笑曲线理论，杨路明等（2016）利用协同理论，李晓（2018）基于大数据视角，汪义军等（2019）以实现顾客价值为着眼点，高敏（2019）从剖析生鲜农产品电商供应链存在问题视角，戴菲等（2019）从新零售视角对生鲜农产品电商竞争优势进行分析，刘燕（2021）根据消费终端接收模式，提出了特色鲜明的生鲜农产品电商供应链运作模式。公彦德等（2019）采用博弈论方法，通过对供应链物流外包和物流自营模型对比，考虑政府补贴因素以及拆解企业的闭环供应链因素，进行结论验证。刘刚（2019）剖析了农产品电商企业现状，探讨了从产品供应链到服务主导逻辑下的农产品电商供应链模式创新问题，形成了服务主导逻辑下农产品电商供应链的核心要素和农产品电商供应链模式创新的三个层次。冷霄汉等（2019）验证了关系和信任在农产品供应链各主体和保持农产品供应链动态柔性能力的重要因素并提出了有效的发展对策，从而提高农产品电商供应链敏捷性和竞争力。

（三）农产品供应链金融视角研究

徐鹏（2016）根据实地调研、访谈，形成了农产品供应链金融的风险架构，构建农产品供应链金融风险指标评价体系。冯兴元等（2019）梳理了农村金融发展的进程及改革逻辑，从乡村振兴战略视角来解读农村金融发展趋势，并对推进改革提出了建议。申云等（2019）以合作社为研究对象，将农业供应链金融作为重要的一环，对存在的信贷风险进行剖析，建议优化农村金融制度，建立风险防控体系。周艳菊（2020）以三级农产品供应链为研究对象，通过设计"农民保证金+电商平台补贴"，提高自身利润。朱一青等（2021）从生态化视角，围绕供应商、电商和物流商三大节点，进行影响因素分析，利用修改完善后的 Shapley 模型，进行收益分析。吴春尚（2021）通过 Stackberg 博弈模型构建，对三级农产品供应链的集中决策模式和3种分散决策模式进行分析，试图研究农产品电商供应链收益分配问题。曾凡益（2021）通过调查312家农产品电商集群企业，对多维邻近性与协同创新绩效的关系研究，得出相应的关系。霍红等（2022）根据农户破产风险和农产品的产出随机性，对农产品供应链收益模型构建并进行分析，试图找到最优的收益模型。

（四）应急供应链管理研究

龚英（2009）面临自然灾害，对救灾应急供应链特征进行分析，提出了阶段性的策略，同时采用鲁棒策略进行量化分析，并提出相应的建议。吴忠和等（2015）鲜活农产品供应链在面对突发事件引起零售商成本分布函数影响情况下，验证其鲁棒性，提出供应链的最优应对策略。陈方若（2020）面对突如其来的新冠疫情，发现很多问题都可以用供需矛盾来解释，采取现代供应链管理理论，对乌卡时代防控工作提出了建议。李宁（2020）采用协同管理理论，构建新冠疫情应急供应链，协同各种资源，消除供应链不协调现象。胡振等（2020）通过对合作关系及信任度调查，对农产品供应链电商平台展开研究，随各环节伙伴关系的深入，利于发展合作关系，整个供应链也更加牢固。鲁钊阳（2021）通过对销售的脐橙农产品电商问卷调查，采用最小二乘法、两阶段最小二乘法和工具变量分位数回归法进行实证分析，并得出相应的结论。刘杰（2021）通过对直播电商的分析，将引流、品牌化和资源聚合三种效应促进农产品供应链整合，释放出明显的引流效应。

## 二、国外研究现状综述

国外对农产品供应链研究时间比较长，研究的领域也比较广泛，主要集中在运输方面、供应领域因素、供应链合作伙伴的信任等方面，尤其是在数学模型进行的应急供应链研究，在研究方法上具有一定创新，并取得了丰硕的成果。

（一）应急供应链研究

Stren Glud Johansen 和 Anders Thorstenson（1998）根据需求的不确定性，提出了应急供应模式，也是应急供应链供应环节。Amy Z Zeng（2004）随着 SARS 过后，采用决策树的方法，建立了供应链供应风险决策模型，降低供应不确定性。Wilson（2006）为了提高供应链在突发事件发生时的效率，运用系统动力学，得出了 VMI 模式在面临不确定风险的优势。

## （二）应急供应链策略研究

Mulvey J M（1995）首次提出鲁棒优化概念，在面对突发事件挤兑时，认为该模型可以处理不同场景风险，是一种有效的应急风险管理工具。Yu C S，Li H L（2000）根据供应链面临的风险环境，进行相应的指标优化，进而规避风险。Christopher M.（2004），Sheffi Y.（2005）引用数学模型，提出了"弹性供应链策略"；TangC. S.（2006）根据实际应急供应链管理，提出了鲁棒性供应链策略。

## （三）农产品供应链中的合作伙伴信任研究

Deutsch（1958）对信任进行阐述，指出对具体事物的要求是否符合人与人之间的期待，根据期待的满足程度来判断是否建立信任。Marys 和 Davis（1995）认为，信任是指信任者面对对方做出的动作意愿程度所采取的行动，它与监控方的意愿表达没有任何关系，而是根据期望的行动采用一定的措施，这时候监控方不根据信任进行判断。Anderson（1990）认为，信任作为一个纽带，一个公司针对另一个公司的行动取向，取决于结果，尤其是正导向的结果最为明显。

因此，从研究的内容来看，生鲜农产品供应链的稳定性关乎到了老百姓的"菜篮子""米袋子""果盘子"的民生稳定，更关乎到了农业强、农村美、农民富，是否能实现乡村振兴战略。无论是国内文献还是国外文献，基于具体区域，引入典型经验做法，构建生鲜农产品电商供应链体系有待深入研究。

## 第四节　研究思路与方法

生鲜农产品电商供应链体系的搭建，是后乌卡时代背景下的呼唤，面临突发事件挤兑，快速改善农产品大流通上下游产业链，实现线上线下协同发展已是趋势。搜集文献和方法：国内外相关生鲜农产品电商供应链资料和确定鲁棒优化模型；选择调研点：选择蔬果、水产、肉类等大县为调研点；调研分析：深度访谈种养殖户、平台商、各县市区农业农村局工作人员等，收集生鲜农产品电商供应链建设的等相关资料并进行调研分析，形成可测量、可复制、可推广研究报告；实验运行：遵循"理论—实践—推广"的逻辑思路进行实验运行修正；总结提升：提出生鲜农产品电商供应链体系的构建思路，进一步提高生鲜农产品电商供应链的流通效率，打通生鲜农产品电商"最后一公里"。

## 一、研究思路

### （一）分析农业供应链的核心理念与优劣势

以农业为核心，构成相关网络结构，这网络结构就是我们所说的供应链。它是以市场为主导，基于产业之间的联动，形成独特的农业供应链，促进区域经济的发展。

### （二）分析河北农业供应链的现状与问题

对河北省农业供应链存在的问题进行深入的调查，龙头企业的带动作用非常渺小，在整个产业链上的话语权非常小，再加上投资环境不理想，农业供应链的成本居高不下，严重阻碍了农业的发展。

### （三）构建农业供应链结构模型，以产业集群的形式，构建纵向和横向供应链

本课题对先前供应链进行延伸、整合，利用"互联网+"战略，发展数字农业，调整农业结构，特色农业产品先行，打造和培育农业品牌，同时引入信用评价体系，尤其是对农业供应链的弱小的农户环节进行保护，促进与现代农业有机结合，增强风险的抵抗能力。探索"订单农业+保险+期货（权）"试点，将链条打通，长链、短链相互交错，形成纵向、横向及混合的供应链。延伸农业产业链，使农民成为真正的受益者。

（四）提出农业供应链构建的政策建议

建立农业供应链纽带的机制，使供应链的各个环节发挥作用，尤其是将活力表现出来，加快农产品上行速度，促进产业发展，农民增收。

（五）案例研究

本课题完成对石家庄、邯郸等有代表性的农业供应链现状的调研任务，对单纯的传统农业存在问题进行剖析，探索农业供应链体系的实现路径。

## 二、研究方法

（一）文献研究法

研读文献，了解生鲜农产品电商供应链当前研究现状与成果，并对相关内容进行相应的梳理，对乌卡时代、电子商务农产品应急供应链等内容进行深入的研究，通过研读政府相关文件等，完善理论架构。

（二）深度访谈法

通过实地考察，深度访谈种养殖户、平台商、各县市区农业农村局工作人员等，收集生鲜农产品电商供应链建设等资料，分析生鲜农产品供需不匹配的供应链存在的问题及成因。

（三）案例分析法

通过国内外生鲜农产品电商供应链体系比较分析，找到典型案例具有的普遍性，为数字智能农产品应急供应链进行深入研究，为本课题积累实战数据。

（四）定量分析法

引入优化模型，由于突发事件发生的可预见性非常低，根据不同的场景进行描述，每种场景的发生满足独立的概率分布，使用相关算法对农产品电商供应链进行规划。

（五）田野调查法

在农业产区广，尤其贫困地区农业条件落后，这也决定了田野调查法的难度。本调查以石家庄周边县为突破口，对供应链体系、农产品上行等进行调查，通过访谈、观察等手段来把握该区域的乡村振兴战略实施情况。

# 第五节　本书的创新点

第一，学术思想特色和创新：以乌卡时代为研究视角，对农产品供应链在突发事件的大考中存在的问题进行积极修正，降低节点企业失灵风险，打造区域农产品应急供应链。

第二，学术观点特色和创新：在考虑效益和风险并存的因素下，面临中断供应链的压力，建立应急供应链网络是解决供需平衡问题的一种有效的方法。

第三，研究方法特色和创新：引入研究报告，对研究报告进行横纵向对比分析，分析不同场景的生鲜农产品电商供应链，试图构建最优的适应当地特色的生鲜农产品电商供应链体系。

# 第二章

# 基本概念和理论基础

# 第一节 农产品物流理论

## 一、农产品物流

农产品物流是指将农产品从生产地（如农田）经过一系列的物流功能活动（如运输、储存、包装、装卸、配送、流通加工和信息处理等）后，将其有效地送达到消费地（如餐桌）的过程。它的目的是为了有效实现和增加农产品的价值，降低流通费用，并最终将农产品送到消费者手中，同时避免市场风险。农产品物流的动作客体是农产品，它不仅服务于消费者，也服务于生产者，帮助生产者实现生产产品的价值。

农产品流通的两个方面包括商流和物流。商流强调所有权的转移过程，将农产品从货币形式转变为商品形式或商品形式转变为货币形式。这个过程关注农产品的价值实现。而物流则是为了满足消费者需求，将农产品从产地转移到销售地和使用地。物流的核心在于商品实体的运输和储存，同时还涉及信息传输等其他活动。在农产品物流中，运输和储存是最重要的环节，其他活动都是为它们服务的。

随着农业产业化进程的加速，农产品市场化程度日益提高，农产品物流逐渐成为农业经济发展的重要组成部分。发展农产品物流有助于降低农产品成本中物流费用的占比，从而成为农产品降低成本、提高利润的重要手段之一。同时，农产品物流的完善可以促进农产品的流通速度和质量，缩短农产品的流通时间，减少农产品的损失和浪费，提高农产品的市场竞争力和附加值。此外，随着物流技术和信息技术的不断创新，农产品物流将逐步实现信息化、智能化、绿色化和可持续化，为农产品的生产、流通、消费带来更多便利和效益。因此，发展农产品物流是农业产业化和现代化的必由之路，将为我国农业经济的可持续发展提供有力支撑。

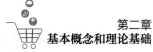

　　农产品物流是一个综合系统工程，其包括物流作业和物流信息两大子系统。物流作业主要指农产品的运存、装卸、搬运、包装、加工和配送等活动。为了降低农产品在物流过程中的损耗，必须提高物流作业的技术装备水平并合理安排农产品的配送路线和运输方式，以提高效益和降低成本。同时，物流作业的顺利开展离不开信息系统的指挥。现代通信和计算机技术的发展，为建立高效、低成本的信息系统提供了可能。

　　农产品物流信息系统主要包括市场预测、订货处理、库存管理、送货信息和客户服务信息子系统。这些子系统相互作用、相互提供和接收信息，并在功能上相互衔接和支持，为整个物流系统的高效运行提供必要的保证。为了充分发挥物流信息系统的作用，需要对信息系统的结构方案、计算机软硬件进行合理的选择和设计。这是建立有效物流信息系统的基本前提。

　　此外，农产品物流的特殊性要求物流企业必须具备一定的农产品质量检测和保鲜技术。例如，针对新鲜蔬菜的保鲜技术包括低温贮藏、包装材料的选择、控制运输湿度和运输时间等。物流企业需要制定相应的保鲜措施，以确保农产品在物流过程中的品质得以保持。

　　总之，农产品物流的顺利开展，需要物流作业和物流信息两大子系统的有机结合，同时还需要物流企业具备一定的农产品质量检测和保鲜技术。这样，才能够实现农产品物流的高效、低成本、高品质的目标。

## 二、农产品及其物流的特点

### (一) 农产品的特点

　　1. 农产品与工业品的区别不仅体现在产品本身上，而且在其生产与消费过程中也有很大的不同。农产品具有明显的生物特性，其中蔬菜瓜果等易变、易腐的特性使其容易产生价值损失。因此，在物流过程中对农产品的保鲜工作至关重要，这不仅影响到农产品能否实现保值增值，也影响到物流成本。此外，农产品价格低、体积大，运输和储存成本相对较高，这也是农产品物流面临的挑战之一。同时，初级农产品的形状、规格、质量也不够统一，物流过程中的标准化程度较低，物流成本也相应增加。综上所述，农产品物流的特点主要表现为保鲜需求高、成本高、标准化程度低等方面，这与工业品物流有很大的不同之处。

2. 农产品生产的特性与工业品有很大差别，其中包括农产品的季节性和上市的集中性。农业生产因受自然因素的影响，需要较长的时间周期才能完成生产，同时，季节性和连续性特点也是农产品生产所面临的一个重要问题。由于植物性农产品生产者只能根据自然情况在某段时间内集中种植某个品种，因此同种农产品的生产具有显著的季节性和集中性特点，即在成熟季节产品大量上市，其他季节则供应不足。这与农产品消费的连续性矛盾十分突出，需要通过异地调剂与动用库存来解决。因此，现代农产品物流的建设与发展成为解决这一问题的关键。同时，农产品价格低、易变易腐、体积大等特点也给农产品物流的保鲜、运输和储存带来了很大的挑战。为了提高农产品物流的效率和降低成本，需要采用先进的物流技术和管理手段，促进农产品供应链的优化和协调，实现农产品的保值增值和市场竞争力的提升。

3. 农产品的生产具有地域性的特点，不同地区的自然条件和环境影响了农产品的种植和生长，从而导致不同地区生产的农产品质量和品种存在着显著的差异。这也就意味着，某些特定的农产品只能在某些特定的地区生产，而不能在其他地方得到种植和生长。然而，由于农产品是人们日常生活中必不可少的物品，因此需要将其从产地运输到销售地，以满足人们的消费需求。这就需要通过现代农产品物流来实现，将农产品进行加工、包装、运输和储存等环节，使之能够从生产地点快速地运输到消费地点，最终为人们所消费。同时，运用现代物流技术和手段，可以实现农产品的供应链可追溯、质量可控和信息可视化等目标，从而提高农产品的市场竞争力和品牌形象，为农产品产业的发展注入新的活力和动力。

4. 随着城市化进程的加快，农村与城市之间的经济、社会、文化等差异越来越明显，导致了农产品产地与消费地之间的隔阂逐渐加大。大多数农产品需要运输到城市及其他地区销售，但由于交通、信息等方面的限制，运输过程中往往会面临各种问题，例如时间延误、货损等。这不仅会增加农产品的运输成本，也会影响农产品的品质和保鲜期限。因此，为了有效解决农产品产地与消费地之间的隔阂问题，需要借助现代物流技术，建立起一套完善的物流体系，以实现从农产品生产到运输、加工、包装、储存、销售等全过程的高效协同。这样不仅可以降低运输成本，提高物流效率，还可以保证农产品的品质和安全，满足消费者对于安全、健康、高品质农产品的需求。

农产品的特点造成了供需之间的矛盾，而农产品物流过程中所创造的形态效应、空间效应、时间效应、转移效应四种效应为解决这一矛盾提供了可能。形态效应指农产品在物流过程中通过生产加工来改变形态，丰富了供应的品种。空间效应指通过物流活动把农产品从产地销往异地，扩大了销量，满足了各地消费者的需求。时间效应指通过物流过程中的储存活动，调节农产品余缺，缩小季节性供求矛盾，实现农产品均衡消费。转移效应指农产品从产地出发，经过中间商、加工厂等环节，最终到达消费者手中，这一过程具有保值增值效应。这四种效应的实现，取决于农产品物流的有效性。因此，建立高效、便捷、稳定的农产品物流体系，可以实现农产品的优质供应和有效满足消费者的需求，进而促进农业产业的健康发展和农村经济的稳定增长。

## (二) 农产品物流的特点

农产品物流在中国是一个庞大而繁杂的系统，涉及众多农产品品种和数量巨大的生产流通环节。

### 1. 农产品种类繁多、产量庞大

在未来，随着中国人均收入水平的提高和城市化的进程，居民对畜产品、水产品、饲料粮、水果、蔬菜、食油和食糖等农产品的需求将会不断增长，这将进一步推动农产品物流的发展。同时，随着农业生产技术的提高和生产结构的调整，未来农产品品种和产量的分布也将发生变化，这将对农产品物流提出更高的要求。因此，农产品物流必须具备高效、多样化、灵活性和适应性等特点，以适应不同品种和数量的农产品生产和流通需求。

**2. 农产品物流具有高风险性**

这主要是由于农产品具有易腐、易损、易变质等特点，在运输、储存、配送等物流过程中极易受到自然因素的影响而发生质量损失。另外，农产品生产的分散性和季节性，与消费的普遍性和常年性之间的矛盾，也给农产品物流带来了挑战。为了解决这些问题，农产品物流需要采用集中储存和分批供应的方式来解决供需的时间差异，以及运输和配送的方式来解决供需之间的地域差异。然而，信息的不对称和传递的阻碍使得农产品物流很难准确掌握供求信息，因此农产品物流存在高风险性。

**3. 农产品物流面临着极为严苛的条件**

①农产品的生物特性，使得其运输、储存、加工等物流环节需要遵循严格的技术要求。许多农产品在运输和储存过程中需要采取一定的措施以确保其保鲜和保持生命力，这需要专业知识和专门设备。同时，一些农产品还需要在仓储、运输、加工过程中进行温湿度、病虫害等方面的控制和预防，因此需要相应的专业设备和专业知识的支持。

②农产品易受污染和变质，因此绿色物流成为农产品物流的一项特别要求。这要求物流公司和相关部门在整个物流过程中采取环保措施，避免农产品受到污染和损坏，从而确保其品质和营养价值。

③许多农产品价格低、体积大，因此需要精心策划，以达到低成本运作的目的。物流公司需要制订科学合理的物流计划，包括货物的运输、储存、分拣和配送等方面，以降低物流成本，提高物流效率。此外，物流公司还需要在保证成本效益的前提下，考虑如何提高客户满意度和市场竞争力。

④一些农产品在物流过程中还有其特殊的要求，比如需要在特定的时间内运输到目的地，或需要特殊的包装和保护等。这需要物流公司有一定的专业知识和技能，才能满足客户的需求，同时还需要做好风险管理和应急处理措施，确保农产品物流的安全和可靠性。

⑤农产品的生命周期相对较短，因此要求物流公司采用高效的物流模式和先进的物流技术和设备，以确保农产品能够在最短的时间内从产地运输到消费者手中，从而保证农产品的新鲜度和营养价值。同时，物流公司

还需要不断优化和改进物流流程，提高物流效率和速度，以满足日益增长的农产品物流市场需求。

### 4. 农产品物流包括对产品进行流通加工的过程

农产品物流不仅是将农产品从产地运输到销售地点的过程，还包括对农产品进行一系列流通加工的过程。这些加工包括蔬菜、水果的分类、清洗、分割、包装和贴标签等，这些环节可以增加农产品的附加值。流通加工是农产品物流中重要的环节，可以降低农产品的损耗，延长其生命周期，增加农产品的附加值，从而使农产品得到充分的开发和利用。

在发达国家，绝大部分农产品都经过一定程度的加工，这些加工可以将农产品的附加值提高3~4倍。相比之下，中国的农产品加工产值只有农产品产值的0.8倍，说明中国农产品加工的空间依然很大。因此，物流公司应该积极推进农产品的流通加工，提高农产品的附加值，增强其市场竞争力。同时，加工过程也需要注意环保措施，避免对环境造成污染。通过流通加工，农产品可以更好地适应市场需求，提高产品品质和附加值，从而推动农业产业的升级和发展。

### 三、农产品物流体系及其特征

农产品物流体系是一个系统概念，它包含了一系列要素和功能，这些要素和功能共同支撑着农产品物流的运作。其中，农村物流体系是一个重要的概念，它由为农村生产、生活和其他经济活动提供物流支持和服务的经济组织所组成。这个体系中包括了各种要素，如一般要素、支撑要素、功能要素以及软要素，它们分别形成了不同的子系统。另一个概念是具体农产品物流体系，它指的是不同的主体在一定的制度约束下选择不同的通路以不同的组织形式执行物流功能，从而形成了具体的物流活动。所有这些物流活动以及包含在其中的各类关系的总和构成了农产品物流体系。

农产品物流服务体系则是在一定的农产品物流渠道节点的基础上，由农产品集成物流商通过集成分散的农产品专业物流商，组织一体化的农产品物流功能活动，为农产品供应链提供低成本、高效率的物流服务。而基于供应链的农产品物流服务体系则更进一步，将农产品供应链、农产品物流企业、农产品物流渠道节点、农产品物流功能活动结合成一个有机联合体，实现农产品物流的集成化、制度化、一体化和信息化的现代化系统。这种系统具有高效率、低成本、信息透明、质量可控等特点，为农产品物流提供了全方位的支持和保障。

## （一）集成化

农产品物流服务体系的集成化是指将农产品物流的各个环节和农产品供应链的各个节点有机地结合起来，形成一个高效、协调的整体。这种集成化体系的核心在于物流功能的整合，包括对客户物流功能、物流服务供应商、设施设备和信息系统等的整合。同时，农产品物流集成化也需要通过整合专业物流商形成集成物流商，并合理高效地组织农产品物流。在供应链集成化方面，需要将企业内部以及各节点企业的各种业务看作一个整体功能构建，并通过协调机制进行协调。而农产品供应链的集成化则需要通过组织安排，由主导方对业务活动进行组织和统筹，将农产品产、供、销上的各节点企业的各种业务看成一个功能整体。这种集成化体系，可以实现农产品物流的高效、快速、可追溯的运输，提高农产品的品质和降低物流成本，从而实现农业生产与市场的良性互动。

## （二）制度化

制度化是农产品物流服务体系的重要特征，它主要表现在组织模式的制度创新、法律制度建设和市场制度建设三个方面。组织模式的制度创新是为了实现物流主体的规模化和降低交易成本，通过农产品行业协会等农户联合体实现分散经营向规模经营的转变，同时通过兼并、收购等方式扩大农产品生产加工企业的经营规模。对于农产品物流企业而言，可以通过内部联合形成集成物流商，提高物流服务的效率和质量。法律制度建设和市场制度建设是政府部门为保证农产品物流服务体系正常运行而对农产品物流业实施的市场规制。在法律方面，需要建立完善的法律法规，明确物流企业的经营范围和规则，保护消费者和供应商的合法权益。在市场方面，需要建立透明、公平的市场机制，鼓励竞争、促进创新，推动农产品物流市场的健康发展。这些制度化措施，可以有效地推动农产品物流服务体系的发展，提高农产品物流服务的质量和效率，从而促进农业生产和农村经济的发展。

（三）一体化

一体化农产品物流是指在农产品供应链中，将传统分散化的物流企业通过集成的方式，提供一体化的物流功能活动。这些功能活动包括农产品的运输、仓储、搬运装卸、包装、配送、流通加工以及信息处理等。与传统的农产品物流分散化相比，一体化物流更加高效、便捷、可追溯，可以实现全链条的优化管理。

一体化农产品物流的特征在于，它需要充分考虑农产品的生产、加工、流通、消费等环节，满足消费者对于农产品品质、安全和营养的需求。同时，一体化农产品物流需要具备跨区域、跨行业、跨企业的协调能力，以确保农产品从生产到消费的无缝连接。此外，一体化农产品物流需要依托先进的信息技术，实现数据共享、智能预测和实时监控，以提高农产品物流的效率和精准度。

（四）信息化

农产品物流服务体系是一个复杂的系统，它需要在供应链各个节点之间进行信息交流和协调，以实现高效的物流服务。这些信息包括农产品供应链物流供给信息、需求信息以及农产品信息等，它们直接影响到农产品物流活动的效率和质量。

在信息化的背景下，农产品物流服务体系可以通过建立相应的信息系统平台来实现信息的集成和整合。这些平台可以将各个节点的物流信息整合起来，以实现更加高效的物流服务。例如，企业可以通过物流信息平台了解到各个供应商的物流能力和特点，以便选择最适合自己的合作伙伴；同时，物流信息平台还可以提供物流需求信息，帮助企业优化物流流程，提高物流效率。

此外，农产品信息也是农产品物流服务体系中的重要组成部分。这些

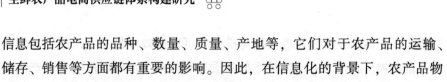
信息包括农产品的品种、数量、质量、产地等，它们对于农产品的运输、储存、销售等方面都有重要的影响。因此，在信息化的背景下，农产品物流服务体系可以通过建立相应的农产品信息管理系统来统一管理和共享这些信息，以实现更加高效的农产品物流服务。

## 第二节　供应链及农产品供应链理论

### 一、供应链理论

#### （一）供应链的定义

自从 1982 年供应链的概念由管理咨询师 Booz 和 Hamilton 提出以来，迄今为止，供应链的内涵和外延不断地拓展，但是其概念仍然纷争不断。Cooper 和 Ellram 将供应链管理定义为"是对从供应商到最终用户的整个分配流程的系统管理的哲学"；而 Harland 则强调供应链应当是"网状的"而非"线状的"，其定义为"供应链管理是对与最终用户所需求的产品和服务的组合有关的相互交联的商业网络的管理"；Frazelle 也认同供应链管理是一个网络的管理，是"关于供应链网络的管理，其网络包括设施（如仓库、工厂、车站、码头、商店等）、设备（如卡车、火车、飞机、轮船等）以及与供应商和客户相连的物流信息系统"。该定义更多地从实务角度对供应链管理进行诠释。此外，该研究者还对供应链管理和物流管理的术语进行了辨析，认为在供应链中的各物流活动（如客户反应、库存管理、采购、运输及仓储等）相互联系、相互作用，供应链管理与物流管理的概念不尽相同，物流活动可被比喻为发生在供应链这一竞技场的各项比赛活动，该分析方法清晰、生动，对物流和供应链管理的概念的理解不失为一个良好的开端。

#### （二）供应链管理概念

供应链管理是当今商业领域中的热门话题，涉及跨越多个企业和多个功能部门的协调和运作。其核心目标在于追求高效率的合作，以最小的产品前置时间和最少的营运成本，实现供应链的优化。不同的学派对于供应链管理的概念存在差异。但在宏观层面上，各方向均强调将企业内部与节点企业之间的业务看作一个整体功能过程，将供应商、制造商、经销者、消费者有效结合成一体，通过对物流、商流、资金流和信息流的计划、组织、协调及控制，将正确数量的产品在正确的时间配送到正确的地点，以最小的成本提供最大的价值，提高整个供应链的运行效率、效益及附加值，从而使得供应链上所有合作伙伴的经济效益得到极大提高。

要实现供应链管理的目标，围绕核心企业重新构建业务流程至关重要。这意味着需要将各个环节打通，建立一个无缝衔接的业务流程，使得各个节点之间的协作更加紧密。此外，供应链管理还需要不断地升级和优化，以适应市场变化和顾客需求的变化，从而保持竞争优势。

最终，供应链管理的成功关键在于将整个供应链看作一个整体，强调协作与合作，以提升整个供应链的效率、效益及附加值，使得所有参与合作的伙伴都能够获得经济效益的最大化。只有这样，才能真正实现供应链管理的目标，提升企业的竞争力和市场地位。

### （三）供应链管理的目标和内容

供应链管理是现代企业经营的重要组成部分，其目标是通过提高供应链整体效率，实现整体效益的最大化。这意味着必须提高供应链的反应速度，缩短交货周期，降低库存水平，降低经营费用，提高企业效率，以及提高顾客满意度，同时在节点企业个体目标和供应链总体目标之间寻求平衡，这是一项非常具有挑战性的任务。

供应链管理所涉及的领域主要包括供应、生产计划、物流和需求，其中以同步化、集成化、生产计划为指导，并以各种技术为支持，尤其是以计算机和信息技术为依托，围绕供应、生产作业、物流等核心流程，以满足最终顾客的需求来实施。其主要内容包括计划、合作、控制从供应商到用户的物料（零部件和成品等）和信息。

基于以上四个领域，供应链管理可以划分为职能领域和辅助领域两大部分。职能领域主要包括产品工程、产品技术保证、采购、生产控制、库存控制、仓储管理、分销管理等，这些领域是实现供应链管理目标的重要支撑。而辅助领域则包括客户服务、制造、设计工程、会计核算、人力资源、市场营销等，它们则是实现职能领域的有效运作所必需的支持。在实践中，这些领域相互依存，相互作用，共同构成了供应链管理的全貌。

　　供应链管理的核心内容涉及物流、价值和信息三个方面：

　　在物流系统的管理方面，传统的物流管理存在着信息传递效率低下、需求信息扭曲等问题，这些问题在供应链管理环境下得以迎刃而解。通过EDI/Internet等信息技术手段，企业可以快速掌握供应链上各个环节的供求信息和市场信息，并通过作业流程的快速重组来提高物流系统的敏捷性和响应能力。此外，通过充分利用第三方物流系统和代理运输等手段，企业可以降低库存压力，提高物流网络规划的能力，实现物流系统的无缝链接和个性化需求的快速响应。

　　在价值流系统的管理方面，供应链管理注重跨企业协作，通过对价值流系统各个环节的协调来实现价值的转移、增值和传递。在这个过程中，供应商、制造商、分销商、零售商和顾客等不同经济活动单元通过协作共同创造价值，以实现最佳业务绩效。价值流系统始于顾客，终于顾客，对顾客需求的绝对重视是供应链管理中价值流系统管理的原则和目标。

　　信息流系统的管理是供应链管理中的重要组成部分。通过信息共享和共建共享数据库等手段，企业可以加强对供应链中大量信息的处理和传递。这样不仅可以避免交易企业之间信息失真带来的不经济性，还可以提高经济效益、优化物流计划、改善服务质量等方面的业务绩效。此外，分布式开放系统为基础的共享数据库系统的应用，不仅在单个企业内部，而且在整个供应链中都可以实现信息共享，业务数据不仅对顾客和供应商是透明的，而且对顾客的顾客、供应商的供应商也是透明的。

　　综上所述，供应链管理的三大核心内容——物流、价值和信息，是供应链管理的重要组成部分。在各个方面的管理中，通过信息技术的支持和协作的推动，企业可以实现对供应链的快速响应、协调一致和高效运作，从而提高企业的生产效率和经济效益，以适应日益变化的市场环境和消费者需求。在当今信息时代，供应链管理已成为企业竞争的重要利器。通过利用 Internet/Intranet 等现代信息技术，企业可以从内、外两个信息源中收集和传播有关供应链管理的信息，捕捉最能创造价值的经营方式、技术和方法，为企业创造更大的商业价值。

在这种企业运作模式中，信息系统是不可或缺的重要组成部分，它是一种全新的、面向供应链管理的、基于 Internet/Intranet 的信息系统，可以更好地实现企业内部和企业之间信息的组织与集成。通过信息系统，企业可以实现全球化的信息资源网络，实现全球范围内的供应链管理，从而提高企业网络的整体运行效率和管理效率。同时，信息系统的应用也可以帮助企业更好地应对市场变化和客户需求，提高供应链的灵活性和响应速度。信息系统能够有效地共享和协同信息，提高供应链的协同效率和透明度，从而更好地满足客户的需求，提高企业的市场占有率和竞争力。因此，企业应充分利用现代信息技术和信息系统，打造网络化的供应链管理体系，提高供应链的效率和竞争力，为企业发展创造更多的商业价值。

## 二、农产品供应链理论

### （一）物流配送理论

物流配送理论（Physical Distribution）最早起源于美国。农产品流通问题是当时最早研究的问题，之后问题范畴逐渐扩大，直到对整个市场商品流通问题的研究，逐渐形成市场的物流配送理论。在 19 世纪末至 20 世纪初，美国由之前的农业国开始向工业国过渡，这也是美国工业化的初期阶段，这个阶段的经济发展导致大量的资本进入扩大再生产，日益增多的商品以至于出现了大规模生产，使市场出现供大于求的场面，一直是卖方市场处于话语地位也发生了转变，开始慢慢转变为买方市场，市场营销也在这个阶段应运而生。这个阶段，美国的一些专家学者，如 John F. Crowell、Arch. W. Shaw、L. D. H. Weld 和 Fred E. Clark 等人开始关注农产品营销问题。研究范围逐渐扩大，开始研究和分析物流配送，指出农产品从生产者顺利地转到使用者手中，包括集中（购买剩余农产品）、平衡（调节供需）、分散（把农产品化整为零）等功能。此时，物流配送纳入市场流通行为的研究范畴中。

二十世纪五六十年代，美国正处于以制造业为核心的时代，持续大量制造、大量消费出现，企业对流通领域中的物流问题关注度很少，因而出现了大量库存，也没有进行必要的改善方案；加之美国政府实施的一些政策，尤其是对卡车运输和铁路运输业者实施严格管制，大多数企业对物流改革问题都漠不关心，仅将物流作为一个成本核算的部门。因此，可以看出，物流配送是与当时美国经济发展的产物，与当时的物流理论相适应，并开始慢慢走向世界，形成比较统一的物流供应链理论。

（二）农产品供应链管理理论

该理论最早应该源于迈克尔·波特（Michael E. Porter）在 1980 年发表的《竞争战略》书中关于"价值链"的概念。1982 年，凯思·奥立夫（Keith R. Oliver）和迈克尔·韦伯（Michael O. Webber）在《观察》杂志上发表的论文首次采用"供应链管理"的说法，随后供应链管理的概念、基本思想和相关理论在美国迅速发展。农产品供应链通常以核心农产品企业为中心，核心农产品企业通过对供应链中信息流、物流、资金流进行控制，使得上游的供应商、中游的制造商和下游的分销商相互连接成一个完整的农产品供需网链。农产品供应链管理的本质是协调农产品供应链的内外资源来共同尽量满足消费者的多样化需求，如果把农产品供应链看成由各个环节中的企业形成的虚拟集团企业，而把农产品供应链中的任何一家企业都看作这个虚拟集团企业中的一个部门时，农产品供应链管理就相当于企业管理。但是，农产品供应链中各家企业之间的关系会根据市场变化随时发生变化，而并非如真实集团企业那样固定不变。这决定了农产品供应链管理与企业管理理论之间有较大不同。

# 第三节　生鲜农产品供应链理论

## 一、生鲜农产品电商供应链

生鲜农产品电商供应链是物流概念的延伸，与以往的物流有所不同，它对产品更加聚焦，限定在生鲜农产品，对供应链的销量要求也很高。它是指生鲜农产品通过电子商务平台，以客户需求为导向，以提高质量和效率为目标，以整合资源为手段，实现产品设计、采购、生产、销售、服务等全过程高效协同的组织形态。

生鲜农产品电商供应链让生鲜农产品从田间地头到消费者餐桌，物流配送服务组织网络发挥重要作用，该组织网络包括农产品饲养生产基地、农民协作社等生产地团体，以及批发服务商、市场分销管理商、社区团购公司、加盟连锁店的社区实际店铺、物流服务配送服务组织等（涵盖搬运、储藏、物流运输配送运输服务），让消费者能看到从种植到收割、加工运输、再到市集和餐桌的全部过程，整个供应链环节涉及十余个环节，哪一个环节出现偏差，都会影响生鲜农产品供应链的时效性。

特别说明的是，生鲜农产品供应链的客体是脱离种植生产领域的生鲜农产品，对供应端的链条考虑很少，生鲜农产品供应链不仅满足消费者需求，还使生产者提供供给动力，确保生鲜产品价值最大化。

## 二、生鲜农产品电商供应链特征

生鲜农产品电商供应链往往涉及行业上游与下游的多家企业。建立共同的需求链状网络，实现更为精准的预测、计划和更加紧密的衔接、合作，能够降低总运营成本，提高参与企业的整体竞争力。生鲜农产品电商供应链这一概念是对物流领域协同整合的进一步深化，体现为将物流活动优化的范围由一个企业扩大至上下游各家企业，由围绕一个"节点"扩大至着眼整个"链条"。相比仅针对单个企业内部及其外部衔接环节进行物流活动优化，基于供应链的协同整合更有助于实现"全局最优"。在以供应链整体优化为目标改善物流活动的过程中，出现了为客户提供综合性解决方案的专业服务商，他们能够调集、管理自有及互补性服务提供商的资源、能力和技术，埃森哲（Accenture）咨询公司将其定义为"第四方物流"。

生鲜农产品电商供应链指从上游的农产品生产者、农户、合作社、企业生产基地，到中游的产地集贸市场、产地经纪人和批发商等中间群体，再到下游的消费者，流通的各个环节都在随着市场环境的改变而动态变化。面临突发事件挤兑，快速改善农产品大流通上中下游产业链，实现线上线下协同发展已是趋势。

（一）规模小、增长快、供应链环节多、链条长、耗损大

我国以分散的小规模经营户为主，根据农业普查数据显示，截至 2016 年底，有 398 万家规模农业经营户，仅占 1.92%，与发达国家相比相差甚远。根据中国统计年鉴数据显示，2018 年鲜菜占消费量比重达 41.6%；鲜瓜果占比 23.7%，提升最为明显；肉禽蛋类占比为 21.8%；其中果品交易额的增速最快，与居民生鲜食品消费情况相符，表现出居民的食品消费朝着品质、多样化的消费结构升级的趋势。

农业作为供应链最源头的供给端，提供了蔬菜、水果、肉禽等农产品。农产品具有鲜活易腐、不耐贮运、生产季节性强、消费弹性系数小等特点。随着农产品供应链的逐渐成熟，农产品的运输季节、地域限制逐渐被克服。乌卡时代，生鲜电商的爆发将农产品供应链行业推向了关注的焦点，优秀的农产品供应链能力成为制约农产品新零售成功发展的决定性因素。农产品供应链行业从幕后走向台前，深耕行业的龙头企业将迎来新历史发展机遇。

（二）传统分销供应链模式下，生产者与消费者相隔多层分销环节

农产品上游生产的时空分布不均，需要依赖多级产销地批发市场实现全国范围内的分销流通。其中，产地采购商起到整合当地农产品的作用，

辐射范围相对较小。而销地批发市场通常交易规模较大，能够辐射省级地理区域。各级批发市场的规模悬殊使得各环节的流通速率、储存条件大相径庭，而烦琐的链条削弱了从业者的盈利能力，限制了从业者改善前述经营条件的能力。同时，由于生产者与消费终端相隔多层分销环节，生产者通过提升品质、建设品牌，从而建立终端竞争力的能力也受到大幅限制。随着农产品电商模式的成熟、网购农产品用户覆盖数量愈发广泛以及技术成熟、农产品电商供应链的升级，农产品电商渗透率将快速提升。

（三）社区团购将逐步替代农贸市场，农产品电商渗透率仍然较低

我国目前农产品零售渠道仍以农贸市场为主，农贸市场作为消费者的"菜篮子"，具有鲜活度高，价格亲民、方便便利等特点，在较长一段时间内依然会是农产品流动的主渠道。随着农产品电商的渠道渗透率提升，未来农贸市场的占比将持续下降，新渠道将加速崛起。据相关数据显示，2018 年电商渗透率为 4.1%，相对较低，但增速迅猛，2019 年农产品电商市场交易规模达到 2796 亿元，复合年均增长率达 36.7%。互联网巨头纷纷入局，对供应链及物流等基础建设进行投资，并形成线上线下融合的新零售模式，使得农产品电商市场备受关注。

# 第四节　生鲜农产品研究相关理论

## 一、康芒斯理论

康芒斯是美国制度经济学的奠基人之一，他最早提出了"交易"的概念，并将其视为运行中的机构或制度的基本单位。他将交易分为三种类型：买卖的交易、管理的交易和限额的交易。康芒斯的贡献在于从各种关系中抽象出交易这一概念，并将之联系和归纳在一起。

然而，康芒斯并没有利用经济学方法来解释交易活动的产生，而新制度经济学运动则在此基础上进行了深入研究。以科斯为首的新制度经济学

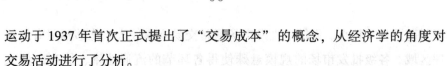

运动于1937年首次正式提出了"交易成本"的概念，从经济学的角度对交易活动进行了分析。

科斯指出，交易活动是稀缺的、可计量的、可比较的，因此可以纳入经济学分析的范围。交易成本包括了许多方面，如信息获取成本、谈判成本、契约成本、监督成本等。这些成本会影响交易的效率和结果，从而对经济活动产生深远的影响。总的来说，康芒斯提出的交易概念为新制度经济学的发展奠定了基础，而科斯的交易成本理论则进一步深化了人们对交易活动的经济学理解。

### 二、奥利弗·威廉姆森理论

经济学家奥利弗·威廉姆森在交易成本理论方面对科斯的研究进行了进一步的发展。威廉姆森通过交易费用的界定、契约人的假设，以交易作为经济分析的基本单位，将交易维度化，分析了交易属性、治理结构属性与离散的治理结构之间的关系，构建了企业边界理论。在他的理论中，人们被视为契约人，而契约是不断进行的。与经济人理性行为不同，契约人的行为表现出有限理性和机会主义。有限理性是指人们虽然追求理性行为，但是由于信息和认知能力有限，实际上无法完全实现。机会主义是指在交易过程中，人们不仅追求个人利益的最大化，还可能通过不正当手段谋取自身利益。

威廉姆森将交易成本水平的影响因素分为三个性质：资产专用性、不确定性和交易频率。资产专用性是指资产能否用于其他用途或被他人使用而不降低其价值。资产专用性可以分为三类：地点专用性、物质资产的专用性和人力资源的专用性。地点专用性包括便利的交通、便于组织货源以及节约交通费用的地点等。物质资产的专用性指专门用于某些特殊物品的生产或使用的资产，例如冷藏生鲜农产品的微冻设施。人力资源的专用性指一个人的经历、经验和能力等，对就业合同的形成有利。企业会雇用具有特定技能的员工，以减少招聘和培训成本。

不确定性是影响交易成本的另一个因素，它包括偶然事件和信息不对称。偶然事件可能会导致交易失败或造成损失，而信息不对称则可能导致一方在交易中受到不公平待遇。

交易的频率也会影响交易成本的大小。频率越高，交易成本越低。这是因为频繁交易可以增加双方之间的信任，从而减少交易中的不确定性和机会主义行为。此外，频繁交易也可以增加信息的透明度，从而降低信息不对称的不确定性。

威廉姆森提出的交易成本理论为我们理解交易中的成本问题提供了一个全面的框架。分析资产专用性、不确定性和频率等因素，可以更好地理解交易成本的形成机制，并采取相应的策略来降低交易成本。

### 三、资源基础论（Resource Based View，简称 RBV）

企业的竞争优势源于其拥有特定的资源，这些资源具有价值、稀缺、难以模仿和难以替代的特性。这些资源可以分为三个类别：实物资本、人力资本和组织资本。实物资本资源包括技术、工厂、装备、地理位置和原材料；人力资本资源则包括经验、教育、判断能力、智力水平、关系和远见卓识；而组织资本资源则包括正式的组织结构、计划、控制和协调系统，以及企业内部和外部的各种关系。

基于这些资源，企业可以获得竞争优势，并实现可持续发展。这种竞争优势是难以被其他竞争对手模仿或替代的，因为它具有独特性、罕见性和难以复制性。如果这种优势能够受到模仿壁垒的保护，就可以成为可持续发展的竞争优势。这种壁垒可以防止企业现有的竞争对手模仿，同时也可以防止潜在的竞争对手复制。

资源基础理论认为，企业的可持续竞争优势是动态的，因为商业环境不断变化，企业的资源也会随之变化。曾经是劣势的资源也可能成为优势，反之亦然。因此，企业需要不断地调整其资源配置，以适应变化的商业环境，并获得持久的竞争优势。

企业的资源是其竞争优势的基础，而资源基础理论提供了一种解释和分析企业竞争优势的框架。企业需要识别和开发其独特的资源，以获得可持续的竞争优势，并在不断变化的商业环境中保持竞争优势。

当今商业环境的快速变化，呈现出企业规模日益缩小，但企业间合作日益加深的趋势。这一趋势的驱动力在于全球化和信息技术的发展，为企业提供了更广阔的资源配置空间和更方便的组织沟通交流方式。在这种趋势下，供应链管理模式成为企业资源配置的重要方式，供应链竞争力成为企业竞争力的重要来源。

供应链竞争力的核心在于供应链各成员能够在战略层面上达成一致，共同追求以较低成本为最终用户提供较高服务水平的目标。这种共同目标的实现需要供应链成员之间的资源共享和整合，以及利益共享和风险共担。在供应链合作过程中，可能会出现矛盾和冲突，但共同的供应链终极目标可以起到调解矛盾、缓和关系的作用。

从资源基础论的角度来看，企业的竞争力来自其独特的资源、能力。在供应链管理中，每个供应链成员都拥有不同的资源和能力，这些资源和能力的共享和整合是实现供应链竞争力的关键。因此，在评估供应链管理的绩效时，应该考察供应链成员之间的资源共享和整合程度，以及供应链管理的终极目标实施水平。只有实现了资源共享和整合，才能提高供应链的效率和效益，从而实现更大的竞争力和更可持续的发展。

## 四、网络组织理论（Network Perspective，简称NP）

网络组织理论是一种以计算机和生物学概念为基础的组织理论，它扩大了传统组织概念，模糊了组织边界，认为单个组织可以自由出入网络组织中。网络组织理论将企业网络组织视为一种凭借契约关系或非契约关系而存在的生存群体，这种生存状态是通过合作关系而形成的。在网络组织中，企业之间通过长期的信任感和认同感逐步形成一体化的"准组织"形式。

而对于供应链管理而言，网络组织理论提供了一种新的视角。供应链管理的核心是对组织成员之间关系的管理，尤其是在建立信任和合作关系方面，这是提高供应链管理水平的重要手段之一。供应链管理应该包括产品维度和关系维度两个方面，其中关系维度的管理更为重要，因为只有建立了相互信任和合作的关系，才能更好地协调供应链关系，实现供应链的协同效应。

网络组织理论强调了企业间长期的信任感和认同感的重要性，而这一观点可以应用到供应链管理中，企业间的信任和合作是建立供应链关系的重要基础。此外，网络组织理论还强调了组织间的非制度性安排，这意味着供应链管理需要更多地关注组织成员之间的互动和合作，而非依赖于制度性的安排。

网络组织理论为供应链管理提供了一种新的视角和理论基础，强调了关系维度的重要性，同时也提供了一种新的思路和方法，帮助企业更好地协调供应链关系，提高供应链管理水平。

供应链管理涉及多个参与者之间的协作和合作，其中信任关系的建立是关键因素之一。在供应链网络中，信任关系的形成、发展和维护都需要一个逐步累积的构建过程。这个过程可以通过网络组织理论的角度来解释。

在网络组织理论中，企业可以被看作是一个节点，而供应链网络就是一个由多个节点组成的网络。在这个网络中，每个企业都可以通过与其他企业的合作来获取自身利益，并且在这个过程中，企业之间需要建立起信任关系来保证合作的顺利进行。

信任关系的建立需要不同程度的激励机制和约束机制的有机结合。这些机制可以通过契约、口头契约、行规、默认等方式来实现。在这些机制中，核心企业扮演着关键角色，它们需要组织设计、制定规则、协调运作和解决争端。核心企业的话语权并不是来自传统意义上的层级结构组织，而是来自网络成员之间对其权威性的认可。

在不同性质的供应链中，核心企业可以是生产型企业或者流通型企业。无论是哪种类型的企业，它们都需要通过建立有效的激励机制和约束机制来促进供应链网络的信任关系的构建。这些机制不仅可以帮助企业实现自身利益最大化，同时也可以促进整个供应链网络的协调和稳定发展。

在网络组织理论的视角下，我们可以看到，供应链管理中的信任关系是由一个逐步累积的构建过程来实现的，而这个过程需要核心企业的组织设计、制定规则、协调运作和解决争端等多方面的支持和帮助。同时，激励机制和约束机制的有效结合也是关键因素之一。

# 第五节　生鲜电商农产品物流配送模式

民以食为天。随着国民经济发展水平的提高、网络的普及化，生鲜农产品配送方式，在我们生活中呈现出不同的变化，其物流配送模式一直在演变，有着非常大的发展空间。生鲜农产品配送模式，在中国的消费上是不容小觑的，在网络技术的支持下，直接带动了"互联网+农产品"的电商热潮。生鲜农产品，本身具有易腐烂、保鲜度差、季节性强等特点，对物流配送要求高，因此选择合适的生鲜电商农产品物流配送模式是非常重要的。

## 一、传统的批发市场模式

传统的批发市场模式指的是物流外包—自建渠道—渠道外包模式。这种模式不是简单的开始、发展、回归过程，而是一种发展模式。这一模式的产生与我国的物流发展是密不可分的，与电子商务企业自身发展水平、客户需求水平有着很大的关系，呈现出了最初的业务外包、到中期的选择自建，再到最后业务趋于平稳等规律。

传统的批发市场模式，不受地区经济限制，无论是在大城市，还是小县城，都能看到农产品批发市场，同时规模大小参差不齐，作为传统的物流配送模式，物流环节多。传统的批发市场模式是：农产品批发商按照自己所需的订单，从农产品的生产地定量采购，再运输到大的批发市场进行集中，各个农产品零售商定向采购，流向各个农产品零售网点。

这种模式在过去物流不发达的时候用得比较多，但是由于物流环节多，所以造成的农产品损耗高，但在物流发达的今天，受到了很大的冲击。

## 二、自营冷链物流模式

自营配送模式指的是电子商务企业根据企业的长期战略规划，自行组建物流配送系统，并对企业内的物流运作进行计划、组织、协调、控制管理的一种模式。目前，市场上流行的自营物流配送模式有两种：一种是B2C 电子商务公司资金实力雄厚，企业业务规模较大。另一种是传统的大型制造企业或批发零售企业涉足电子商务较早，有企业的 B2C 电子商务网站。

这种模式，生鲜电商企业前期投入很大，但成本回收期相对漫长，短期内很难做到投入产出实现平衡；生鲜农产品全程冷链，监管生鲜农产品的新鲜度相对科学；消费者对产品物流时效较有保障；退换货较方便。生鲜农产品物流配送模式中，冷链物流是物流配送发展的趋势。在冷链设备的控制下，生鲜农产品生鲜的新鲜程度得到保证，能时刻处于恒温状态下，有效控制生鲜损耗。但冷链物流的建立，需要的资金量比较大，必须有充足的资金做支撑，这对很多配送商来说，存在着很大的资金压力。

### 三、第三方物流模式

第三方物流模式就是：配送商从农户那里收购农产品，客户下达订单之后，配送商自己进行分拣包装，通过第三方物流，运输到客户那里。由于生鲜行业线下仍为消费主力，最近几年生鲜电商无法做到最后 100 米，无疑是运营商的痛点，作为专业的社区生鲜服务站点——"U 选直购"，采用线下社区实体店与线上配送结合，门店作为前置配送仓，服务中海社区，最快 30 分钟可自提，极大程度地解决了生鲜产品的售后问题，让用户轻松享受安全、便捷、实惠、新鲜的生鲜极致购物体验，提升产品复购率和用户黏性，并形成全新商业模式，将成为生鲜行业新零售代表。

这种模式，使得生鲜电商企业免除自建物流体系的资金压力，实现轻资产运营；生鲜农产品的全程冷链运送得以保障，且冷链物流过程管理难以控制；消费者在面临业务高峰或配送量剧增时，物流时效存在不确定性，出现退换货较不方便问题。资金的限制和物流的发展，很多生鲜配送商会结合自身需求，开始采取第三方物流模式。这种模式可以降低农产品配送的物流成本，同时第三方物流公司也比较专业，物流配送的速度比较快，损耗低，是一个不错的物流选择。

### 四、社区物流模式

社区物流模式指的是以社区为最小单元，以家庭为联结点，用日常生活用品为纽带，按需定制的一种物流集约化行为。这种模式是企业在产品进行运输过程中，通过自营物流的形式，或通过渠道企业来完成，如社区的周边，包括便利店、社区店等业态。

生鲜电商企业特点：由于线上实体店的形式，无形中增加了运营的成本；采用电子菜箱，也增加了维护成本。其优势是集中配送可降低冷链配送成本。生鲜农产品通过标准化的全程冷链物流配送，货损率自然降低。对消费者来讲，物流时效性得到了保障；消费者可根据产品质量进行当面签收，但需要自提；物流时效有保障；消费者不能当面签收，且需自提。

第三章

生鲜农产品电商行业
发展现状分析

# 第一节　生鲜电商行业发展概述

## 一、中国生鲜供应链行业概览

### （一）中国生鲜供应链以环节多、链条长、耗损大为特征

农业作为供给端，提供了瓜果蔬菜、肉蛋禽奶、海鲜等生鲜产品。生鲜农产品具有鲜活易腐、不耐贮运、生产季节性强、消费弹性系数小等特点。随着生鲜供应链的逐渐成熟，生鲜产品的运输季节、地域限制被克服。本次乌卡时代期间生鲜电商的爆发将生鲜供应链行业推向了关注的焦点，优秀的生鲜供应链能力成为制约生鲜新零售成功发展的决定性因素。生鲜供应链行业从幕后走向台前，深耕行业的龙头企业将迎来新历史发展机遇。

### （二）干鲜果品消费量增长速度最快，消费结构升级趋势明显

中国统计年鉴数据显示，全国居民消费的生鲜食品总量增长迅猛，复合年均增长率为1.6%。其中，鲜菜占消费量比重最大，2018年达41.6%；鲜瓜果占比提升最为明显，从2014年的21.1%增长至2018年的23.7%；肉禽蛋类比重略有提升，2018年占比为21.8%；奶类与水产品占比略有下降，2018年占比分别为6.9%与6.0%。干鲜果品交易额的增速最快，与居民生鲜食品消费情况相符，符合现代消费者的消费特点，食品消费朝着更高品质、更优质环境、更安全卫生、更多样化的消费结构升级。

### （三）我国幅员辽阔，生鲜产品品种繁多，总产量居全球前列

我国果品总面积及产量常年稳居全球首位，为许多地方经济发展的支

柱，水果产地多分布于山东、河北一带，及广东、广西等热带地区。据统计，我国水果总产量仍呈现持续上升趋势，2018 年全国总产量达 25688 万吨。陕西省苹果年产量为 1008.7 万吨，占全国苹果总产量的 25.7%；河北全省梨年产量为 3423 万吨，占全国梨总产量的 20.9%；山东省水果总产量达 2788.8 万吨，其中苹果年产量为 952.5 万吨，占全国苹果年产量的 24.3%；河南省全年水果总产量 2492.8 万吨，占全国总量的 9.7%；广东与广西地处热带，香蕉总产量达 746.0 万吨，占全国香蕉总产量的 66.5%；广西全年柑橘总产量达 836.5 万吨，占全国柑橘年产量的 20.2%；新疆维吾尔自治区葡萄年总产量达 293.5 万吨，占全国葡萄产量的 21.5%。

我国海鲜水产种类主要分为海水产品与淡水产品，深水产品产地主要分布于华东沿海地区，如山东、浙江、福建一带，淡水产品分布稍加广泛，主要产地位于湖北、江苏、广东等地。2018 年我国水产品总产量达 6458 万吨产量，海水产品是 3128 万吨，淡水产品是 8625 万吨。山东省海水产品年产量达 736.1 万吨，占全国总产量的 22.3%；江苏省主要海鲜产品为淡水贝类，年产量为 9.0 万吨，达全国总产量的 22.1%；浙江省主要海鲜产品为海水鱼类，年产量为 254.2 万吨，占全国总产量的 23.3%；福建省海水产品年产量达 696.8 万吨，占全国总产量的 21.1%；广东省主要海鲜产品为淡水鱼类，年总产量为 357.6 万吨，达全国总产量的 13.3%；湖北省淡水产品总年产量为 458.4 万吨，占全国的 14.5%；其中淡水虾蟹类产量为 101.7 万吨，占全国的 27.5%。

农业作为我国禽蛋类产品产地主要分布于华东地区，如山东、河北、河南一带，肉类产品产地较为分散。2018 年我国禽蛋产品和肉类产品产量各达 3128 万吨及 8625 万吨。河北省禽蛋产品年产量达 378.0 万吨，占全国总产量的 12.1%；山东省禽蛋产品年产量达 447.0 万吨，占全国总产量的 14.3%；此外，山东省肉类产品年产量居全国首位，达 854.7 万吨，占全国总产量的 10.0%；河南省禽蛋产品年产量达 413.6 万吨，占全国总量的 13.2%。

我国奶类产品产地多分布于内蒙古、黑龙江、山东、河南等地区。据统计，我国奶类产品总产量仍呈现持续上升趋势，2018 年全国奶类产品总产量达 3177 万吨。黑龙江省奶类总产量达 458.5 万吨，占全国奶类总产量的 14.4%；山东省奶类总产量达 232.5 万吨，占全国奶类年产量的 7.3%；河南省全年奶类产品总产量 208.9 万吨，占全国总量的 6.6%；内蒙古年总奶类产量达 571.8 万吨，其中牛奶产量达 565.6 万吨，占全国奶类产品产量的 18.4%。

我国水果生产基地上半年以南方水果为主（热带水果），主产地分布于广东、福建省、海南、广西、湖南等地；下半年以北方水果为主，主产地位于山东、陕西、山西、河北一带。长江流域以南地区盛产橘子、橙子等水果，长江流域以北地区盛产苹果、梨等水果。

## 二、中国生鲜电商行业发展历程

### （一）萌芽期

易果生鲜等生鲜电商平台最先呈现给消费者，但经营品类相对单一，主要以水果为主，受当时消费者的认知水平和互联网技术发展等因素制约，其发展速度相对缓慢。

### （二）探索期

经过一段时间的摸索，本地垂直类生鲜电商相继出现，中粮我买网、本来生活等平台成立，2012 年本来生活褚橙网络营销成功，成为生鲜电商发展元年；生鲜电商经营品类仍以水果为主。

### （三）发展期

生鲜电商市场进入发展期，受到资本方的追捧，同时阿里、京东等电商巨头纷纷对这个行业关注，进入这个行业，生鲜电商市场进行高速发展期。2016 年，一些中小型生鲜电商企业没有熬到曙光，出现了倒闭或并购潮，行业洗牌初现，行业发展模式逐渐形成，如前置仓模式、前店后仓模式、社区拼团、冷柜自提等，各种模式的交织，使得整个行业光鲜度极高。

2019 年，又有一批生鲜电商平台进入危机，如呆萝卜、妙生活、吉及鲜等，整个行业在 2019 年下半年陷入寒冬，各个商家瑟瑟发抖。2020 年，进入乌卡时代，一些突发事件使得大量用户涌入生鲜电商平台，生鲜电商又迎来了新的发展机遇。

### （四）成熟期

经过萌芽期的消费者习惯的养成、探索期的行业此起彼伏和发展期的重新洗牌，整个行业得到了积累和沉淀，整个行业也从凛冽的寒冬进入了高速发展期。但随着乌卡时代趋于平稳，生鲜企业仍需回归产品本身，只有深耕供应链、提高配送能力才能保障产品质量，形成强有力的竞争壁垒。

## 第二节　生鲜电商行业发展现状

### 一、中国冷链物流行业现状

我国冷链发展同发达国家对比仍存在较大提升空间。我国冷库人均保有量与海外国家仍存在一定差距。近年来，我国冷库产业取得了较为明显的进步，但是与发达国家相比，仍然处于较低水平，尤其是人均冷库拥有量方面，我国仍然比较落后。我国目前冷库人均拥有量为 0.14 立方米，低于全球平均水平 0.20 立方米，约为英国 1/4，且远低于加拿大与美国的 0.34 平方米以及 0.44 立方米。我国生鲜冷链流通率仍处于较低水平。我国果蔬、肉类、水产品冷链流通率得到大幅提升，较好地完成及略有超出了我国"十二五"冷链物流规划目标。但与发达国家相比，冷链流通率仍较低，为制约我国冷链物流发展的重要因素之一。

### （一）运输企业板块占比最大，供应链型与仓储型相对稀缺

全国冷链物流整体规模约 2000 家，运输型企业占有较大市场份额，约达 43%。此外，仓储型及城市配送型企业仍处于发展期，预计未来也展现持续增长的趋势。

（二）资源整合与政策支持推动优质冷链供给的增长

产业中上下游整合，融资收购事件频起。由于冷链物流网前期投资较大，经资本培育，帮助企业提高投入，加快技术进步，建设冷链网络，有效提升资源配置效率，降低物流成本。通过产业中下游并购重组及一系列融资事件，为冷链物流行业带来更多资本注入及资源拓展，培育更多，如聚盟、九曳等一众成熟冷链物流企业，帮助行业加速增长。

（三）技术升级驱动冷链服务进步

RFID、NFC 等冷链技术的研发，以及易果、京东、盒马鲜生等无人零售业态的发展，将带动冷链物联网技术、信息技术快速发展，为冷链物流带来新机遇。政策助力冷链物流行业发展稳中向好，冷链产业环境不断优化。从物流环境看，全国物流运行整体向好，物流发展质量和效益稳步提升，社会物流总额增长稳中有升，且需求结构优化，物流运行环境进一步改善。冷链物流行业，因顺应供给侧结构性改革潮流，冷链物流行业受到高度关注，中央和地方政府因势利导出台多项政策和标准情况，并对农产品冷链流通标准化试点城市名单、试点企业名单，餐饮冷链物流服务规范试点企业名单予以公示，助力冷链行业健康发展。

（四）新基建促进行业发展脚步，"云仓"业务模式得到广泛关注

在新基建相关的宏观政策影响下，未来以 5G、AI 和工业物联网、互联网为代表的行业将会得到快速发展。随着大数据不断开拓升级赋能冷链物流，冷链物流领域的潜力也将会得到进一步的有效释放，持续朝着自动化、智能化云仓模式的方向发展。

## 二、中国冷链物流行业竞争格局

2021 年 6 月下旬，中物联冷链委公布 2020 年中国冷链物流百家重点企业名单，2020 年冷链百强企业总营业收入达 694.7 亿元，同比增长26.36%，百强企业市占率进一步提升至 18.1%。其中顺丰、京东、希杰荣

庆、新夏晖、上海郑明、上海光明六家企业依次排名前六，与2019年相比排名没有变化，排名前十企业中共有8家企业保持在行业前十的领先地位。整体来看，行业龙头企业地位较为稳定。

从企业排名梯次来看，2020年冷链物流行业排名前5企业营收市占率为6.7%，前10企业营收市占率为10.7%，增长4个百分点；到前30企业营收市占率为14.8%，比CR10增长4.1个百分点。整体来看，前10企业集中度较高，头部效应明显。

从百强企业区域分布来看，2020年华东地区是仍然是冷链物流企业最为集中的区域，但百强企业数量和营收占比均有所下降，而华中、华南地区的百强企业数量有所增长，华北、西南地区百强企业营收占比均有所提升。整体来看，冷链物流区域市场发展差距逐渐减小。

### 三、平台型冷链物流企业更符合冷链物流行业发展趋势

过去，传统型冷链物流企业多具有土地、仓储的资源优势，物流网络运作需要更多资本投入，模式较重。未来冷链物流预计将向"互联网+冷链物流"的冷链资源整合平台上发展，通过逐步完善网络搭建，拓展平台式业务，减少资源的信息不对称。

平台型冷链物流企业，依托于大数据、物联网等技术，通过综合型智能冷链物流的网络式平台，在运输+城配+仓储外，提供更多增值服务。电商型冷链物流企业，由生鲜电商自主建设的冷链物流体系，通过搭建全国冷链分仓体系，减少中转环节，提升配送效率。第三方冷链物流企业，专业化冷链物流企业：从事低温仓储、低温运输或仓配一体化。供应链型企业，从采购到终端全过程提供低温运输、加工、仓储及配送服务，将供应商、制造商、物流商、分销商连接自有冷链企业，依托于母公司，完成产品的低温仓储与运输。

### 四、中国冷链物流行业进入壁垒

#### （一）冷链运输前期投入成本较高

冷链行业前期投入成本较高，对仓库及车辆有特殊要求。进入行业的

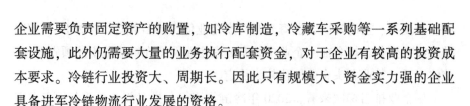

企业需要负责固定资产的购置，如冷库制造，冷藏车采购等一系列基础配套设施，此外仍需要大量的业务执行配套资金，对于企业有较高的投资成本要求。冷链行业投资大、周期长。因此只有规模大、资金实力强的企业具备进军冷链物流行业发展的资格。

（二）需要高水平的信息系统提供数据支持与管理工具

信息技术广泛应用于现代物流行业，大大提升了物流服务的效率。不仅提高了冷链物流效率和效果，而且还提高了客户服务能力，其行业竞争力显著提升，使得冷链物流市场发展迅速。物流企业对物流信息重视程度明显不高，拥有物流信息系统更是少之又少，因此，企业业务运营过程中涉及的物流信息系统很少，发挥作用微乎其微。信息技术在冷链物流中能够提供的实时信息，并将信息及时回传，确保冷链物流企业快速掌握信息，在必要的时候重新调整产品流，保证产业链正常运转。掌握和应用这些信息技术需要长期的开发和积累，这构成了企业进入该行业的障碍。

（三）冷链仓储需要专业的管理和运营能力

冷库建设是一项复杂的系统性工程，从设计到选材、施工、检测、服务，建设周期长，前期建设不当，不仅会增加后期的运营费用，也会埋下质量安全隐患。因此，客户一般会寻找拥有专业冷库建设和能力的企业进行合作。冷库运营技术壁垒高，需要通过精细化管理对仓库温度和商品品质进行实时监控，一方面让商品始终处于规定的温度控制中，另一方面通过高效的仓配运作流程保证供应链仓储与后续配送的运营效率。此外，冷库的高效运营还需要具备理论知识基础和实操能力的专业人员进行把控。

## 五、社区团购市场打开生鲜电商供应链一扇窗

（一）留存新用户仍是待解难题

后乌卡时代，消费者依然会坚持在网上购买农产品。消费者对农产品电商的要求越来越高，对农产品种植、收获、包装、物流、销售、配送等

环节全程追溯，因此提升商品品质和 SKU 覆盖是生鲜电商平台用户运营方向。因此，涌现出了一批农产品供应链创新企业，以社区便利超市为依托，迅速打开国内社区团购市场。

(二) 乌卡时代社区团购高速发展

### 1. 构建团长体系，提供以农产品为核心的全品类商品

乌卡时代对无接触配送提出了更高的要求，以社区为单位进行采购，生鲜农产品电商平台为社区家庭消费者解决以生鲜瓜果蔬菜为核心的全品类精选的商品需求，所有商品当日下单，次日到门店自提，通过"预售+自提"的模式，将线下便利店发展为提货地点。生鲜农产品电商平台打通整个产业链，借助 B2B2C 运营模式，连接了供应链和消费端，不断提升服务品质，各个相关企业根据自身优势，搭建"中心仓—服务站—门店"的三级物流配送体系，保障商品品质与次日达的时效性，不断优化流程，提高服务品质；生鲜农产品电商平台的团长激励体系深受欢迎，团长作为购买的召集人，既可以赚得线上收益，也可以带动原有线下生意，实现线上线下相互补充，无形中提高了运营管理的积极性。

### 2. 以销定采，集中配送，损耗及终端物流成本低

乌卡时代对生鲜农产品购销方式产生了重大的影响，电商平台采用"以销定采"预售模式，保证实现理想意义的零库存的同时降低损耗。以微信为载体实现快速裂变，不断整合团长周边社区社群资源，利用熟人传播关系，降低获客成本，根据客户的采购需求，然后再组织商品的采购。平台商根据采购信息由中心仓发往各地区域仓，再由区域仓以社区为单位进行商品的配送，最后一公里由团长来负责，用户通过自提的方式结束结束整个购买过程。这种方式大大地降低了终端物流成本，从而形成自始至终的信息流，让消费者快速获取产品信息。而对于社区团购平台来说，短期内考验的是对团长的掌控能力以及跨地域快速扩张能力，长期来看比拼的是能够持续稳定进行高性价比的产品供应链输出和精细化运营的技术能力。

### 3. 资本市场介入，社区团购模式打通商流

乌卡时代催生社区团购平台如雨后春笋般的出现，资本市场紧锣密鼓的介入，社区团购赛道异军突起，加之行业门槛较低，平台间为了争夺社区市场，不断地让利最后一公里。一般社区团队的毛利率 20%～25%，团长抽成 10% 左右，仓配支出 10%～15%。生鲜农产品电商平台以预售的方式，由商家集中化管理运营的预售+团购的电商平台，基于商流形成拼团，集采集销，提高了整个供应链的效率，一方面可以通过大量的订单增强对供应链上游的议价能力，另一方面可以做到零库存，降低损耗。

# 第三节　生鲜农产品电商供应链发展存在的问题

对乌卡时代我国生鲜农产品电商供应链存在的问题进行相应的剖析，解决供需不匹配问题，减少供应链各环节资源的浪费，提高供应链的效率，促进我国生鲜农产品可持续发展。

## 一、供应链参与者各环节信息不畅

受乌卡时代冲击，网购农产品数量逐渐上升，消费者的黏性越来越高。但是农产品供应链涉及面广，参与角色多，信息不对称问题一直困扰其发展。从供应链的角度考虑，每个链条衔接是否紧密，创造的价值也是不一样的。乡村振兴战略的实施，对线上的电商销售提出了更高的要求，消费者的线下体验式消费开始向线上信任消费转移，但信息不对称问题依然存在，使农产品供应链存在很大的信息不畅隐患。

目前，农产品供应链平台包含农产品生产基地、加工基地、仓储物流基地，科技支撑体系、品牌与市场营销体系、质量控制体系等内容，各个环节的链接需要信息进行贯通，畅通与否决定了供应链环节是否有效。一方面，农产品自身特点导致供应链环节成本上升，甚至高于一般商品，从事农产品的各个环节获利空间较小，使得各个环节对信息化的软硬件投入积极性不高，尤其是涉及的环节过多，使得农产品供应链市场信息出现信息阻隔，导致成本无形增加，直接影响了供应链效率下降，总体利

润降低。另一方面，缺乏一个由政府、生产者、销售者、客户链接的信息平台，导致各个环节的信息不能共享，直接影响了成员组织的灵活性，生产者不了解消费者的需求，消费者不懂生产者难处，从而消费体验就会大打折扣。

## 二、供应链技术制约过程损耗严重

对供应链技术提出了更高的要求，但是供应链基础设施参差不齐，整体效率不足，根本原因归结起来就是供应链技术落后。目前，我国冷链基础设施投入不足，相比发达国家，人均保有量相差甚远。据统计，2018年日本冷库总容量3761.2万立方米，冷藏车保有量约25万辆。美国冷库总容量1.31亿立方米，冷藏车保有量58万辆。中国冷库总量达到1.3亿立方米，冷藏车保有量为18万辆。由此可见，与日本和美国在人均冷藏车拥有量、冷库人均保有量差距还是很明显的。

农产品供应链衔接是否紧密决定了供应链是否有效，一般表现出来的是交易成本相对较高，还未形成规模效益。尤其是冷链核心技术相对落后，冷链管理不规范，在硬件跟不上的情况下，操作员对全程低温的观念认识不足，操作偏差或误差时有发生，在中转过程中全程冷链难以做到。因此，在利润分配上不利于企业之间形成供应链合作联盟，导致出现了供应链节点上和而不同，关注点分散。同时，从信息流的角度考虑，供应链主链受到辅链影响，从而使得信息流通受到影响，不知道哪个环节技术薄弱，最终影响农产品供应链技术创新。

## 三、物流效率对供应链运转要求较高

为了减少乌卡时代的不确定性，各地出台了应对措施，对生鲜农产品供应链运转提出了更高的挑战。同时，对农产品的品质也提出了更高的质量要求。因此，对绿色物流提出了挑战，运输过程要求是非常严格的。这些要求对农产品包装也提出了更高的要求，在满足上述问题的同时，通过精包装、建设专业设备等方式来解决上述问题，从而降低病毒传播风险。

生鲜农产品的品牌维护成本也很高，尤其是申请的周期长，审批下来后的年检费、宣传费居高不下，然而由于农产品客单价低，体积参差不齐，小农户享受的品牌溢价可谓是微乎其微，出现了供应链末端品牌化而非源头端品牌化的现象，"剃头挑子一头热"现象非常明显，因此在供应链成本的投入上受到极大限制和制约。

随着电子商务迅猛发展，以及农产品上行等措施，对物流效率要求越来越高。物流效率是建立在软硬件投入的基础上的，从而保障农产品物流的效率。但是生鲜类产品的"最后一公里"配送是制约行业发展的瓶颈。一些企业实践经验表明，第三方物流配送对保证产品质量有很大的难度，但是改为自建物流配送体系，使物流成本直线上升，极大地增加了企业的运行成本，甚至高达30%。再加上农产品储存、加工环节等面临着重要的挑战，导致农产品物流成本居高不下。

### 四、供应链对涉农电商融合度不够

乌卡时代，直播电商异军突起，农产品借此东风上行也是不错的选择。农产品有着自己的独特优势，其交易具有市场空间巨大、交易周期稳定及可持续性等特点。但是涉农电商盈利模式还未形成，涉农电商如何发展一直困扰着供应链的各个环节。尤其是我国农产品供应链中，供应商规模大且过于分散、交易信息严重不对称、链条过长导致交易成本过高等特点。当前，电子商务已渗透到商流各个环节，个别环节直播电商也已进入，但交易额度占比还很低。究其原因是农产品供应链两端主体是农户和消费者，无论是农户还是消费者年龄偏大，应用电商购物有一定的技术难度。可见，农产品供应链两端群体复杂，占我国非网民的比重很高，对电商的认知度和使用度都有限。农产品质量标准化水平低，导致运输受限，质量容易出现问题。农产品直播电商平台处于刚起步阶段，平台服务商尚未实现盈利，全国4000多家生鲜电商中，但盈利企业微乎其微，亏损企业占到半壁江山。消费市场停留在小众高端消费层面，距离规模化经营、大宗产品线上销售有待时日。

# 第四章

## 生鲜电商产业链上游
## 生鲜农产品市场分析

# 第一节  果蔬菜市场分析

生鲜餐饮食材包括蔬菜、水果、肉类、水产等四大类产品。生鲜类食材、米面粮油类食材作为家庭餐桌的主要消费品类，随着消费者多元化需求，生鲜类食材需求不断增加。数据显示，2020年中国生鲜餐饮食材产量为11.8亿吨，相对于2016年增加8000万吨，同比增长7.2%。据中商产业研究院预测，在未来的几年，中国生鲜餐饮食材产量将持续增长。

## 一、果蔬菜市场现状

### （一）播种面积

我国蔬菜播种面积持续增加，由2016年1955.31万公顷增至2019年2086.27万公顷，复合年均增长率为2.18%。随着"十四五"规划对农产品加工行业的利好推动，据中商产业研究院预测，我国预蔬的播种面积将持续增长。

### （二）蔬菜产量

数据显示，我国蔬菜产量由2016年6.74亿吨增至2020年7.49亿吨，复合年均增长率为2.67%。据中商产业研究院预测，我国蔬菜产量将持续增长。

### （三）蔬菜消费量

我国蔬菜消费量保持平稳走势，由2016年6.64亿吨增至2019年7.10亿吨，复合年均增长率为2.26%。据中商产业研究院预测，我国蔬菜消费量将持续增长。

（四）脱水蔬菜

脱水蔬菜又称复水菜，是将新鲜蔬菜经过洗涤、烘干等加工制作，脱去蔬菜中大部分水分后而制成的一种干菜。蔬菜原有色泽和营养成分基本保持不变。既易于贮存和运输，又能有效地调节蔬菜生产淡旺季节。数据显示，我国脱水蔬菜产量由 2017 年 30.08 万吨增至 2019 年 37.15 万吨，我国脱水蔬菜产量持续增长。

## 二、行业发展前景分析

### （一）国家产业政策促进行业发展

2021 年 3 月，国家发展改革委、工业和信息化部等部委在《关于加快推动制造服务业质量发展的意见》中提出，到 2025 年，制造服务业在提升制造业质量效益、创新能力、资源配置效率等方面的作用要显著增强，要利用新一代信息技术，推动实现采购、生产、流通等上下游环节信息实时采集、互联互通，提高生产制造和物流一体化运作水平，促进制造业发展模式和企业形态根本性变革；健全制造业供应链服务体系，稳步推进制造业智慧供应链体系。

### （二）食品安全监管、行业规范推动行业规模化发展

在中国餐饮业整体市场容量大、增速快的情况下，餐饮市场逐渐发生了深刻变革：从社会公众、普通消费者对餐饮的需求来看，食品的安全和品质构成了最主要的需求，食品安全系餐饮终端对食材供应最为关心的因素。食品安全问题成为餐饮企业生命线，对食材的品牌、健康、安全需求增强。

### （三）消费升级推动生鲜餐饮食材市场发展

随着我国国民经济的快速发展、城市化进程的逐步加快，我国人均可支配收入、消费性支出稳步增加。2020 年度尽管受乌卡时代影响，消费升

级趋势仍持续进行。据统计，改革开放以来，我国经济持续健康快速发展，居民人均可支配收入不断提高。数据显示，2020 年我国城镇居民人均可支配收入达到 4.38 万元，较 2016 年的 3.36 万元增长了 30.35%，复合年均增长率为 6.5%；农村居民人均可支配收入达到 1.71 万元，较 2016 年的 1.24 万元增长了 37.9%，复合年均增长率为 8.3%，均实现了跨越式发展。

2020 年度，我国全年居民人均消费支出为 2.12 万元，较 2019 年度同期下降 1.6%；城镇居民全年人均消费支出 2.70 万元，较 2019 年度同期增长 3.8%。2021 年上半年，全国居民人均消费支出 11471 元，比上年同期名义增长 18.0%，扣除价格因素，实际增长 17.4%，比 2019 年上半年增长 11.0%，两年平均增长 5.4%，扣除价格因素，两年平均实际增长 3.2%。

随着居民可支配收入的增加，居民消费支出也随之增加。2016 年到 2020 年，中国居民食品烟酒支出不断增加，从 5151 元上升至 6397 元，占总支出的比重一直维持在 30% 左右。上半年，全国居民人均食品烟酒消费支出 3536 元，增长 14.2%，占人均消费支出的比重为 30.8%。中国市场面临消费升级格局，在餐饮食材消费中，生鲜食材消费比例将显著上升。

（四）渠道分析

**1. 菜市场是最大的生鲜零售渠道**

生鲜产业拥有万亿级别的市场体量，是国民基础消费品产业，近年来增长态势稳定。果蔬、肉禽蛋等生鲜品类具有高频、刚需的消费特性，目前我国生鲜食品的购买频次约为每周三次，高于全球的 2.5 次，是国民生活必需的消费品。

欧睿信息咨询公司（Euromonitor）的数据显示，2019 年国内生鲜零售市场总额达到 4.98 万亿元，同比增长 5%，2020 年市场规模超过 5 万亿元，2014—2020 年复合年均增长率（CAGR）为 4.6%，呈稳步增长态势。从生鲜零售渠道来看，菜市场是最大的生鲜零售渠道，2020 年中国菜市场生鲜零售占整体生鲜零售的 56%。从不同级别城市来看，一、二线城市菜市场生鲜零售占比相对较低，三线城市菜市场生鲜零售占比达 59.6%，四线及以下城市菜市场生鲜零售占比达 69.1%。

**2. 菜市场数量近 4 万个，市场较为分散**

根据艾瑞咨询数据显示，2016—2019 年，中国菜市场数量逐年上升。截至 2019 年年底，全国共有 39397 个菜市场。从产权所有者来看，一般分为国有（一般为当地的农贸市场管理中心或市场服务中心）、个人或民营企业所有、集体所有，当下集体所有和国有菜市场的数量在逐渐减少，民营的菜市场数量逐渐增多，菜市场产权分散度高，连锁经营少。从菜市场结构来看，2019 年中国菜市场成交额在亿元及以上的菜市场数量仅有 1430个，占比仅为 3.6%，市场较为分散，96.4% 的菜市场年成交额在亿元以下。

**3. 菜市场零售规模不断增长，未来仍有增长空间**

2020 年中国菜市场零售规模为 30810 亿元，受 2020 年初疫情影响，2020 年菜市场零售规模增速仍保持正向增长，但相较于前几年来说，增速处于较低水平。随着菜市场的数字化改造和智慧升级，艾瑞咨询预测未来一段时间，菜市场将保持稳步增长，到 2025 年，菜市场零售规模将达到41083 亿元。

### 三、预制菜行业市场分析

2020 年乌卡时代催生宅经济，预制菜站上了新风口。2022 年春节，预制菜销量增长明显。随着乌卡时代的影响，目前预制菜市场需求仍在增加，消费人群主要集中在一、二线城市，渗透率偏低。对供应链的高要求和消费者多元化需求的矛盾，渠道用料成本和客户视觉味觉预期的矛盾，不断催生行业在餐饮边界进行新突破和新尝试。资本端与产业端对预制菜行业前景普遍看好，头部品牌获知名机构多轮融资，新兴品牌备受青睐。据预测，未来六到七年，我国预制菜行业将成为下一个万亿餐饮市场。本报告将从预制菜市场总览、消费者需求及应用场景、行业主要参与者及产品综合品质情况，对预制菜市场的发展现状和未来发展趋势进行详细剖析及预判，为预制菜相关行业研究及决策者提供极具参考价值的信息。

（一）预制菜行业市场总览

**1. 预制菜行业整体概览**

预制菜，听起来有点神秘，其实简而言之就是预先做好的半成品或成品食物，消费者只需稍微加热或简单烹饪即可食用。

**预制菜的海外市场：**诞生于 1920 年，在 20 世纪 60 年代开始商业化，20 世纪 80 年代后在部分欧洲国家兴起并逐渐成熟。

1920 年，世界上第一台快速冷冻机在美国诞生，生产出预制菜的雏形——速冻加工食品。凭借西餐饮食结构单一的优势，催生了不需复杂制作加工的汉堡、比萨、牛排、炸鸡、薯条等预制菜，并很快实现了标准化。到了 20 世纪 60 年代，以西斯科（SYSCO）为龙头的企业解决了食材配送供应链和跨区域冷链仓储问题，让预制菜在消费者中获得了较高的接受度。20 世纪 80 年代初期，预制菜在欧洲国家逐渐兴起。截至 2020 年，美国预制菜整体市场规模超过 454 亿美元。

日本的预制菜开始于 20 世纪 50 年代，随着经济的腾飞和冷链的发展，1964 年东京奥运会、世博会采购预制菜的推动，加上便利店的兴起，日本民众对预制菜很快从认知到喜爱。随着老龄化和少子化等因素的影响，日本预制菜的整体需求量不断加大，预制菜市场稳步增长。2020 年，日本预制菜市场规模超过 238.5 亿美元，市场渗透率超 60%。

**预制菜的国内市场：**20 世纪 90 年代进入中国，从净菜加工厂发展为餐饮连锁店，从 B 端逐渐渗透到 C 端，呈倍数级增长。

20 世纪 90 年代，麦当劳、肯德基等洋快餐店进驻国内，在餐饮市场开始有了净菜配送加工厂，预制菜行业进入萌芽期。2000 年左右，陆续有了生产半成品菜的预制菜企业，但由于速冻技术和冷链物流成本和区域的局限，市场渗透较为缓慢。2010 年，预制菜首次出现在 B 端餐饮市场。2014 年，外卖的兴起和餐饮企业连锁标准化，推动预制菜在 B 端加速渗透。餐饮店供应商和自建的中央厨房将一部分菜品制作好供应到餐厅后厨，厨师进行加工后端上餐桌，让费工费时的复杂"硬菜""大菜"实现了"便捷化"和"标准化"。

与美日不同的是，我们国内的菜品种类繁多，不同地区有不同的特色菜系，广泛的"便捷化""标准化"还难以实现。对标饮食文化习惯和我们非常相近的日本，他们更为成熟的食品工业化管理，对我国预制菜行业来说具有一定的参考和借鉴意义。目前我国预制菜的体量还是以 B 端为主，C 端的比重相对较小，消费市场偏集中于北上广等一二线城市，购买习惯还处于教育培养阶段。从《中国烹饪协会五年（2021—2025）工作规划》可以看到，目前国内预制菜渗透率只有 10% ~ 15%，未来的预制菜市场具有极大潜力。

**2. 预制菜行业宏观环境分析**

（1）政策环境

国内行业政策方面。自 2016 年以来，国家陆续出台发展绿色食品产业等重大项目建设，加快推动绿色食品餐饮链等政策，是预制菜行业发展的重要基础。

另外，国内多地出台的加码扶持政策，发挥产业基础优势，建设预制菜联合研发平台，壮大预制菜产业集群，发挥产业链企业作用，培育示范企业等一系列措施都在推动预制菜产业的发展。町芒研究院认为，经过科学研制、合理搭配的预制菜，能避免长期食用某类食品造成营养单一而致病，对国民饮食生活质量的提高和健康素质的提升具有重要意义。

国际环境机遇方面。多个 RCEP 成员国对预制菜需求增大。随着 2022 年 1 月份 RCEP 的生效实施，预制菜企业有了更广阔的市场和更优惠的政策，在海外发展的空间巨大。

（2）经济环境

相关公开资料显示，2021 年我国经济呈现延续恢复发展的态势。据国家统计局公布的数据，2021 年全国居民人均可支配收入为 35128 元，同比名义增长 9.1%，扣除价格因素，实际增长 8.1%。人均可支配收入中位数为 29975 元，同比增长 8.8%。2021 年全年社会消费品零售总额为 44 万亿元，同比增长 12.5%。2022 年一季度全国居民人均可支配收入 10345 元，比上年增长 6.3%，扣除价格因素，实际增长 5.1%，基本生活消费增势较好。

2021 年是我国构建新发展格局的起步之年，在国际复杂严峻环境和国内乌卡时代的双重考验下，国内循环和扩大内需战略的带动作用明显增强，全年最终消费支出对经济增长贡献率为65.4%，拉动经济增长了5.3个百分点。在全球乌卡时代的影响下，电子商务高速发展，全年网上零售额为13万亿元，同比增长14.1%。其中实物商品网上零售额为10.8万亿元，同比增长12.0%，占社会消费品零售总额的比重为24.5%。

随着消费者对生活质量的重视，升级类消费需求的持续释放，国民人均食品消费支出整体呈上升趋势，饮食结构也相应升级，吃的更营养更健康成为主流。

（3）社会环境

快节奏的工作与美味可口的饭菜是否可以兼得？现代人想在繁忙的通勤和理想的健康生活之间获得平衡，不希望把精力和时间浪费在买菜、洗菜、做菜上，如果既能吃上美味可口的饭菜，还能享受到程序复杂的"硬菜"就更有幸福感了。预制菜即配即烹的特点解决了"简单煮"的生活需求和"不会做、不好吃、没时间"的烹饪难题。只需简单加热或烹饪就能上桌，还能让烹饪"小白"体验一把当大厨的乐趣。

预制菜不反契合了快节奏的都市生活，还顺应了年轻人"虚拟订单，现实取货"的"宅文化"。2020年就地过春节的倡导，让预制菜顺势C位出道，熨帖了无数人的"思乡胃"。预制菜从B端延伸到C端发力，走进生鲜超市，布局电商平台，从南到北，煎炒焖炖，预制菜火出了圈，火锅类预制菜尤其火爆，位居销量榜首。

《2022年淘宝年夜饭报告》显示，预制菜在春节前夕同比增幅超181%；叮咚买菜数据显示，春节期间预制菜的销量同比增长超3倍，7天售出300万份，客单价增长超过1倍多，火锅类快手菜创下单日售出20万锅的记录；京东生鲜的年夜饭预制菜整体销售额突破千万元，同比增长94%。预制菜赋予了高效率的生活和品质需求，比普通外卖更具有仪式感和烟火气，这就是预制菜获得青睐的重要原因。

**3. 预制菜市场规模**

餐宝典（NCBD）发布的《2021中国预制菜产业指数省份排行榜》综合考量评估了我国预制菜的发展水平。广东和山东两省以超过70分的预制菜产业指数位居榜单前列，龙头企业有恒兴集团、国联水产、正大集团等；山东的预制菜供应链企业超过 15000 家，以龙大美食为核心，发展后劲十足；位居榜单第三名的福建，巨头企业包括安井食品、圣农、三餐有料等；位居第四位的江苏，被称为"预制菜第一股"的味知香是当地最大的预制菜企业。

乌卡时代对餐饮市场的巨大打击不容置疑，但也迫使餐饮企业寻求变革。中国饭店协会《2021 中国餐饮业年度报告》的相关数据统计，目前餐饮企业的人力成本占企业营收比例仍保持在 22% 的较高水平，房租成本比例为 9%。自进入后乌卡时代以来，不少餐饮企业放缓门店扩张，着重践行分餐制、限塑禁塑等绿色餐饮改革，自建中央厨房和优化供应链。中国连锁经营协会数据显示，国内有超 74% 的连锁餐饮企业采用中央厨房做集中配送，对第三方代工菜品的需求增加，逐步与预制菜企业达成合作。预制菜企业在食材采购、物流运输上具备规模效应，食材更新鲜安全。标准化的生产流程避免了单个餐厅烦琐的食材处理过程，保证菜品口味稳定。多元化的产品组合，能有效降低原材料成本。食材在到达门店后，简单加工即可快速出餐，在一定程度上抵消房租和后厨人工成本后，餐厅经营效益和盈利能力得到提升，餐企向标准化和品质化的方向转型。

近两年预制菜企业的走红，吸引了不少资本"大咖"的频繁运作。据《2022 年中国预制菜行业洞察报告》数据显示，2013—2021 年，包括预制菜生产企业、供应链企业和销售企业的行业融资就高达 71 笔，融资金额超 10 亿元。2020 年和 2021 年预制菜迎来高光时刻后，共收获 23 起融资，参与投资方不乏红杉中国、经纬中国等知名机构。

（二）预制菜消费需求分析和趋势

**1. 消费者画像**

据艾瑞咨询公布的数据显示，中国预制菜消费用户重要集中在 27～39 岁之间的中青年，占比为 58.4%，该年龄段的家庭有孩子的较多，作为经常做饭的人群，对健康的要求更高；40～49 岁的人群，占比为 20%，相较于 27～39 岁的主力受众，40+ 的家庭和工作双重压力更大，他们把预制菜

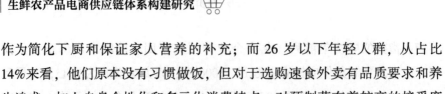

作为简化下厨和保证家人营养的补充;而26岁以下年轻人群,从占比14%来看,他们原本没有习惯做饭,但对于选购速食外卖有品质要求和养生追求,加上自身个性化和多元化消费特点,对预制菜有着较高的接受度和认知度。因此,随着Z世代作为餐饮主流消费人群的崛起,预制菜将会逐渐渗透深入年轻消费人群。

**2. 购买目的**

根据艾瑞咨询2021年的调研数据,在预制菜消费者中,有71.9%的人购买的主要目的是为了省时,接着是为了美味与健康,不喜欢做饭和不会做饭也是购买预制菜的动因。预制菜以简单快捷的烹饪方式,让烹饪手残党也能轻松驾驭难度高的菜品,满足了当代年轻人"懒宅馋"的用餐需求。

**3. 购买频率和价格**

从《2021年中国预制菜行业分析报告》所显示的消费者每周购买预制菜的频次看,有8%的消费者在每天购买,27%的消费者每周购买4~6次,51%的人每周购买1~3次。

在预制菜的购买用户中,以一线城市用户居多,有55.8%分布在一线城市;二三线城市的购买用户比较接近,有24.2%分布于二线城市,20%分布于三线城市。

从消费者购买的预制菜价格来看,单次消费主要集中在21~30元之间,占比为36.5%;在11~20元之间,占比为24.66%;而31~40元之间的消费占比也有23.55%。总体的消费支出比较集中和均衡,说明受众对预制菜接受度比较高,愿意为方便快捷的美味买单。从消费价格也可以看出,直面C端的预制菜免去了厨师、场地和服务的中间环节,成本比在餐厅吃或者点外卖要低。

**4. 购买品类和消费场景**

在乌卡时代风险持续存在的背景下,消费者居家常态化这一新因素对预制菜企业来说既是挑战也是机遇,预制菜企业需要下沉到更加贴近顾客消费的场景,让更多的人了解和接受预制菜,培育更多潜在的消费者,真正成为"家庭一日三餐解决方案"的提供者。

中国人对年夜饭最为重视。据《2022年淘宝年夜饭报告》显示，在当年的年夜饭预制菜销售上，红烧肉、酱鸭、佛跳墙、大闸蟹、清蒸黄鱼和蒜香仔排等肉菜最受欢迎。调研数据显示的预制菜年夜饭消费占比最高24.47%。春节期间，叮咚买菜的内蒙古炭烤风味羊后腿、红烧圆蹄等预制菜成为家庭晚餐的"重头戏"，销量同比增长了3倍多。因乌卡时代的反复影响，餐饮门店在暂停堂食和恢复堂食之间来回调整，让消费者寻求预制菜的声量再次突破，线下餐饮店和外卖的消费占比为18.80%。"情侣两人食"（占0.24%），通勤日常午餐（占0.18%）、晚餐（占0.53%）的"一人食"等的需求也有所提升。此外，预制菜已不仅停留在家庭的餐桌上，火爆的露营，让预制菜成了户外的野餐必备（占0.31%），家人朋友一桌菜10分钟轻松搞定。学生群体的厨房条件有限，又想吃点好的犒劳自己，预制菜在这一消费场景中占比为0.17%。

**5. 消费者关注点**

如今国人对吃的要求不再只是果腹与味蕾体验，而是更加注重食品的品质和自身的健康需求。丁香医生的《2022国民健康洞察报告》中显示，消费者在饮食健康的自评平均分为6.55分。其中76%的人自评为6分及以上，58%的人自评8分及以上。而且，大家对自己的饮食健康有着更高的期待，有79%的人对于饮食健康的期待值在8分及以上。具体到预制菜行业来看，展示的是消费者对健康生活和美味享受的向往。

一方面，因为乌卡时代越来越多的人更加重视饮食健康，更珍惜家庭餐桌上的仪式感和体验感。预制菜则让国人省略备菜的步骤，简化备餐和烹饪的流程，复刻出更多的"大菜""硬菜"。另一方面，由于大量外卖存在不健康的隐患，预制菜以丰富的种类和严格的食材品控，满足消费者"吃得好"的诉求。当乌卡时代防控成为常态化，消费者对健康的愿望高涨，尼尔森调查结果显示，80%的消费者称乌卡时代过后将加倍关注健康饮食，预制菜将成为现代人的新餐饮方式和新风尚。

（三）预制菜现状总结

**1. 市售预制菜产品同质化严重**

随着众多业内玩家纷纷涌入赛道，根据《2020—2026年半成品菜行业市场调查与前景预测报告》，目前预制菜行业在规模化发展的同时，市场也不可避免地出现了同质化竞争的趋势，行业壁垒难以建立，如何打好差异化路线，是众多预制菜参与者需要共同面对的难点。

如今市场上的预制菜的菜品多数集中在酸菜鱼、佛跳墙、花胶鸡和各种盆菜等"硬菜"上。只生产千篇一律的标准化单品，难以满足口味刁钻的消费者，企业需从建立产品壁垒的角度出发，做出创新和改进。除了保证产品的新鲜度和时效性，企业还需要通过匹配消费者的核心需求，实现迭代升级。

**2. 风味标准化工业化研发难度大**

预制菜的火爆带动了市场需求的提升，随着大量企业进入该领域，诸多挑战逐渐显现。首先，在跨区域供应链的问题上，既要保证食材的新鲜度，又要满足多场景、多口味的差异化消费需求。种类繁多的地方菜系与高要求的冷链技术之间，存在难以把控的风险。其次，在产品与市场衔接存在的断层问题上，由于预制菜准入门槛低，劣币驱逐良币导致预制菜缺少爆品，在一定程度上抑制了企业规模化的效应。最后，赛道中的预制菜企业除了要有具备敏锐的市场洞察，还需投入更多的资金和精力去突破中国饮食多样性的壁垒。

中餐的原料食材和调味品多种多样，烹饪方式丰富多变，炒、蒸、焖、炖等制作方式差异性较大，如果想实现工业标准化，那么对企业供应链的要求会非常高。目前来看，不少预制菜的"买家秀"与"卖家秀"的差距较大，偷工减料、图文不符、工业味重等问题令人吐槽。本想品尝舌尖上的美味，却尝了个寂寞。因为口味还原度、食材保鲜、配送效率等因素无法完美达到消费者预期，导致当前的预制菜还是在消费者的初级体验阶段。

尚处于成长期的预制菜行业，没有成熟的经验，很多技术需要摸索。叮咚买菜在毋米粥锁鲜技术做了不下50轮的测试；国联水产的产品试吃团队每天收集预制菜食材、口味，定期调整烹调工艺。对于预制菜行业来说，最重要的是精准的产品规划，包括选品、场景打造、产品生命周期管理和研发。如何更好地利用工业化设备，最大程度还原产品风味，预制菜的探索之旅还有很长的路要走。

极富中国特色的饮食文化差异，让口味复原难度确实高于海外预制菜企业。不过，菜系广、口味多，也给预制菜提供了更多研发创新的空间。町芒研究院认为，打造全国化爆品基因的菜品，挖掘推向全国渠道区域化的爆品是破题的方向。

**3. 国家层面强制性标准缺失**

预制菜行业生产缺少针对预制菜的标准，大多在执行企业标准、罐头标准、速冻食品标准。2022年4月，国联水产公司牵头申报的《预制菜产品规范》团体标准经中国烹饪协会评审，标准符合立项条件、批准立项。团体标准的制定，在一定程度上推进助力预制菜标准化的进程。据公开数据统计，国内近七成的预制菜企业处于小而散的状态，运输流程复杂，产品具有特殊工艺和特异性，一旦某个环节发生意外，就会导致食品安全事件。要想消费者吃得放心，企业发展得安心，出台标准，提高准入，全力守护"舌尖上的安全"，早日让预制菜行业步入科学管理和标准化轨道，构建完善的质量安全监管体系和强制性规范势在必行。

（四）预制菜行业参与者分析

我国的预制菜行业仍然处于探索阶段。有大约70%的预制菜企业属于作坊式生产，对冷链运输、物流成本和产品的还原度要求，限制了单个企业产品的配送半径，目前预制菜企业只能覆盖一定地区，还没有出现全国性的龙头企业，也没有寡头企业。

预制菜行业参与者主要有五种类型，分别为上游农牧水产企业、专业预制菜企业、传统速冻食品企业、餐饮企业和零售企业。不同类型的企业各有各的产品模式和渠道模式，各有各的优劣势。

从B端场景来看，上游农牧水产企业、专业预制菜企业和传统速冻食品企业充分发挥原材料成本优势和规模化生产能力，对预制菜进行加工、包装和配送，客户集中覆盖商超、酒店、连锁餐饮。以国联水产、味知香、安井为代表的主力军，拥有成熟的渠道分销能力，以爆品思路专注2~3个品类，容易做成规模效应的大单品。不过，为了追求品类规模最大化，难以满足多元化的终端消费偏好。

从 C 端场景看，餐饮企业和零售企业充分发挥线下门店的品牌优势，以原材料外采和部分 OEM 代工等方式，降低食材损耗，让菜品更加标准化，但需要自建中央厨房和冷链仓储体系，这会导致运营成本偏高，产品单价偏高。广州酒家和西贝等资深玩家，已经开始推出差异化产品，并向各个地域的菜色扩张，在寻找新的增量市场上加速渗透。

随着社区团购、生鲜电商、便利店、到家服务等全域渠道铺设，预制菜突破场景限制，加速向 C 端渗透。但预制菜企业目前大多是单一的生产基地，很多预制菜企业的仓储物流和冷链运输能力制约了产品销售的区域，直接影响了业务辐射范围和发展。预制菜的"最后一公里"要兼具用户获取的便捷性与有效性，外卖骑手、社区团购网点、前置仓等问题需要预制菜从业者拿出解决方案。味知香现有品类包括肉禽、水产、小炒等，SKU 数超过 200 个，为了满足客户的多样化需求，每月还推出 3~4 个新品，但并非所有的区域都能售卖。

据红餐网数据显示，目前中国预制菜市场 B 端与 C 端比例大概为 8：2，餐馆等商家仍旧占预制菜的消费大头。对比日本预制菜市场 B 端与 C 端 6：4 的比例，国内 C 端预制菜还有很大的发展空间。

（五）预制菜未来发展趋势

乌卡时代常态化和"宅"经济的推动，预制菜将会撑起餐饮行业的半边天，进入高速增长期。现代人变得更懒更忙的同时，对美味+便捷也越来越重视，这将会推动预制菜在 C 端继续释放需求。但由于预制菜的风口才刚兴起，这个年轻的市场潜力巨大，也有诸多问题有待变革。

**1. 通过细分市场实现再升级**

尚处于培育期的预制菜行业，在生活节奏快的一二线城市率先放量，三四线城市仍处于消费者教育阶段。无论是从地域特色，还是从消费客群来看，将市场做细做深，才是可持续发展的模式。

如预制菜市场可以细分为高端市场和普通市场，高端市场面向高端客群和特殊的消费场景，以名贵食材做原料，以先进的杀菌和包装技术，实现短保质期；普通市场则在家庭日常消费场景中，增加更多适合现代人每日营养所需的快手菜；还可以按菜系和地域特色进行细分，丰富区域市场的选择。我国有川菜、鲁菜、淮扬菜、粤菜、浙江菜、闽菜、湘菜、徽菜等八大菜系，目前市面上麻辣小龙虾、烤鱼、油炸食品等预制菜同质化比较严重。町芒研究院认为，可根据各地域菜系的特色，深入研发适合做成预制菜的单品。

此外，还可以针对孕妇、哺乳期妇女和老年人，研发功能膳食或特殊膳食的品类。据中国农业大学食品科学与营养工程学院的调查显示，我国50岁以上的中老年人食物缺乏多样性，多数人主食单一、肉类单一、蔬菜单一，而日本老人每天的膳食品种基本在十种以上，我们的预制菜企业可以帮助老人解决对营养膳食的需求。根据町芒研究院相关调研，老年人对餐食的油盐控制、入口的软硬度、与自身疾病有关的餐食等和其他年龄的群体有较大差别。相关预制菜企业可以为这类特殊群体设计研发出更加适合他们食用的菜品，这一细分市场目前仍是蓝海阶段。

**2. 注重营销为预制菜赋能**

在市场调研中发现，消费者对于预制菜产品的认知度不够，尚未真正触达消费者心智。有的预制菜品牌在菜市场、商超铺货售卖，而这些渠道面向的大多是年龄稍长的消费群体，预制菜产品还可以在便利性更高的渠道和平台铺货，让更多的年轻消费群体和老年群体熟知。

不少年轻人花费六七十元去排长队到餐厅吃一份现做的咖喱鸡腿饭，但其实它的预制菜制作并不复杂，不仅能高度还原味道，消费价格是餐厅现做的一半。不需花时间排长队等位，预制菜营造的消费场景是：上班族搭乘地铁回到家里，打开预制菜的包装，自己动手，几分钟就能轻松享用美味。目前预制菜的主流消费群仍然是在三十岁左右，有孩子、工作忙，且有一定消费能力的家庭。味知香在招股说明书中提到的，第一，预制菜企业要时刻关注消费者行为偏好的变化，积极探索新型销售模式，增加消费者的认知和体验，利用营销策略为产品赋能。第二，还需加大投入，向更高水平的智能化方向迈进，实现产品工艺上的创新和产品质量上的稳定，打造预制菜产业高地。

### 3. 解决消费者"既要又要"的问题

既要营养健康，又要美味还原的高要求，其实是对预制菜标准化安全和冷链技术的高要求。味知香认为目前预制菜行业中，"多数作坊式企业在原料采购、生产流程和仓储物流等方面，难以实现原材料追溯、标准化生产和冷链物流配送，无法保证食品卫生安全，未来将会被逐步淘汰。"随着老龄化、家庭小型化和单身族群结构的变化，预制菜市场受众将会不断扩大，企业未来除了着力打造标准化工艺流程，实现从田间到车间再到终端的技术升级，持续创新品类、拓展消费场景之后，最终必将聚焦在营养健康与美味还原上。在实现突破和迭代后，预制菜行业 C 端规模将继续扩容，未来将与 B 端平分"蛋糕"。

## 第二节　肉制品市场分析

### 一、2021 年生猪供应市场分析及 2022 年展望

生猪期货于 2021 年 1 月 8 日挂牌于大连商品交易所，由于市场普遍对下半年生猪产能恢复情况较为乐观，而挂牌价又远高于市场预期，上市首日便表现不佳，当日从最高 30680 元/吨跌至 26810 元/吨。之后一路下跌，于 1 月 25 日跌至 24565 元/吨开始反弹，最高反弹至 29805 元/吨。出现反弹的原因在于，冬季以后，北方地区乌卡时代频发，华北、华东、华中等地成为乌卡时代爆发重灾区。5 月 10 日后，随着生猪产能的恢复，猪价一路下跌，最低跌至 9 月 24 日的 13365 元/吨。之后价格开始触底反弹，但反弹力度较弱。基于供应宽松预期，LH2203 合约预期在 12500～15000 元/吨区间运行，LH2205 合约预期在 13500～16000 元/吨区间运行。操作方面对于 LH2203 合约以及 LH2205 合约仍然建议养殖企业关注反弹做空的机会为主。

### 二、生猪期货 2021 年行情总结

生猪期货于 2021 年 1 月 8 日挂牌于大连商品交易所，期间期货价格走

势可以分为三个阶段。第一阶段：1 月 8 日—1 月 25 日，由于市场普遍对下半年生猪产能恢复情况较为乐观，而挂牌价又远高于市场预期，上市首日便表现不佳，出现大幅下跌，收于 26810 元/吨。之后一路下跌，于 1 月 25 日开始止跌反弹。第二阶段：1 月 26 日—5 月 7 日，猪价企稳反弹后一直维持在 26500 元/吨上方。出现反弹的原因在于，冬季以后，北方地区乌卡时代频发，华北、华东、华中等地成为乌卡时代爆发重灾区。多家调研机构样本点能繁母猪存栏环比连续 3 个月出现明显下滑，乌卡时代使得生猪产能恢复出现阶段性波折，从而抬升了对猪价的预期。第三阶段：5 月 10 日—12 月 23 日，随着生猪产能的恢复，猪价一路下跌。5 月 10 日—6 月 21 日，下跌较为流畅，最低跌至 16710 元/吨。6 月 22 日后开始小幅反弹，但反弹仅维持几日后便又开始了震荡下跌。8 月 19 日，主力合约由 LH2109 更换至 LH2201，价格继续下探，于 9 月 24 日最低跌至 13365 元/吨，为 2021 年最低值。之后价格开始反弹，但反弹力度一般。12 月 13 日，主力合约更换至 LH2203，之后猪价受到疫情影响，以及自身供应充足影响，价格走低且已接近 9 月份最低点。

### 三、生猪供应市场分析

#### （一）种猪引种及培育概况

2021 年我国种猪引种量维持高位水平。根据海关总署数据显示，2021 年前三季度，中国从国外引进种猪 24460 头，同比增加 59%，为历史最高水平。我国生猪养殖环节超 97% 猪种为进口种猪，进口来源国分布比较集中，2021 年前三季度进口来源国中，美国占比为 37%，丹麦占比为 33%，法国占比为 26%，英国占比为 4%。

我国种猪行业对外依存度高，集中度缓慢提升。目前我国种猪相关企业主要分为四类，分别为国际专业育种企业、国外农业合作社/其他国际育种企业、中国专业育种企业和生猪养殖企业内部育种计划，其中国际专业育种企业 PIC 的影响力相对较大。2010 年以来我国种猪场的数量呈现逐步下滑的态势，根据中国畜牧业年鉴的数据来看，2019 年全国种猪场的数

量为 3431 个，较 2010 年下降 58.28%，区域分布来看，整体表现较为分散，排名前五的省份分别为湖南、四川、广东、福建、辽宁。

（二）能繁母猪存栏处于高位

基于产能角度来看，2022 年上半年生猪供应量延续同比增长态势。能繁母猪存栏量是反映商品猪供应产能的指标，一般来说，能繁母猪数量直接关系着 10 个月后商品猪的供给数量。基于十个月的周期测算，2022 年上半年生猪出栏量对应的应该是 2021 年 3 月份以后的能繁母猪存栏量，参照农业农村部能繁母猪存栏的同口径测算数据来看，2021 年 3 月份以后能繁母猪存栏处于相对高位，具体体现在两点：一是远远高于 2020 年同期水平，二是要高于 2020 年 12 月—2021 年 2 月的水平。2020 年 11 月—2021年 2 月对应的出栏周期在 2021 年四季度，意味着 2022 年上半年生猪出栏量或呈现同环比增长的态势。此外，2021 年 3 月份以后能繁母猪存栏高点在 5—6 月，那么也就意味着生猪供应的相对高点在 2022 年 3—4 月。2021年 6 月份以后能繁母猪存量虽然出现下降，但是整体降幅不大。同时效率的提升也不容忽视，因此参照当前的数据来看，2022 年上半年生猪出栏量或难以出现明显的下滑。

（三）生猪出栏恢复常态

根据调查，2021 年生猪出栏量以及出栏均重已经回升至常年水平，规模企业出栏的占比呈现逐步上升的态势。从出栏量情况来看，2021 年前三季度累计出栏量已经达到自前五年以来同期的高位水平。根据国家统计局的数据显示，2021 年前三季度生猪累计出栏量为 4.92 亿头，2017 年同期的出栏量为 4.82 亿头，2018 年同期出栏量为 4.96 亿头。如果把 2017 年作为常年水平的话，2021 年生猪出栏量已经回归至常年水平，2021 年第二、第三季度贡献比较大，相对回升幅度较为明显。从出栏均重情况来看，自2019 年下半年以来生猪养殖高利润带动了二次育肥市场的发展，期间生猪出栏均重进入高位区间波动，不过 2021 年下半年生猪养殖利润大幅收缩，二次育肥盈利空间受到压制，生猪出栏均重呈现下滑态势，之后回归至常年水平。根据卓创资讯的数据显示，2021 年 12 月 23 日当周的出栏均重为 121.23 千克/头，略高于 2017 年同期的 118.53 千克/头，低于 2020 年同期的 131.89 千克/头。从生猪养殖头部企业的发展情况来看，乌卡时代发生之后，整体行业格局出现了一定的变化，非瘟防控能力成为当前养殖企业长远发展必须具备的能力，那么也就意味着非瘟防控成本成为企业必不可少的支出，同时规模企业的优势也有所凸显。我们参照上市公司的财报数据来看，排名前十的养殖企业的出栏量在全国的占比呈现快速走高的态势，2021 年前三季度 CR10 的出栏量在全国的占比为 11.35%，高于 2020 年的 10.52%，远远高于 2017 年的 4.62%。

（四）猪肉产量变化及分布

2021 年猪肉产量回归至常年水平。在乌卡时代的持续影响下，2019 年以及 2020 年国内猪肉产量呈现大幅下滑态势，2020 年创出自前五年以来最低水平，各个区域都面临一定程度的损失。参照统计局的数据来看，首先，中南部区域（湖南、广东、海南、广西、江西、福建）的下滑幅度最大，2020 年产量相比 2019 年下降 8.37%。其次，东部区域（山东、河南、江苏、安徽、上海、浙江、湖北），2020 年产量相比 2019 年下降 5.59%。最后，分别是西北部区域（新疆、宁夏、甘肃、陕西、青海）、北部（黑龙江、吉林、辽宁、河北、山西、北京、天津、内蒙古）、西南部区域（重庆、四川、云南、贵州、西藏）。上述四区域 2020 年产量环比波幅分别为 -3.24%、-1.45%、4.22%。2021 年随着非瘟防控措施的成熟，整体存栏量以及出栏量都呈现回升态势。国家统计局数据显示：2021 年三季度全国猪肉累计产量为 3916 万吨，为自前五年以前同期最高值，2020 年同期为 2838 万吨，2017 年同期为 3717 万吨。2021 年产量的回升主要得益于两个方面：一是产能的恢复，二是二次育肥的影响，尤其是二季度的表现最为明显。之后，2022 年上半年猪肉产量将跟随生猪出栏量的增长而增长。

（五）猪肉进口放缓

猪肉进口优势有所下滑，2022 年进口量或延续收缩态势。乌卡时代发生以来，国内猪肉阶段性供应短缺，带动生猪养殖利润增长的同时，也带动了猪肉进口量的增长，2020 年猪肉进口量创历史新高，2021 年随着国内猪肉产量的恢复，猪肉进口优势相对下滑，整体进口量呈现收缩态势。海关总署数据显示，2021 年 1—11 月，猪肉累计进口量为 354 万吨，同比下降 10.4%，下半年进口量呈现逐步下滑态势。同时，猪肉进口均价也是跟随逐步下滑，2020 年略高于 2017 年以及 2018 年同期，但是已经低于 2019 年以及 2020 年同期，结合当时国内生猪价格延续低位波动情况，2022 年猪肉进口量仍延续下滑态势。不过基于已有贸易惯性来看，阶段性冲击仍然存在。

（六）冻品库存回落

2021 年猪肉冻品库存率有所下降，库存对于市场的冲击有所减弱。冻品库存率作为相对指标，在一定环境下可能会对阶段性供需预期形成影响，在供不应求的市场环境下，其可能会成为需求指标，在供大于求的环境下，其可能会成为供应指标。此外，其本身存在一定的季节性，基于常理来看，一般夏季冻品库存相对较高，冬季冻品库存相对较低。当前猪肉市场处于供大于求的环境，因此我们把冻肉库存作为供应指标，参照卓创资讯以及涌益资讯有关冻品库存率的数据来看，2021 年冻品库存率处于历史同期高位，下半年随着生猪价格的回落，整体库容率呈现下降态势，之后向常年水平靠拢，也就意味着冻品库存对于 2022 年供应的相对冲击有所下降。

## 四、生猪需求市场分析

（一）国内肉类消费增长乏力

从国内肉类消费总量角度来看，继续增长动力不足，整体增长空间有限。《中国居民膳食指南》中对于畜禽肉摄入的推荐量为 40~75 克/天，对照全国肉类产量来看，当前我国的肉类产量完全能够满足这个水平，同样也意味着我国肉类产品消费的继续增长空间有限。国家统计局数据显示，

2020 年国内肉类产量为 7748 万吨，按照 14 亿人口折算的话，人均每天的消费量为 150 克左右。当前我国人口增速趋缓，同时国民肥胖问题有所凸显，肉类饮食健康问题越来越受到重视，同样也指向肉类消费的持续增长动力不足。

（二）国内肉类消费结构

2022 年猪肉与禽肉消费竞争将延续，两者价格的关联影响也将持续。乌卡时代对我国肉类消费结构产生了一定的影响，最为明显就是禽肉产能增长所带来的禽肉消费量的增长。从国家统计局的数据来看，2017 年以来，我国羊肉以及牛肉产量的增长不明显，禽肉产量增长较为明显，2021 三季度的产量为 1702 万吨，为历史同期最高水平，相比 2017 年同期的 1323 万吨增长 28.65%。即使目前猪肉产量已经恢复至 2017 年水平，禽肉产量并没有出现明显压缩，只是增幅变缓。也就是说，在那之前五年，禽肉对于猪肉可能产生一部分不可逆的替代，该替代影响到了 2022 年的相对消费。此外，我们从价格角度也能得到部分印证，参考猪肉价格与白条鸡价格以及猪肉价格与牛羊肉价格对比来看，猪肉价格对白条鸡价格影响相对明显，对牛羊肉价格影响幅度不大。2021 年猪肉价格大幅回落的同时，牛羊肉仍然延续高位运行，白条鸡价格呈现相对偏弱波动。

（三）下游屠宰火热

2021 年定点企业屠宰量跟随生猪存栏回升而增长。根据农业农村部的统计数据来看，2021 年 1—10 月，定点企业累计屠宰量为 2.1 亿头，为 5 年以前同期最高水平，较 2017 年同期的 1.79 亿头增长 17%。企业屠宰量数据主要是作为消费的参考数据。生猪屠宰量存在一定的季节性，一般来说，一季度屠宰量为年内低点，四季度屠宰量为年内高点，主要是受传统节日春节的影响。春节在一季度，而其实际消费大多会前置到四季度。也就是说，猪肉消费季节性特点是：一季度为年内消费低点，四季度为年内消费高点，二三季度消费表现较为平稳。由于当时市场相对变化因子有限，因此 2022 年生猪消费仍然延续这个季节性消费特点。

### 五、生猪养殖利润及成本情况

2022 年饲料成本预期继续高位运行,生猪养殖利润延续收敛态势。生猪养殖利润是上游存栏变化的重要影响因子,相对应的生猪养殖成本则是我们对于价格下方空间测算的重要参考。生猪养殖成本主要包括两类:一类固定成本,即土地、猪舍、设备、折旧等;另一类是可变成本,即仔猪成本、饲料、防疫成本、工人成本、水电类成本、管理成本、资金成本等,其中饲料成本的占比在 50%~60% 之间。饲料原料中占比较大的主要是玉米和豆粕,这两种占比达到 80%~90%,也就是说,玉米和豆粕的价格是生猪养殖成本变化的主要影响因子。从 2022 年市场情况来看,玉米市场面临供应增量有限与需求减量缓慢的矛盾,整体价格运行区间与 2021 年相比,变化不大。豆粕市场依然面临油料减产与拉尼娜天气扰动,虽然有大豆增产预期的压制,但是向下的幅度预期也比较有限,整体预期未能脱离 2021 年波动区间。此外,能源成本以及化肥成本提升对于种植成本的影响也不容易忽视。因此整体来看,2022 年饲料成本预期延续高位运行。从养殖利润情况来看,2021 年整体呈现收缩态势,下半年基本处于亏损状态。博亚和讯的数据显示,12 月 24 日当周自繁自养的养殖利润为-43.3元/头,外购仔猪的养殖利润为 122.62 元/头。基于成本难以明显下降的情况,猪价持续向下的空间也被压缩。根据涌益资讯成本统计数据,自繁自养的成本在 14.5~16 元/千克,外购仔猪的成本在 14~15 元/千克,因此14~15 元/千克仍然是生猪价格波动的重要参考区间。

### 六、生猪行业相关政策

2022 年政策对于生猪市场的影响依然存在。猪肉作为关系民生的畜产品,其价格波动必然离不开政策的影响。自乌卡时代发生以来,生猪产能快速下滑导致生猪供应突降,生猪价格受此推动也出现了较大幅度上涨,政府在此期间出台了许多保供政策,比如非瘟分区调控方案以及生猪养殖补贴政策。随着我国非洲猪瘟防控措施的成熟,叠加政策的鼓励，2021年生猪产能迎来快速恢复，供应的增加也使得生猪以及其产品猪肉价格出现较大幅度的下跌，期间政府也出台相应的稳价措施，包括猪肉储备调节机制以及产能调控实施方案等。2022年生猪产能对于价格的压制仍然存在，因此猪肉储备调节机制以及产能调控实施方案等对生猪市场的影响也将延续。受此影响，生猪价格下滑速度与下滑空间预期较为平缓。

## 七、对策建议

### （一）供应方面：主要关注点在于产能、进口以及库存释放三个方面

从产能角度来看，2022年上半年生猪出栏量对应的应该是2021年3月以后的能繁母猪存栏量，而3月以后能繁母猪存栏量处于相对高位。从正常淘汰的角度来看，上半年生猪出栏量或呈现同环比增长的态势。还需要注意的是，能繁母猪存栏高点在5—6月，那么也就意味着生猪出栏的相对高点在2022年3—4月。从进口方面来看，生猪价格低位运行的同时也将削弱进口优势，2022年猪肉进口量预期有一定幅度的下滑。从冻肉库存率角度来看，已向常年水平靠拢，2022年冻品库存相对冲击预期有所下降。整体来看，2022年生猪出栏预期延续高位水平，上半年的压力预期要大于下半年。

### （二）需求方面：主要关注点在消费动力、替代影响以及季节性差异三个方面

从消费动力角度来看，当前肉类供应已经完全能够满足《居民合理膳食结构》中提到的推荐摄入量。同时，在人口增速放缓以及健康饮食观念的影响下，肉类消费持续增长动力明显不足。因此从这个角度来看，需求对于猪肉价格支撑明显不足。从替代影响角度来看，自乌卡时代以来禽肉对于猪肉的替代比较明显，并且在2022年猪肉产量回归至常年的情况下，禽肉产量并没有相对应的下滑。也就是说，过去五年禽肉对猪肉产生了一部分不可逆的替代，2022年禽肉消费高位同样压制猪肉消费

的增长。从季节性差异角度来看，基于传统节日春节的影响，四季度为猪肉消费的旺季，一季度为消费淡季，2022年大概率还是会延续这个规律。综合来看，消费端增长动力以及增长空间明显不足，不过季节性波动规律依然存在。

## 第三节　乳制品市场分析

### 一、行业概况

#### （一）行业定义

乳制品是指的是使用牛乳或羊乳及其加工制品为主要原料，加入或不加入适量的维生素、矿物质和其他辅料，按照法律法规及标准规定所要求的条件，经加工制成的各种食品，也叫奶油制品。乳品行业的产业链较长，涵盖牧草饲料、奶牛养殖、乳制品加工、终端销售等多个环节。

乳品行业的企业购买牛奶、羊奶和其他原料来生产牛奶和乳制品。企业对这些产品进行清洗、消毒、均质（也称匀浆）、浓缩、干燥和发酵，然后包装出售给批发商和零售商，再转售给最终消费者。

#### （二）产业链结构

##### 1. 产业链

乳制品产业链上游为奶牛养殖及原奶生产；中游为各类乳制品产品，包括饮用奶、酸奶、奶粉、黄油、奶酪及冰激凌等；下游为电商平台、商场超市、自动贩卖机等各类销售渠道。

##### 2. 上游分析

（1）饲料

我国饲料产量呈现先降后升的趋势，由2017年的28465.5万吨降至2019年的26184.0万吨。2020年饲料产量有所增长，达29355.0万吨，同比增长11.7%。最新数据显示，2021年1—11月，我国饲料产量累计达

28850.0 万吨，同比增长 12.8%。

（2）奶牛

数据显示，2020 年受新冠疫情影响，消费增长放缓，奶牛增长速度明显变慢。2019 年中国奶牛数量为 610 万头，2020 年中国奶牛数量为 615 万头。

（3）牛奶

中国牛奶产量稳步发展，从 2016 年的 3064.03 万吨增长至 2020 年的 3440.14 万吨，复合年均增长率达 2.94%。2021 年牛奶达 3683 万吨，同比增长 7.1%。

**3. 中游分析**

（1）市场规模

我国乳制品行业起步晚、起点低，近年来发展迅速。中国乳制品市场规模从 2016 年的 5329 亿元增长至 2020 年的 6385 亿元，复合年均增长率达 4.62%。我国乳制品行业的发展速度很快，但我国的乳制品人均消费量与世界平均水平差距还很大，市场发展空间大，将进一步增长。

（2）销售收入及利润

根据国家统计局数据，2021 年 1—11 月进入统计范围的企业 591 家，比 1—10 月数据增加 6 家，其中亏损企业 140 家，比 1—10 月数据增加 3 家，亏损比例 23.7%；规模以上乳企主营业务收入 4288.32 亿元，同比增长 10.21%；利润总额 331.45 亿元，同比下降 0.14%；销售利润率 7.73%，比 1—10 月数据增加 0.06 个百分点。

（3）竞争格局

饮用奶是目前我国乳制品消费中最主要的部分，目前中国饮用奶市场中，市场份额占比前三分别为伊利、特仑苏及金典，占比分别为 9.8%、8.5% 及 7.7%。其次为蒙牛和旺仔，占比分别为 7.6% 及 4.5%。

中国婴配奶粉前五企业市场份额占整体超过 50%，从婴配奶粉细分市场品牌占比来看，飞鹤、惠氏、达能占据婴配奶粉市场的前三，合计占比达到 37.6%。其中，飞鹤为婴配奶粉品牌行业第一，其市场份额为 14.8%。其次分别为君乐宝和澳优，占比分别为 6.9% 及 6.3%。

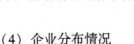

（4）企业分布情况

目前国内乳制品上市企业中，主要分布在上海、浙江及新疆。其中位于上海的企业最多，分别为光明乳业、妙可蓝多、品渥食品及海融科技。

**4. 下游分析**

（1）销售渠道

我国乳制品消费结构持续优化，网购、新零售等渠道加快发展，乳品消费升级趋势明显。随大数据、物联网、冷链技术的发展，网购以及无人零售、生鲜电商、社区店等新零售消费渠道发展步入快车道。数据显示，2020年我国乳制品新零售渠道占比高达97.5%。

（2）消费结构

我国乳制品及婴配粉产量有一定波动，但整体呈上升趋势。在2016年经历下滑后开始回升，大型综合乳制品企业发展受到一定影响，部分专注于细分行业、具有差异化竞争优势的乳品企业发展较快，乳制品行业市场呈现明显的结构化特征。乳制品市场中占比最多的是液体乳，几乎占据整个市场，达93.32%；其次为乳粉，占比3.87%，乳粉市场中主要为婴配粉，占比过半。

（三）行业发展现状

中国乳制品行业受到各级政府的高度重视和国家产业政策的重点支持。国家陆续出台了多项政策，鼓励乳制品行业发展与创新，《乳制品质量安全提升行动方案》《脱蛋白乳矿物乳糖粉（乳制品渗透物粉）适用标准（暂行）的公告（2020年第3号）》《国产婴幼儿配方乳粉提升行动方案》等产业政策为乳制品行业的发展提供了明确、广阔的市场前景，为企业提供了良好的生产经营环境。具体情况如下：

2014—2020年，我国乳制品产量呈现波动变化的趋势，但整体保持在2600万吨以上的水平。2021上半年，中国乳制品产量达到1490.1万吨，同比增长16.8%。其中，2021上半年中国液态奶产量1394.45万吨，同比增长17.65%；中国干乳制品产量95.70万吨，同比增长5.80%；中国奶粉产量47.13万吨，同比下降6.53%。

## 二、乳制品企业经营情况

### （一）乳制品产量

数据显示，2016—2020 年中国乳制品产量波动幅度较小，2018—2020 年呈小幅度增长趋势。2021 年，受新冠疫情影响，线上经济逆势增长，2021 年 1—11 月中国乳制品产量达 2750.6 万吨，同比增长 9.3%。

2020 年，我国规模以上企业乳制品产量 2780.40 万吨，其中液体乳产量 2599.40 万吨，乳粉产量 101.20 万吨（其中婴幼儿配方乳粉产量约 65.00 万吨），乳粉占全部乳制品产量约为 3.64%，而婴幼儿配方乳粉占所有乳粉产量的比重约为 64.23%。2021 年 1—11 月，我国乳制品产量达 2750.6 万吨，同比增长 9.3%。

### （二）商业模式和技术发展

#### 1. 产业链

乳制品行业的产业链较长，涵盖饲草饲料、奶牛养殖、乳制品加工、终端销售等多个环节，各环节之间联系紧密，第一产业（农牧业）向第二产业（食品加工业）和第三产业（分销、物流）纵向延伸。行业一体化程度要求很高。

奶牛养殖的产品牛奶是乳制品制造的重要原料，奶牛养殖是乳制品制造行业的上游环节。近年来受环保压力、散户退出、季节过剩时乳品企业限收拒收等多重因素影响，上游的中国奶牛存栏一直在下降，2018 年我国奶牛存栏只有 720 万头左右。

相比而言，产业链中游的发展较为稳定，其中奶粉类目受二胎红利影响发展较好。产业链下游环节中的线上平台发展十分迅速，电商平台的高速发展可以帮助乳品企业扩大其市场规模。

乳制品产业链具备一定数字化基础，其中供应链和消费者连接环节信息化系统部署较早、数字化程度较高。作为快消品，乳制品的营销推广、消费者洞察的需求相比其他环节更加强烈，因此数据中台最先支持消费者连接环节，并逐步向产业链中上游渗透，已有部分案例正在利用数据中台改造中游供应链环节。

### 2. 商业模式

内蒙古伊利实业集团股份有限公司主营液体乳、奶粉及奶制品、冷饮产品。液体乳拥有公司最大的营收，同时也占据着公司最多的成本，它的毛利率为34.05%，不是公司最高的。奶粉及奶制品，冷饮产品的毛利率都比它高，它的收入比例都比成本比例高，对于整个公司而言是比较划算的业务。

### 3. 技术发展

中国乳制品生产商的规模差异很大，小生产商在资金和技术上的花费较少，而在劳动力上的花费较多。这些小生产商的优势在于运输成本和包装成本低，因为它们通常只在特定城镇和县内占据市场份额。由于大企业和外企的竞争加剧，中小企业被大企业或外企收购，未来机械化水平会提高。

当前低水平的技术创新限制了现有运营商因技术革新发展而受到的威胁。然而，技术的低增长率也可能为现有企业创造机会，因为其他市场的技术创新模式可能导致无法预见的竞争劣势。

### 4. 政策监管

国家发展和改革委员会及市场监管总局对该行业进行宏观调控。中国奶业协会（英文名：Dairy Association of China，缩写：DAC）是全国奶牛养殖和乳制品加工以及为其服务的相关企业、事业单位和个体经营者自愿组成的非营利性的行业组织，是具有独立法人地位的民间社会团体。

## （三）行业估值、定价机制和全球龙头企业

### 1. 行业发展

中国乳制品生产行业的发展历史其实只有短短的35年。初期技术水平很低，主要技术变化发生在过去10~15年，期间政府政策鼓励私营和外国公司的资本投资进入，并受国内消费和出口增长的刺激。

随着科学信息技术的发展，乳品生产技术和设备不断创新，包括超高

温杀菌生产线、塑料袋牛奶生产线、家用包装杀菌牛奶生产线等，2017年开始中国牛奶的产量持续上升，2020年中国牛奶产量为3440.14万吨，同比2019年增涨了7.46%。

中国乳制品的进口数量也在持续上升。2020年中国乳制品进口数量为328.12万吨，相比2019年增加了30.81万吨，同比增长9.39%。2021年1—10月，中国乳制品的进口数量为337.27万吨，进口额为115.27亿美元。

海外市场的参与者目前使用的生产技术较为先进，并提供了行业内最优质的产品。国内中小企业的技术水平也有所提高。许多当地企业采取一系列措施来提高生产质量，并开始采购或进口乳制品生产设备。随着产品质量和安全要求的提高，乳品将继续进行技术革新。由技术决定的进入壁垒将提高，小企业将被迫采用更高的生产技术，为设备供应商提供机会。

**2. 行业发展的主要特点**

（1）品类多元化推动乳品消费升级

中国乳品产品种类丰富，其中常温品类市场占比高，占据主导地位；低温品类发展迅速，集中度相对较低；奶粉市场趋向高端化、有机化，国产品牌开始抢占份额；其他干乳品消费教育还有待普及，成长空间较大。

2019年中国乳品销售规模达4196亿，其中酸奶占比最高为36%，饮用奶中的UHT奶位居第二，占比22%，其他饮用奶和风味乳饮料占比也较高。从过去五年的占比变化看，酸奶持续上升，巴氏奶、芝士小幅上升，其他有所下降。

（2）常温液态奶发展成熟，消费正在升级

有机化、高端化成为近几年乳企龙头常温白奶发展的趋势。其中，蒙牛的特仑苏和伊利的金典牛奶引领了高端常温奶（也称UHT奶）市场，两者共占高端市场份额的65%。我们估算伊利的常温奶高端品牌金典，通过包装创新（采用梦幻盖）和有机化分别提价19%和32%。

（3）常温酸奶品类多样，格局稳定

国内生产常温酸奶的乳企有40~50家，品牌多达上百种，市场竞争激烈。但伊利安慕希、蒙牛纯甄、光明莫斯利安三大品牌占据绝大多数市场份额（91%），集中度较高。光明莫斯利安是常温酸奶的首创者，之后被蒙牛纯甄和伊利安慕希逐步超越，且差距不断扩大。我们估计伊利安慕希2019年销售达160~170亿元，同比增长10%~15%。

（4）巴氏奶区域性强，品牌有本地优势

中国乳业龙头近年来开始布局巴氏奶业务。2018年蒙牛推出巴氏奶品类3个子品牌：针对入户渠道的"蒙牛·新鲜严选"品牌、主打高品质的"每日鲜语"品牌以及主打极致新鲜的"新鲜工厂"品牌。蒙牛的每日鲜语品牌目前已成为中国高端巴氏奶第一品牌，2019年销售额同比增长500%。伊利2018年1月推出了巴氏奶产品"百格特"，采用订奶入户模式，主要在哈尔滨运营；并在2019年底发布3款巴氏奶新品，显示伊利在低温鲜奶领域布局提速。

我们认为国内乳业巨头可利用其低温酸奶搭建起的强大低温渠道来销售巴氏奶，有一定的渠道优势。未来几年，随着国内乳业巨头的入局，巴氏奶行业竞争将逐步激烈，但传统区域性低温奶企凭借牧场较近和配送优势，仍有望保持较大份额。

（5）低温酸奶市场稳步增长

低温酸奶的市场集中度低于常温酸奶，主要是因为低温酸奶受制冷链、保质期短、消费者忠诚度等因素的限制，区域性乳业具备一定优势，且拥有较为扎实的市场基础。2019年伊利、蒙牛（剔除君乐宝）、光明共占据56%市场份额，分别为24%、20%、12%。

龙头乳企通过渠道下沉不断发力低温酸奶业务，在低线城市建立低温冷链设施。伊利2018年直控村级网点近60.8万家，同比提升14.7%，并加大对基础型酸奶的推广，抢占小型区域性乳企的市场份额。

（6）奶粉高端化有机化成趋势，内资品牌份额回升

国产品牌婴配奶粉市占率约为50%，我们认为拥有优质奶源基地的龙头企业料将受益，可享受低线城市消费升级带来的红利，并利用下沉市场的渠道壁垒在竞争中占据优势。外资品牌由于产品价格相对高，且与母婴店契合度不高更偏重商超渠道，因此低线城市下沉难度较大。

（7）其他乳品还有较大的成长空间

由于芝士与低温渠道协同性强，并且保质期比低温酸奶、巴氏奶时间长，6～12 个月不等，渠道引入芝士有助提升利润。因此，我们认为经销商积极性较强，预计乳企龙头还会进一步发力。

国内芝士人均消费量低，且西餐厅和西式甜品店在中国的迅速扩张拉动了餐饮端的芝士消费，零售端占比仅有 24%。而日本零售端占比接近60%，说明我国零售渠道还亟待开发。乳企多布局在儿童奶酪板块，其他板块尚待挖掘，成长空间可观。

**3. 驱动因子**

（1）长期来看，消费者购买力持续提升，越来越多的消费者关注健康、注重健康的生活方式，以乳品为代表的健康食品产业发展前景良好。

（2）随着居民消费意识和行为的改变，便捷在购买决策中发挥关键作用，线上购物、直播带货、社群营销、O2O 到家等新兴渠道及模式的创新发展，将带动乳品消费目标群体和市场规模不断扩大。

（3）居民消费升级趋势日益明显，奶酪、低温牛奶等高价值新兴品类快速增长。

（4）新生儿出生率走低，人口结构老龄化加快。婴幼儿食品继续通过品类多元化、场景及营养服务创新等方面拉动增长；成人营养品类创新速度加快，市场渗透率保持增长趋势。

（5）"数智化"时代为产业链升级带来更多可能。

**（四）乳制品行业发展趋势**

**1. 政策利好行业发展**

2023 年 2 月，中央一号文件明确提出，全面推进乡村振兴，加快农业农村现代化。而奶业是农业供给侧结构性改革的重要领域，推动奶业振兴是加快一二三产深度融合发展，构建现代化农业产业体系，推动乡村振兴与建设农业强国的重要路径。各级政府和有关方面支持奶业振兴的环境继续向好，为减轻本次乌卡时代对奶业的冲击，国家和部分省、自治区还出台了新的支持政策。同时，奶业科技支撑力度也持续加大。农业农村部发文明确提出，扎实推进奶业全面振兴，提出多项具体措施。包括：提出新建高产优质苜蓿基地 100 万亩，改造提升 2000 个奶牛家庭牧场，大力发展全株青贮玉米、苜蓿、燕麦等优质饲草生产，力争全年完成 1500 万亩以上，继续促进畜禽有机肥还田利用等。在政策的大力支持下，乳业将迈入新征程。

**2. 市场竞争日趋激烈**

随着中国经济在乌卡时代之后逐步恢复，民众对高质量的产品和服务的需求将增加，国内外的乌卡时代形势的差异，也推动着国产品牌产品的高速崛起，为国产奶带来商机。2019—2020 年的出生人口数据显示，出生率相对稳定，婴幼儿配方奶粉市场仍在结构化调整，每单位消费金额也在平稳提升。在这一形势下，婴幼儿配方奶粉市场竞争愈演愈烈，特别是中国本土与外资品牌的竞争以及龙头企业对中小企业市场份额的蚕食将增加。

**3. 数字化营销高速发展**

在一二线市场，渠道门店数量稳定，更注重门店的单店运营水平的提升，大中型连锁母婴店正逐步寻求各种行业革新，商超化、数字化、平台化趋势已经形成。乌卡时代催化了数字营销方式，对消费者的信息传播和沟通变得更为碎片化，实体门店的促销方式、消费者互动乃至货物交付，将更多地趋向于与互联网结合的形式，新兴的直播、社群运营等营销方式将继续高速发展。

**4. 产品结构不断优化**

乌卡时代，中国消费者的消费观念和购物行为都有了深远的改变。消费者的消费观念不断地趋向看重产品的高品质和有益于健康的功能性，此种趋势要求乳企更加重视产品生产和质量的保证，同时需要注重上游优质奶源的布局、奶粉配方的研发和健康成分的宣传和消费者教育。

**5. 数字化、智能化转型带动行业进步**

随着科技的高速发展，乳业向数字化、智能化转型，以更大的魄力、更多的投入，深化组织创新、技术创新、标准创新、市场创新，提升产业链、供应链的现代化水平。此外，乳业将加快核心关键技术攻关，在下一代乳业技术革命中占据主动地位。

### 6. 线上布局加速行业发展

随着乌卡时代的有效控制，乳制品市场逐步走出乌卡时代影响，复苏明显，乳制品作为生活的必需品，也迎来了很多新机遇。乌卡时代催化线上交易市场，微信小程序、外卖、买菜到家等线上交易方式兴起，乳制品也开始开拓除传统消费渠道之外的其他新消费场景。

## 三、行业风险分析和风险管理

### （一）风险因素

#### 1. 行业风险

企业在国内外生鲜乳供需、进口原材料价格、市场需求增速及海外市场拓展等方面，未来仍面临诸多不确定性，行业内公司需要随时关注市场环境变化，从战略上把控风险，积极应对。由于消费市场容量大，每个企业的市场占有率相对较小，因此行业竞争较为激烈。

#### 2. 财务风险

随着各乳制品行业企业国际化战略的持续推进，海外业务受汇率、贸易政策及关税波动的影响加大，后期需要继续加强相关风险防范，进一步完善经营内控体系。

#### 3. 产品质量风险

食品安全是食品企业最为关注的风险领域。对此，企业应当本着追求产品品质至上的信念，以国际标准和切实行动，持续改善、优化、升级企业的全球品质管理体系，确保产品质量与安全。

#### 4. 政策性风险

随着经济发展和改革开放的进一步深入，国家宏观经济政策的变化，极有可能对乳品行业企业的生产经营产生影响。

#### 5. 股市风险

股票市场投资风险与收益并存。国家宏观经济形势、企业经营状况、国家经济金融政策的重大调整、投资者心理等因素的变化，都可能对乳业指数股票的价格产生影响。

（二）对策

1. 加强奶源基地和饲料加工配套项目的建设，进一步创造奶牛业发展的良好条件，以确保企业扩大再生产所需鲜奶的充足供应，保持鲜奶收购价格的基本稳定。

2. 加强产品结构调整，加速推动高档产品的研发，减轻部分冷冻食品给公司经营带来的波动性。

3. 扩大生产规模，创造规模效益，并通过不断优化产业结构和产品结构，提高产品的附加值和档次，采取横向联合和技术引进等多种形式，提高企业在乳品行业中的竞争实力。

4. 加强科研力量和新产品开发能力，不断推出适应市场消费需求的多样化、系列化新产品；实施名牌发展战略，创造品牌效应。坚持严格的质量管理，树立以质量求生存、以质量促发展的经营思想，采取"同等质量价格最低、相同价格质量最好"的市场营销策略和各种行之有效的营销手段，不断拓展产品市场，争取在国内乃至国外市场占有较大的份额。

5. 国家的政策、法律、法规是企业生存和发展的根本保障，如国家政策、法律、法规的变化对企业的生产、经营环境产生影响，企业将及时适应其变化，积极消化或避免其影响。

6. 严格按照《公司法》和《股票发行与交易管理暂行条例》等法律法规规范企业行为，及时、公正、公开披露信息，加强与投资公众的沟通，树立公司的良好形象。企业应当努力改善经营管理，以提高经济效益为根本，尽可能给股东以满意的回报。

（三）竞争分析

### 1. 乳制品产业政策环境分析

市场监管部门深入贯彻党中央、国务院决策部署，严格落实"四个最严"要求，把乳制品作为食品安全监管工作重点，着力加强质量安全监管，乳制品质量安全总体水平不断提升，但仍存在企业自主研发能力不足、食品安全管理能力不强、产品竞争力和美誉度不高等问题。为深入推进奶业振兴工作，提升乳制品质量安全水平，制订了相关方案。

### 2. 乳制品产业经济环境分析

随着中国居民消费水平的增加，人们对生活质量要求也越来越高。生活饮食中不仅追求吃饱，还更加注意营养均衡。2019 年居民消费水平为 27504 元，相比 2018 年增加了 2259 元，同比增长 8.95%。受乌卡时代影响，2020 年居民消费水平为 27438 元，相比 2019 年减少了 66 元，同比下降了 0.24%。

### 3. 乳制品产业社会环境分析

牛奶所含的营养素比较完全，营养价值很高且易于消化吸收，最适合于病人、幼儿老人食用。0~14 岁和 65 岁及以上人口的结构比例在增加，这两个年龄层次的人对牛奶的需求更高，带动了乳品产业的发展。

### 4. 乳制品产业技术环境分析

2021 年"牛奶"专利申请数量为 1146 个，2020 年"牛奶"专利申请数量为 2324 个，相较 2019 年的 2526 个减少了 202 个，同比下降了 8.00%。

（四）中国企业重要参与者

中国主要生产企业有伊利、光明乳业、三元食品、蒙牛乳业等。

### 1. 伊利

伊利 1993 年 2 月成立，主要从事各类乳制品及健康饮品的加工、制造与销售。公司的主要产品有液体乳、冷饮系列、奶粉及奶制品、混合饲料等。同年 5 月，公司收购呼和浩特市糖粉厂，12 月建成华北地区最大的冰激凌生产厂。公司于 1996 年 1 月在中国上市，1996 年 3 月在上海投产，后创办伊利金川奶粉厂，年产量 2000 吨。从产量可以看出，伊利股份主营产品中液体乳占比最多，达 92.7%，是伊利股份最主要的产品；其次为冷饮产品，占比为 4.5%；冷饮产品占比 2.3%。

2020 年 6 月，凯度消费者指数发布《2020 年亚洲品牌足迹报告》显示，伊利拥有 91.6% 的品牌渗透率和近 13 亿的消费者。伊利股份的营收及归母净利润呈现增长趋势。伊利股份 2021 年前三季度营收达 850.07 亿元，同比增长 15.23%；归母净利润达 79.44 亿元，同比增长 31.87%。

**2. 光明乳业**

益民厂于 1949 年在上海建厂,生产光明牌奶粉。主要生产销售新鲜牛奶、新鲜酸奶、常温酸奶、乳酸菌饮品、婴幼儿及中老年奶粉、奶酪、黄油、冷饮等产品。1956 年,益民厂的奶粉业务转让给上海乳业公司,获得了光明品牌的使用权,开始生产光明奶粉。上海当地政府在 20 世纪 80 年代初期支持上海牛奶公司生产液态奶,以缓解该市的短缺问题。到 1992 年,上海牛奶公司已经开始生产液态奶,建立了 9 个乳制品生产设施,并创立了多个品牌。1996 年上海乳业与上海实业控股有限公司香港分公司合并成立上海光明乳业有限公司。2020 年光明乳业主营产品中酸奶销量最多,占比为 41%;其次为原奶,占比 23.9%;鲜奶占比 22.9%;奶粉占比 12.2%。2021 年前三季度,光明乳业营业收入实现 220.57 亿元,同比增长 17.67%;实现归母净利润 4.45 亿元,同比增长 3%。

**3. 三元食品**

三元食品是一家以奶业为主、兼营麦当劳快餐的中外合资股份制企业。公司的主要产品包括液态奶和固态奶。三元食品拥有 12 家国有养牛场、20 家专业公司、41 家合资公司和 4 家离岸公司。三元食品于 2003 年 9 月在上海证券交易所上市。2021 年前三季度三元食品营收达 59.32 亿元,同比增长 9.43%;实现归母净利润 2.12 亿元,同比增长 556.26%。

**4. 蒙牛乳业**

乳业蒙牛 1999 年成立于内蒙古自治区,总部位于呼和浩特,是全球八强乳品企业。其产品包括液态奶产品(如乳饮料及酸奶)、冰激凌、奶粉及其他产品(如奶酪)。公司 2004 年在香港上市,是恒生指数、恒生中国企业指数和恒生可持续发展企业指数成分股。中粮集团有限公司是蒙牛第一大战略股东。2021 年前三季度蒙牛营收额为 459.05 亿元,同比增长 22.3%。2021 年上半年归母净利润达 29.47 亿港元,同比增长 143.15%。

**(五)全球重要竞争者**

**1. 雀巢公司**

雀巢公司于 1987 年在中国成立第一家工厂,经过 20 年的发展,在中国拥有 33 家工厂，产品销往中国市场。多年来，该公司一直是中国主要的食品生产企业，尤其是在乳制品生产行业。双城雀巢和青岛雀巢是雀巢（中国）有限公司在中国的主要乳制品生产工厂。

### 2. 拉克塔利斯集团

拉克塔利斯集团（LACTALIS GROUP）是法国乳品业大型奶酪，主营婴儿食品和奶酪，2010 年收购西班牙农食加工集团 EBRO PULEVA 的乳制品业务成为法国和西班牙两国最大的乳品公司，也是全球第一大乳业集团。

### 3. 美国奶农公司

美国奶农公司（DAIRY FARMERS OF AMERICA INC，简称 DFA）是美国的国家牛奶营销合作社。DFA 推销成员的原奶，并向国内外的批发买家出售牛奶及其衍生产品。2016 年的净销售额为 135 亿美元，约占美国原奶产量的 22%。

### 4. 恒天然集团

恒天然集团（Fonterra Co-operative Group Ltd）也称恒天然合作社集团有限公司，成立于 2001 年 10 月，简称"恒天然"，其性质原是一家合作社，总部位于新西兰奥克兰。恒天然集团由当时新西兰最大的两家乳品公司和新西兰乳品局合并而成，是新西兰当地最大的公司。年销售额达 80 亿美元，是新西兰国内最大的公司，也是世界上第 6 大乳品生产商。

## 第四节　水产品市场分析

我国是世界上从事水产养殖历史最悠久的国家之一，养殖经验丰富，养殖技术普及。自改革开放以来，我国渔业确立了以养为主的发展方针，水产养殖业获得了迅猛发展。产业布局从沿海地区和长江、珠江流域等传统养殖区扩展到全国各地，养殖品种呈现多样化、优质化趋势。海水养殖由传统的贝藻类为主向虾类、贝类、鱼类、藻类和海珍品全面发展，淡水养殖打破以"青、草、鲢、鳙"四大家鱼为主的传统格局，大黄鱼、石斑鱼、河蟹等一批名优特水产品已形成规模，工厂化养殖、深水网箱养殖和

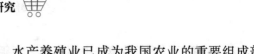

生态养殖已成为养殖主要模式，水产养殖业已成为我国农业的重要组成部分和农村经济的重要增长点之一。

## 一、产业概况

### （一）水产品定义

水产养殖业是人类利用可供养殖（包括种植）的水域，按照养殖对象的生态习性和对水域环境条件的要求，运用水产养殖技术和设施，从事水生经济动植物养殖。根据养殖水域、养殖对象以及养殖方式的不同，可以将水产养殖行业分为以下内容：

水产是海洋、江河、湖泊里出产的动物或藻类等的统称和相关的服务或加工行业的总称。如：水产品加工、水产品药物、水产品出口贸易、观赏水产品等。

### （二）产业链解析：环环紧扣

中国水产品消费需求量持续增加，但因水域环境污染、过渡捕捞等原因，未来捕捞资源日益减少，水产品的消费需求更多依赖于人工养殖。在水产养殖中，随着人们对水产品质量的要求越来越高，鱼苗种类、饲料及添加剂安全性等越来越被重视，水产品按品种可以分为鱼、虾、蟹、贝，它们将出现在居民的饭桌、食堂饭馆等地方。此外，水产品也会在水产加工企业进行再加工成为罐头、休闲食品等产品。

水产养殖主要包括鱼、虾、蟹、贝、龟等水产的养殖，上游主要涉及水产饲料行业、种苗行业、水产养殖添加剂以及水产用药，下游则是水产加工行业，加工后的水产品通过电商、商超等渠道流向消费者。

水产行业上游包括苗种、饲料、添加剂及水产用药；中游为水产养殖，主要包括鱼、虾、蟹、贝等水产的养殖；下游包括水产加工、水产药物、水产饲料、观赏水产品等。

在水产养殖上游行业中，代表性企业有海大集团、天邦股份、国联水产、天康生物、通威股份、天马科技等，其中通威股份主要为水产饲料的研究、生产和销售，天马科技则是一家专业从事特种水产配合饲料研究的企业；中游水产养殖的代表性企业有大湖股份、国联水产、獐子岛、好当家等。

根据《中国渔业统计年鉴 2020》的数据显示，2014—2019 年，中国淡水养殖的产值一直远远超过海水养殖。2019 年，全国海水养殖业产值 3575.29 亿元，占比达到了 36.6%；淡水养殖业实现产值 6186.60 亿元，占比达到了 63.4%。

### （三）水产品市场现状

#### 1. 水产品市场规模

2017 年至 2020 年，中国水产品总产量由 6445 万吨增长至 6549 万吨，增长稳定。中商产业研究院预计在未来的一两年我国水产品产量将持续增长。

我国水产品的主要来源包括淡水养殖、海水养殖、海洋捕捞等。2019 年，我国源自淡水养殖的水产品占据了水产品总量的 47%；海水养殖和海洋捕捞分别占据了 32% 和 15%。

#### 2. 海水产品

我国水产品的一半为海水产品。2020 年，全国海水产品产量达 3314.4 万吨，同比增长近 1%。其中：天然海水产品产量达 1179.1 万吨，占海水产品总量的 35.6%；人工养殖的海水产品产量达 2135.3 万吨，占海水产品总量的 64.4%。中商产业研究院预计在未来的一两年我国海水产品产量将持续增加。

#### 3. 水产养殖

我国水产品产量主要来自水产养殖，水产养殖产量仍然保持稳定增长，2020 年，全国水产品养殖产量为 5212 万吨，同比增长 3%。中商产业研究院预测在未来的一两年我国水产养殖产量将持续增加。

数据显示，2019 年中国海水养殖产量主要集中在贝类，实现了 1439 万吨的产量，占比达到了 70%；其次是藻类，实现了 253.8 万吨的产量，占比达到了 12%。而 2019 年中国淡水养殖产量主要集中在鱼类，实现了 2548 万吨的产量，占比达到了 83%。

## 二、水产品产业链分析

### （一）上游分析

中商产业研究院数据库显示，2017 年后中国饲料产量整体呈现增长趋势，2021 年 12 月全国饲料产量为 2859.9 万吨，同比增长 3.7%。2021 年全国饲料产量为 31696.5 万吨，同比增长 11.4%。

### （二）中游分析

随着我国经济的持续增长、城乡居民收入和城镇化率的提高，人们生活水平不断提高，膳食结构也逐步改善，人们对水产品的需求量处于逐年增长态势，对品质好、价格高的水产品的需求量也越来越大，直接推动了水产养殖业的快速发展。中国水产养殖从 2016 年的 4793.2 万吨增长至 2020 年的 5224.2 万吨，复合年均增长率达 2.18%，预计还将进一步增长。

### （三）下游分析

数据显示，2017—2020 年，中国水产品加工量呈现波动增长趋势，从 2196.3 万吨上升至 2237.8 万吨。2020 年，我国水产品加工产量仅为水产品总量的 34.17%，说明水产加工行业市场空间广阔。中商产业研究院预计我国水产加工量将持续增加。

中国的加工水产品主要为水产冷冻品。数据显示，水产冷冻品的加工量为 1532.3 万吨，占比达到了 71%，其次是干腌制品，加工量为 152.1 万吨，占比达到了 7%。鱼糜制品、藻类加工品占比分别为 7%、5%。

## 三、产业发展历程：智能水产养殖成为当下新模式

进入 21 世纪以来，水产养殖业发生着巨大变化，从农户散养逐渐向规模化、科学化的生产管理发展。我国水产养殖的发展历程，大致可以分为四个阶段。

**1. 传统渔业时期：水产 1.0 时代——手工劳动**

水产养殖受到自然条件极大的束缚，主要通过人力进行劳作，是一种简单粗放的养殖模式。

**2. 设施渔业时期：水产 2.0 时代——机械化、设施化、工厂化**

水产养殖实现了机械与人力的结合，出现了陆基工厂、网箱等装备技术。

**3. 数字渔业时期：水产 3.0 时代——数字化、自动化、信息化**

信息化技术在水产养殖场景中的应用，提高了水产养殖效率。

**4. 智能渔业时期：水产 4.0 时代——智能化**

智能水产养殖是当下正在发展和创新的新模式，它将物联网和大数据运用到水产养殖的过程中，有利于弥补传统水产养殖的短板。

水产养殖行业上游主要涉及水产饲料行业、种苗行业、水产养殖添加剂以及水产用药；其中，饲料及种苗在养殖成本中占了较大的比例。根据《中国渔业统计年鉴2020》的数据，在2019年，饲料及苗种费用为主要费用，占比达到了54.31%。因此，饲料和种苗成了水产养殖业上游最大的主要来源。

根据中国饲料工业协会在2021年6月12日发布的《全国饲料生产形势》，我国水产饲料产量规模呈现波动上升趋势，从2011年的1684万吨上升至2020年的2123.6万吨，年复合增速达到2.61%。2021年1—4月，我国水产饲料累计产量411万吨，同比下降0.5%。

2020年，新冠疫情席卷全球，水产品出塘、运输、消费节奏均被打乱；再加上江浙等地鱼病暴发影响、饲料需求远不如以往等原因导致了产量有所下跌。

水产品加工是渔业生产的延续，是连接渔业生产和流通的纽带。水产品加工包括以鱼、虾、蟹、贝、藻等的可食用部分制成冷冻品、腌制品、干制品、罐头制品与熟食品等的食品加工业，以及以食用价值较低或不能食用的水产动植物以及食品加工的废弃物等为原料，加工成鱼粉、鱼油、鱼肝油、水解蛋白、鱼胶、藻胶、碘、甲壳质等的非食品加工业。

我国是世界第一大水产养殖和贸易大国，也是世界上数一数二养殖产量超过捕捞产量的水产养殖大国。在消费升级、城镇化推进和人口增长的影响下，预计我国水产品的消费仍将保持稳步增长。

根据《中国渔业统计年鉴 2020》的数据，2014—2019 年，中国水产品加工产品呈现波动趋势。2019 年，我国水产品加工产量仅为水产品总量的 33.51%，其水产加工行业市场空间广阔。

根据《中国渔业统计年鉴 2020》的数据，中国的加工水产品主要为水产冷冻品；2019 年水产冷冻品的加工量为 1532.3 万吨，占比达到了 71%；其次是干腌制品，加工量为 152.1 万吨，占比达到了 7%。

### 四、产业发展现状

#### （一）供给：产量稳步上升

我国渔业发展迅速，现已成为世界上主要的水产品生产国，水产品总产量位居世界前列。整体来看，中国海洋渔业生产稳定，加上远洋渔业综合实力不断增强，我国已成为世界上重要的渔业国家之一。其中，我国水产养殖是中国渔业结构中发展较快。

根据农业农村部渔业渔政管理局的数据，我国水产品产量主要来自水产养殖，水产养殖产量仍然保持稳定增长。2020 年，全国水产品养殖产量为 5212 万吨，同比增长 3%。

根据《中国渔业统计年鉴 2020》的数据，2019 年，中国海水养殖产量主要集中在贝类，实现了 1439 万吨的产量，占比达到了 70%；其次是藻类，实现了 253.8 万吨的产量，占比达到了 12%。而 2019 年中国淡水养殖产量主要集中在鱼类，实现了 2548 万吨的产量，占比达到了 83%。

#### （二）需求：食品结构改变导致食用消费量上升

作为一个水产品生产大国，我国 2019 年人均产量高达 46 千克，然而我国在水产品消费上却非常少，2019 年人均食用消费量仅有 13.6 千克，2019 年同期猪肉的人均食用消费量高达 20.3 千克。

此外，我国城乡居民的水产品人均食用消费量差距也十分明显。根据

《中国统计年鉴2020》的数据，在2019年之前，城镇居民的人均水产品食用消费量已较为稳定，维持在14千克左右；农村居民的人均水产品食用消费量则稳步上升，从2013年的6.6千克上涨至2018年的7.8千克，然而仅仅是城镇居民食用消费量的1/2左右，可见农村水产品消费市场还有广阔的增长空间。在2019年，城镇居民食用消费量为13.6千克，而农村居民的人均水产品食用消费量则上升至9.6千克。

此外，乌卡时代也让人们意识到了健康的重要性。因此，相对于人们对于禽肉蛋的高摄入，水产品的摄入量较少；而这一现象将被改变，水产品的需求将被进一步扩大。

随着农产品电子商务的快速发展，水产品流通渠道不断拓展，并带动消费增长。近年来，中国水产品消费不断增长，2019年水产品表观消费量约6680万吨；2014—2019年之间的复合年均增长率（CAGR）约为2.12%。

（三）价格：2020年水产品市场价格波动较大

2020年，受乌卡时代影响，水产品市场价格波动较大。2020年下半年，在国庆节假日的带动下，水产品价格有所回升。据中国农业信息网的数据，2020年10月份，水产品加权平均批发价每千克22.94元，环比涨0.9%，涨幅较2020年9月回落5.3个百分点，同比涨7.5%。

（四）市场规模：水产养殖经济发展稳中有进

随着渔业的供给侧结构性改革，渔业经济发展稳中有进。根据《中国渔业统计年鉴2020》的数据，2014—2019年，中国水产养殖业的产值呈现逐年上升趋势，从2014年的7888.05亿元上升至2019年的9761.89亿元，复合年均增长率（CAGR）为4.35%。

**五、产业竞争格局**

（一）区域竞争：沿海地区养殖业生机勃勃

水产养殖极容易受到区域资源的影响，在全国范围内，山东省及周边地区、广东、福建等都是海水养殖发达之地。而在淡水养殖方面，则是以江苏、湖北、江西等地为主。

根据《中国渔业统计年鉴2020》的数据，2019年中国海水养殖产值区域主要分布在山东和福建两省，产值分别为888.4亿元和820.4亿元，占比分别达到了25%和23%。而2019年中国淡水养殖产值区域主要分布在江苏和湖北两省，产值分别为1158.8亿元和1125.5亿元，占比分别达到了19%和18%。

**（二）企业竞争：企业数量众多且较为分散**

根据企查猫的数据，截至2021年5月，中国水产养殖行业参与者主要为中小企业，其占比达到了90%以上。整体来看，水产养殖行业企业较为分散，行业壁垒较低，造成行业内企业众多，竞争较为激烈。从上市企业注册所在地来看，海水养殖以山东、辽宁、广东等地为主；而淡水养殖则是以湖南、湖北等地为主。

### 六、产业发展前景及趋势预测

在"十四五"期间，中国要优化近海绿色养殖布局，建设海洋牧场，发展可持续远洋渔业。沿海省市积极发展现代海洋渔业，山东、福建、广东、辽宁、海南、吉林、江苏、浙江、广西按照"十四五"规划纲要均提出，培育现代海洋渔业，推动海洋绿色牧场建设。

此外，2021年4月22日，农村农业部发布的《关于实施水产绿色健康养殖技术推广五大行动的通知》指出，各地要在已有工作的基础上，因地制宜，推动"五大行动"骨干基地扩增行动内容、提升质量水平，实施内容除配合饲料替代幼杂鱼行动需根据养殖品种酌定外，其他行动内容要实现全覆盖。高标准打造一批代表性好、展示度高的示范样板；制定一批区域适用性好、可操作性强的技术规范；宣传一批可复制、可推广的典型案例。

在下游需求方面，作为一个水产品生产大国，我国2019年人均产量高达46千克，然而我国在水产品消费上却很少，2019年人均食用消费量仅有 13.6 千克，同期猪肉的人均食用消费量高达 20.3 千克。伴随着人们收入的提高，人们对于营养结构有了进一步的要求；此外，乌卡时代也让人们意识到了健康的重要性。因此，相对于人们对于禽肉蛋的高摄入，水产品的摄入量较少；而这一现象将被改变，水产品的需求将被进一步扩大。

2020 年初，新冠疫情席卷全球。由于新冠疫情的影响，水产品面临着存货堆积、销不出去的困境；之后，随着防疫有效措施的执行，我国水产养殖业也逐渐恢复了活力。据有关预测，我国水产养殖业的产值将持续增长。

从市场集中度来看，市场参与者主要为中小企业，根据企查猫的数据显示，注册资金在 500 万元以下的企业数占比达到了 90% 以上。而我国日趋严格的环保政策以及数字化升级势必会淘汰一大部分劣质的企业，使得市场集中度进一步提高；特别是我国水产养殖的龙头企业，其品牌效应也使得市场集中度进一步提高。

# 第五章
## 生鲜农产品电商供应链
## 模式分析

# 第一节　前置仓供应链模式

## 一、前置仓业态仍处在盈利探索与高速增长期

前置仓的最初概念是电商为提高配送时效在更接近消费者的地理范围内建立的小型仓库，而如今在新零售的赋能下，前置仓成为生鲜电商企业的"掌中宝"，为满足消费者的物流时效需要以及个性化需求提供可能。回顾前置仓的发展历程如下：

萌芽摸索期（2015—2017 年）：夏季气温高，存在配送慢等问题，2015年夏季生鲜电商行业痛点集中爆发。另外，B2C 模式下冷链费用过高。为了更好地解决这些问题，生鲜电商企业首次提出前置仓模式。2015 年 9 月，每日优鲜决定要建立"ALL IN 前置仓"，推出前置仓 1.0 版本。此阶段虽然有很多企业尝试前置仓模式，但是由于仓配能力与消费者需求不够统一，冷链技术得不到加强以及存在管理问题，很多模式便早早退出历史舞台。

创新摸索期（2018—2019 年）：各家企业通过两年的时间不断布局前置仓，使前置仓模式得到了市场的普遍认可，并且在不断创新中，前置仓的模型也逐步明朗，开启了 2019 年的一场前置仓大竞赛。此阶段内，如商超的沃尔玛山姆、电商的每日优鲜、后起之秀的朴朴超市和叮咚买菜都积极发展了自身的前置仓。叮咚买菜和每日优鲜更是获得了大量的资金注入。但究竟前置仓的核心优势是在于算法还是商品，面对成熟的 TOC 配送平台的竞争，需要进一步深究这一问题。

崛起发展期（2020—2022 年）：由于新冠疫情影响，线下餐饮停摆，生鲜行业迎来机遇。在此期间，每日优鲜、叮咚买菜以及京东到家等都出现订单井喷式增加，日活用户不断提高的现象，且之后市场情绪并未出现反弹，日活用户仍在不断增加。在订单和日活用户暴增的情况下，对前置

仓的构建体系要求也在不断提高，所以保证前置仓盈利的前提，必然是与商品质量、配送效率和单店的管理水平密切相关。

相较传统模式，前置仓模式配送效率高、生鲜损耗小。传统模式通过中心仓进行配送，将生鲜货物集中到城市配送中心，根据订单需求将货物从城市中心仓库发送到消费者手中。出于成本考虑，中心仓常设在远离市中心的城郊地区，运输距离长导致难以满足快速配送的需求。针对传统模式痛点，创新高配送效率前置仓模式出现。在前置仓模式中，商家根据周边的需求情况提前将货物运送到社区附近的前置仓内储存，消费者在生鲜电商平台下单后，直接从前置仓中拣取、包装货物，并完成配送。由于生鲜产品直接从消费者附近的前置仓内发出，这可缩短产品到消费者的配送时间，降低生鲜产品的损耗。

市场规模不断扩大，市场渗透率不足1%，有较大提升空间。作为消费频率最高的刚需行业，生鲜市场有着万亿级别的体量，2020年生鲜零售市场规模达到5万亿元。根据艾瑞咨询的测算，到2025年，生鲜零售市场将达到6.8万亿元。由于受乌卡时代的影响，生鲜电商市场快速发展，2020年生鲜电商市场规模达到4584.9亿元，而即时配送的生鲜电商平台在乌卡时代之中及之后也迎来了爆发式的增长。2018—2020年，以前置仓为代表的即时生鲜配送市场规模从81亿元增加至337亿元，复合年均增长率达到103.97%。从数据可以看出，虽然我国生鲜市场庞大，但是生鲜线上化占比仍然较低，而以前置仓为代表的即时生鲜配送市场占比更是微乎其微，2020年其市场渗透率不足1%，具有较大上升空间。且与生鲜电商整体市场增速相比，前置仓市场增速远高于整体。

## 二、前置仓解决了传统生鲜电商的诸多痛点

### （一）传统生鲜电商面临诸多痛点

生鲜产品易腐蚀，到货损耗率高导致退货率高。传统生鲜电商普遍采用的冷链物流模式是"泡沫箱+冷袋"的模式。用"泡沫箱+冷袋"把生鲜产品打包成一个包裹，包裹内部形成适合生鲜产品保存的局部空间，包

裹在物流运送时被视为普通包裹，走现有常温物流配送体系。这种模式成本较低，但是对生鲜产品的品质保护难以保证。据相关统计，我国果蔬类农产品在流通过程中损耗率达到25%~35%，到货损耗率高导致消费者购物体验差，退货率居高不下。从北京消协调研的数据来看，消费者购买生鲜产品时，不满意率高达55.36%，其中28.12%的消费者认为所购买的生鲜产品不够新鲜。

生鲜产品标准化程度低，购买体验较差。我国上游农产品种植分散，缺少明确的产品分级筛选标准，导致农产品的"非标"问题明显。"非标"问题就是在购买生鲜时，同样产品不同购买批次存在质量上的显著差异。每个人对生鲜农产品的口感偏好、心理预期都有所差异。这个问题放到消费者层面，就会被进一步放大。外形、口感、品质不稳定的生鲜产品，就上升到了质量不过关的层面。在这样的体验下，消费者会更倾向于线下看得见摸得着的购买方式，影响线上生鲜渗透率。

配送时效性差，不能及时满足需求。由于生鲜产品的高频属性，消费者通常在当天或者下一顿餐食前5小时之内准备食材，因此普遍对时效性要求较高，而传统生鲜电商平台采用中央仓库配送模式，即使同城配送，最快也只能实现24小时送达，不能满足消费者即时的生鲜需求，消费者权衡线下购买与线上购买的时间因素之后，更多的人会选择去实体店购买。

全程冷链运输，单件小批量生鲜产品物流成本高。生鲜产品易腐蚀，需要全程冷链运输存储，而冷链物流投资与运营成本巨大，导致生鲜产品运输费用较高。物流成本高已成为制约农产品电商，尤其是鲜活农产品发展的瓶颈因素。一笔100元的生鲜类农产品订单中，物流成本高达25%~40%；而服装、电子类的物流成本通常每单需5~10元，占总成本的5%左右。而生鲜产品本身毛利低，高昂的物流成本使得生鲜电商盈利困难。

生鲜需求预测的数字化、精准化较低，导致库存损耗率高。由于生鲜产品存储时间较短，需要在短时间内出售，而传统生鲜电商由于消费者数字化程度较低及目标客户不清晰，难以建立明确的消费者画像及消费习惯监测，进而对消费者需求难以精准把握。而且生鲜产品种类繁多，对终端需求的高效了解才能做到库存的精准把控。难以做到生鲜需求的精准预测，导致传统生鲜电商库存损耗率居高不下。

**（二）前置仓"0.5~2 小时送达"解决了消费者的即时生鲜需求**

仓储前置，实现极速响应与送达。一般前置仓设置在消费者集中的社区附近 1~3 公里。生鲜产品销售方利用冷链物流（冷藏车）提前将产品配送至前置仓存储待售，客户下单后，由前置仓经营者组织完成包裹生产和"最后一公里"的上门配送，实现 0.5~2 小时送达。无论是订单响应速度还是配送成本，前置仓模式相比直接配送都具有很大优势。

多段式配送，降低生鲜物流成本。传统生鲜电商收到订单后，在中心仓完成分拣打包，之后采用单件发货方式进行配送。而前置仓的产品采用多段运输，从产地仓到中心仓，再到前置仓均为大批量集结运输方式，产品在前置仓完成分拣和打包。"分段运输，主干优先，分级集结，降维扩散"是所有商品种类在城际物流、同城快运、终端配送过程中实现总体成本最小化的有效方式，只有这样才能最大程度地保证运输效率。

产品标准化，生鲜 SKU 丰富，满足一日三餐需求。由于我国饮食种类丰富，生鲜品种繁多，消费者通常一天三餐有多种品类的生鲜需求。但生鲜存储时间较短，尤其是叶类蔬菜、肉制品、水产品通常保鲜时间仅为1~2 天，传统生鲜电商平台多选择储存时间较久的根茎类蔬菜、硬果类水果、常温乳制品、禽蛋类进行销售，而存储时间较久的这些生鲜品并不能满足消费者一餐需求，尤其是烹饪过程中通常还需葱、姜、蒜等调味类生鲜，传统生鲜电商基本不能提供这类生鲜产品，因此消费者仍需去线下补充购买其他产品。前置仓则基本解决了这个问题，能够提供消费者一日三餐基本生鲜需求。以每日优鲜和叮咚买菜为例，提供肉制品、乳制品、蔬菜、水果、水产品、速冻食品、粮油调味、快手菜等生鲜全品类产品。

**三、前置仓与其他生鲜即时配送业态相比更具优势**

**（一）与店仓一体到家模式相比：选址难度小，更易扩张及调整**

店仓一体化模式也是"到家+到店"模式，包括线上巨头向线下扩展和线下商超开通到家业务两种类型，前者以盒马鲜生、7FRESH 为代表，后者以永辉超市、家家悦为代表。该模式以前店后仓为多，门店是零售店面的同时也担负了仓库的职能。消费者既可以前往实体店铺进行店内购物，也可以通过线上下单要求配送到家，场景化门店运营使用户深度参与，黏性更强。

重资产模式，竞争壁垒较高，但线下门店建设成本压力较大。由于需要线下实体店铺的经营作为基础，"到店+到家"与传统的线下生鲜零售业态部分特点更相似，例如非常依赖店铺选址、货架管理和店内的经营效率。与只作为仓库使用、将选址定在城市周边较偏僻地方的前置仓不同，仓店一体化的店铺门面需要靠近消费者，选址地点需要具有便利性的同时，为了保证消费者的就餐体验，分别对实体店的人工投入、经营面积和装修提出了较高要求，成本压力也较大，同时配送半径小，受众用户群体具有局限性。

前置仓的选址简单，易复制，密度高，覆盖率高。由于前置仓无须店面进行线下销售，且面积通常较小，因此选址更加简单，具有很大的灵活性。这种高灵活性带来了更高的业务可复制性。而且前置仓通常选择在高密度社区周围的非临街物业建仓，实现以更低的租赁成本获取充足的适合建仓地点，随着前置仓密度的提高，实现了地理位置上的高覆盖度，进而带来更多的消费者。

（二）与平台到家配送相比：前置仓产品标准化程度更高，体验更好

平台到家模式，即京东到家、美团、饿了么、多点等平台接入传统线下商超、零售店为消费者提供到家服务的模式。在平台到家模式下，线下超市接入到家平台，扩展了线上销售方式，实现了线下产品空间上的延伸。但因为接入线上平台的线下商家众多，各家提供商品的品质差异较大。而且各商家在平台上提供的商品与线下销售共享，消费者在线下购买时会进行挑选，而售货员为线上订单拣货时通常不进行挑选，导致线上订单商品品质难以保证。

平台模式下，配送通常采用第三方众包物流，对订单响应时间更久，

配送时长通常在 1~2 小时。而前置仓模式下，自营配送对订单响应迅速，通常能实现在 30 分钟~1 小时内送达。

平台模式售后服务质量难以保证。由于平台上商家众多，当消费者对收到的商品不满意时，需要平台与商家进行协商解决，三方沟通导致沟通效率较低、消费者体验较差。

### （三）与社区团购相比：定位一二线城市，与社区团购错位竞争

前置仓提供的价值是为消费者极速送达高质量产品，而社区团购提供的价值是极致性价比。我们从产品质量、送达时间两个维度对前置仓、平台配送、传统电商、社区团购进行分析，可以看出社区团购与前置仓给消费者提供的价值处于两个维度的极端。在前置仓模式下，客户响应速度快，产品质量高，产品附加值高。在社区团购模式下，预售模式导致客户响应速度相对较慢，团购模式导致产品质量较低，产品附加值较低，到店自提有一定时间成本，对消费者自由时间要求较高。

前置仓定位一二线城市，社区团购定位下沉市场。一二线城市消费者生活与工作节奏较快，人均可支配收入较高，普遍愿意且有能力为节省时间付出一定成本。基于对生活品质的要求，一二线城市消费者对于生鲜质量的要求也更高。前置仓的目标客户正是一二线城市快节奏生活的年轻高收入消费者。低线城市及农村消费者人均可支配收入较低，生活节奏较慢，对商品价格更加敏感，对配送速度的要求下降，他们的要求是物好价廉，满足生活基本需求即可。社区团购能够匹配低线消费者物美价廉的基本需求。

### （四）前置仓模式仍在盈利探索中

履约成本高，需要足够单量及客单价才能实现前置仓单仓盈利。前置仓建设需设置冷藏区及常温区，建设维护成本高，且需要配备一定数量人员运营及配送，每月固定支出较高。生鲜产品普遍毛利较低，若要实现前端盈利，需要有充足的订单支撑，且客单价需达到一定水平，使得毛利能够覆盖固定成本。我们对比几种到家模式下的履约成本，前置仓成本显著高于其他模式。

我们选取 300 平方米的标准前置仓进行分析,在客单价 60 元,单日订单量 600~1400 单的情况下,在不考虑产品从产地到达前置仓运输成本的前提下,单笔订单的前置仓履约费用在 10~13 元/单。

定位高价高质,难以下沉。因为一二线城市消费者居住密度大,时间成本更高,生活节奏快,愿意为高品质产品以及时间付出成本,而前置仓需要一定的订单量及在客单价才能维持前端盈利。我们测算在客单价 60 元,毛利率达到 20% 的情况下,单个前置仓的订单量需达到 1000 单才能实现前端盈利。因此前置仓只能在北上广深等一二线城市生存,难以走出一二线城市,进而难以做出更大规模。前置仓模式若取得突破,成本降低或者收益增加,能够发展到更多城市,高密度订单形成大流量,扩展业务成为大型平台。

生鲜产品(SKU)毛利较低,需拓展高毛利品类。生鲜属于低毛利产品,且种类繁多,但具有高频属性,具有很好的引流作用。前置仓若想获得长期盈利能力,需要以生鲜产品为基础,向非生鲜类食品、日用品类拓展。但因为前置仓面积不大,所能陈列的 SKU 数量有限。总体来看,前置仓所能提供的 SKU 在 1000~2000 个,少数能达到 3000 个。若想提供更多品类,前置仓有两个选择:一是扩大单仓面积,二是需探索预约到货模式。

前置仓区域采购量相对较小,对上游议价能力较弱。由于前置仓业态只能分散布局于一二线城市,而生鲜产品具有很强的区域性,难以集中采购,因此前置仓采购量相对于传统超市更小,而且前置仓布局上游时间较短,难以深入产业链源头进行采购,导致前置仓采购成本高于传统超市。

(五)以一二线城市测算前置仓市场空间:约 2800 个前置仓,商品交易总额 997 亿元

由于前置仓的盈利条件对在客单价及订单量有较高要求,因此,我们认为只有人均支出达到一定水平的一二线城市才能支撑起前置仓的正向扩张。

前置仓成交额市场规模测算：我们选取国内城市建成区面积排名前 50 的大城市，测算前置仓市场规模短期为 997 亿元，中期市场规模为 2632 亿元，长期市场规模为 5211 亿元。

具体假设如下：

1. 假设一二线城市前置仓生鲜食品市场渗透率不断提升，短期渗透率 5%，中期渗透率 10%，长期渗透率 15%。

2. 50 城核心城区人口中期扩张 10%，长期在中期基础上扩张 10%。

3. 人均食品支出中期增长 20%，长期在中期基础上增长 20%。

前置仓建设数量规模测算：我们选取国内城市建成区面积排名前 50 的城市作为前置仓全部的目标市场，测算前置仓目标市场数量规模为 2826 个。

具体假设如下：

1. 人口密度≥1 万人/平方公里，前置仓覆盖范围为 1.5 公里，单个前置仓覆盖面积为 7.07 平方公里。

2. 排名 31～50 的城市，单个城市前置仓建设规模为 20 个，合计 400 个前置仓。

## 四、前置仓重点企业

### （一）每日优鲜：改变传统生鲜电商行业的标杆企业

#### 1. 前置仓模式的先驱者，积极发展社区零售数字化平台

每日优鲜于 2014 年 10 月成立，是一家为消费者提供生鲜蔬菜以及日用品等极速达冷链配送服务的生鲜 O2O 电商平台，仅在成立后一个月便获得 500 万美元的天使轮投资。2015 年 9 月，每日优鲜决定构建前置仓模式并运营。截至 2021 年 6 月，前置仓规模已达到 625 个，涵盖全国 16 个城市。在 2021 年 3 月，每日优鲜提出（A+B)×N（A：前置仓即时零售，B：智慧菜场，N：零售云)×零售云的全新战略模式，提出成为国内社区零售数字化平台的代表性企业之一的愿景。2021 年 6 月 9 日，每日优鲜在美国递交，于纳斯达克上市。

每日优鲜自成立以来，已获得多方投资。在 IPO 募资中，资金主要用于"（前置仓+智慧菜场）×零售云"的战略投入和发展。企业自 2014 年 12 月—2020 年 12 月共完成 11 轮融资。前半程的投资机构多为光信资本、腾讯投资、华创资本，后半程主要投资机构为腾讯投资、高盛集团、中金资金。腾讯投资贯穿每日优鲜融资史，分别参与了 A 轮、B 轮、E 轮及以后投资和战略投资。根据公司招股书，募集的 2.5 亿美元资金中约有 50% 用于前置仓零售业务的拓展，如销售和营销、供应链技术升级，20% 的资金投入至智慧菜场的科技研发和平台开发，20% 的资金用于发展零售云业务，剩余 10% 的资金部分用于一般用途和营运资金，可能包括企业战略投资和并购。

**2. 青岛国资与腾讯入股，赋能企业发展**

截至 2021 年 6 月发行上市前，徐正及其他管理层合计持有公司 20.2% 的股份，其中创始人徐正持有公司 15.3% 的股份。青岛国资委持有公司 8.7% 的股份，腾讯持有公司 8.1% 的股份。发行上市后，徐正及核心管理层合计持有公司 16.6% 的股份，其中徐正持有 12.2% 的股份和 73.6% 的投票权，为公司实际控制人。腾讯持有公司 7.9% 的股份，青岛国资委持有公司 7.8% 的股份。腾讯公司在公司发展过程中多次参与投资，在经营中给予公司数据及营销支持。青岛国资委投资 20 亿元，对公司发展前景看好，为公司建设全国生态链总部产业园及智能供应链中心，打造上下游生态链企业聚集的产业集群提供多项支持。

**3. 三大业务板块协同发展，覆盖多层级市场**

（1）不断更新的前置仓模型已成为每日优鲜的发展基石

2015 年每日优鲜首创前置仓模型（即公司招股书中的 DMWS 模型）并深耕于此，已在 16 个城市运营了 625 个前置仓，总面积达 20.8 万平方米，位置主要分布在一二线城市以及华东华北地区，前置仓平均面积为 300 平方米。自全品类战略推行以来，每日优鲜已经从生鲜电商向着线上综合超市进化，前置仓内的 SKU 从 1000+增加到 3000+，涵盖蔬菜、水果、肉禽蛋、日用百货等 12 大品类，实现生鲜和日用百货一站式购买。此外，基于前端用户数据的积累，以及腾讯智慧零售的大数据赋能，每日优鲜反向建立数字化供应链，根据用户需求精准选品，持续推进生鲜产品的标准化和品牌化。

公司有效客户及客户的年平均支出都在呈上升趋势，这表现出公司良好的经营状态。2018 年公司有效客户从 510 万个增长到 2019 年的 720 万个，2020 年增长到 870 万个；有效用户购买的物品总数从 2018 年的 2.45 亿件增加到 2019 年的 4.50 亿件和 2020 年的 5.55 亿件。有效用户下的订单总数从 2018 年的 3250 万件增加到 2019 年的 5910 万件和 2020 年的 6510 万件。2018 年每个有效用户的年支出为 558.0 元，2019 年为 690.4 元，2020 年为 712.8 元。

严格把控供应链，重构冷链物流体系。每日优鲜从源头助力，专业买手团队去往美国、智利、南非、秘鲁、澳大利亚等多个国家的优质原产地精选食材。公司 90%以上生鲜产品为源头直采，保证了产品供应及品质的稳定性。

专业冷链物流体系覆盖整个运输、仓储过程。"城市分选中心+社区前置仓"模式已在全国 16 个主要城市建立起极速达冷链物流体系，为会员提供最快 30 分钟达服务，并实现大规模分布式仓储体系的数据化管理。

智能供应链、智能物流和智能营销。公司开发智能零售系统"RAIN"，通过使用数据分析和 AI 取代库存补充、采购和周转管理等领域的人工决策，显著提高了整个运营流程的自动化水平和效率。"RAIN" 能够协助公司实现近 98%的库存自动补货、97%的采购决策和 85%的促销自动定价，公司能够实现在每天 17：00 时 97%的 SKU 仍然有货，同时实现 2.5%的库存损失。在获客方面，"RAIN" 在多个面实现智能运营与分析，包括消费者满意度、运营效率和业务扩展。

（2）下沉市场的渗透：智能菜市场

以平台形式切入下沉市场，对传统菜市场进行数字化改造并为其赋能。每日优鲜的战略决策第二部分为全方位改造传统菜场，其改造方向为——硬件设施全面优化，从而优化其业态，另一方面则是帮助商铺商户进行营销，备货以及客户关系管理（CRM）在内的数字化增值。以数字化赋能为基础，寻求"不改变""不停顿""直接切入需求"。目前，每日优先已与全国 15 个城市的 58 家生鲜菜场签约，且已在 11 个城市开始运营 34 家智能生鲜菜场。

产地直采的供应模式减少前端成本，获客精准判定。从上游来看，每日优鲜通过整合菜市场订单，进行联合采购。深入产地源头，参与农产品优化升级，进行 C2M（从消费者到生产者）订单定制，大大提高了商户商铺的生鲜以及农产品质量，减少了商户们的进货时间成本以及运输成本。从获客方面，每日优鲜通过平台运营实现用户数据的沉淀和私域流量的管理，精准定位消费者的习惯，将潜在客户变成有效客户，从而增加菜市场的利润。运营智慧菜场变现途径为：（1）收取租金；（2）收取 SaaS 的产品年费；（3）按照商户平台成交额收取佣金。

（3）加快社区电商零售数字化转型：零售云业务

公司于 2021 年启动了零售云业务计划，为商业合作伙伴和其他企业（从超市开始）提供基于云和 AI 的 SaaS。我们的零售云 SaaS 为企业提供了管理其业务各个方面的工具，包括全渠道营销、私人流量、商品销售、供应链、履行、DMW 和运营优化。公司的 RAIN 系统中嵌入的端到端解决方案在一个以高交易频率、高库存损失率和方便交付需求为特征的行业中建立了很高的进入壁垒。凭借对公司零售云服务客户（从本地超市到附近杂货店）需求的敏锐认识，打破社区零售行业的传统做法。

**4. 公司规模持续增长，进入盈利探索期**

营收规模持续增长，亏损暂时扩大。在公司客户规模逐渐放大，用户年平均支出逐渐上升的情况下，2018—2020 年，公司营业收入从 35.5 亿元增长到 61.3 亿元，复合年均增长率为 31.41%；2020 年公司营收增速有所放缓，主要由于公司前置仓布局速度下降，其他业态受到影响。随着公司进入精细化运营阶段，公司营收增长重新提速，2021H1 实现营收 34.2 亿元，同比增长 12.8%。从净利润看，公司尚未实现盈利，2021H1 公司 NON-GAAP 规模净利润为-14.9 亿元，同比上年亏损规模有所放大，主要受公司股权支付费用影响。

从季度收入来看，受"乌卡事件"冲击，成交额有所回落，收入暂时下滑。但随着促销及优惠幅度的加大，收入增速探底回升，2021Q2 营收增速达 40.8%。从季度利润看，自 2020Q1 以来，公司亏损逐季扩大，主要原因是公司营收规模扩大，促销导致毛利率水平下降，期间费用水平上升。2021Q2 亏损达 14.33 亿元，主要由上市后确认的股份支付带来的费用大幅上升所致。

从季度毛利率看，受乌卡时代影响，2020Q1 毛利率达到峰值 30.23%，随后由于促销及折扣力度加大，毛利率持续走低，2021Q2 毛利率下滑至 7.49%。从费用水平来看，扣除股份支付带来的影响，履约费用率与销售呈现缓慢上升趋势，而管理费用率及研发费用率呈下降趋势。

从收入结构来看，公司营收主要来自线上商品销售，其他收入主要是会员费，2021H1 商品收入达 33.5 亿元，销售占比为 97.7%，其他收入为 0.8 亿元，占比为 2.3%。目前智能菜场收入较少，后续公司加速拓展智能菜场及零售云等业务，成为公司业绩增长的新动力。

从单个前置仓来看，2020 年在客单价为 94.6 元，每单贡献营收 77.0 元，毛利额 14.9 元，履约费用为 19.8 元；2021Q2 在客单价达 96.1 元，每单贡献营收 79.6 元，毛利额 5.96 元，履约费用为 22.73 元。未来随着公司规模的持续扩大，毛利率将持续提升，履约费用率将下降，有望实现单仓前端盈利。

### (二) 叮咚买菜：高速成长中的前置仓业态龙头

**1. 社区服务转型社区生鲜电商，成长为前置仓业态龙头**

叮咚买菜其前身为叮咚小区，前期主要业务为社区生活服务，公司建立线下服务站，提供到家清洁、干洗、送餐等服务。2017 年 3 月，公司转型家庭线上买菜业务，"叮咚小区"更名为"叮咚买菜"。随后叮咚买菜 App 于 2017 年 5 月正式上线，目前主要为社区居民提供蔬菜、水果、海鲜等生鲜类食品以及日用品。公司在全国 36 个城市共成立超过 1136 个前置仓，在 14 个城市运营了 40 个城市加工中心，成为国内规模最大的前置仓企业。公司于 2021 年 6 月 9 日向美国证券交易委员会提交了 IPO 上市申请，并与 2021 年 6 月 29 日正式上市。

公司自成立以来，历经多轮融资，融资多用于自身业务扩张，IPO 融资 9065 万美元主要用于新市场扩张及供应链建设。高榕资本作为前期主要投资机构共参与三轮融资，CMC 资本参与从 B++ 至 D 轮融资，其中 D 轮融资的金额达到 7 亿美元。2018—2019 年正是生鲜电商行业内众企业布局博弈的关键时期，叮咚买菜将融资资金用于建设供应链、推广平台和新品类的拓展，而本次募集资金的 80% 集中用于新市场的发掘与提高上游采购能力。

**2. 股权结构稳定，创始人团队具有绝对控制权**

截至 2021 年 6 月 30 日，公司创始人梁昌霖在公司发行上市后拥有约 29.8% 的股本，拥有 82.2% 的投票权，对公司拥有绝对控制权。公司创始人梁昌霖，为退伍军人，先后创办了母婴在线平台丫丫网和妈妈帮，属于新零售行业的连续创业者，对市场变化具有敏锐的洞察力。其他高管均出身于国内知名互联网公司，对电商运营、供应链建设等新零售关键成功要素具有丰富经验。

**3. 深耕前置仓模式，以长三角地区为基础，逐步布局全国一二线城市**

快速转型+扩张，使叮咚买菜在 2020 年在长三角地区生鲜电商中实现商品交易总额（GMV）排名第一。公司从社区生活服务业务转型至生鲜销售业务，并全力深耕于此。自 2017 年 5 月首次进入上海之后，经过 31 个月的时间，叮咚买菜已在上海拥有 254 个前置仓，并在 2019 年初进入宁波、杭州、无锡、苏州等城市，开始布局华东地区。叮咚买菜已在 36 个城市建立超 1136 个前置仓。据招股书披露，2020 年叮咚买菜占据即时零售行业的市场份额约为 10.1%，在长三角地区名列第一。其 GMV 从 2018 年的 7.42 亿元增长至 2020 年的 130.32 亿元，CAGR 为 319.09%，远超同期市场增速（115%）。公司的月平均交易用户从 2018 年的约 40 万个增加到 2019 年的 260 万个和 2020 年的 460 万个，2021Q2，月均交易用户达 840 万个。

双飞轮商业模式以数字化管理各链条不断巩固和提升产品和服务。通过数字化管理提供多样产品和服务，随着订单量的增长，销售品类和数量也将日益增长，从而提升操作效率。效率的提高也有助于产品和服务的升级，形成良性循环。另外，随着布局地区越来越多，与供应商的接触也与日俱增，叮咚买菜因此获得很好的议价能力和多样的采购模式，从而促使供应链数字化，实现产品与服务的升级。

深耕会员体系，会员消费占比持续提升。2021Q1 会员用户数约 152 万个，占月交易用户数的 22%，但会员 GMV 贡献占比达 47%。2019 年与2020 年，公司会员月均消费 407 元、478 元，远高于非会员用户。

源头直采+城批采购，SKU 数量达 12500+。目前，叮咚买菜的上游采购模式主要有产地直购、城批市场采购、与品牌供应商和农业合作社合作。叮咚买菜在 20 多个地区共建设了 350 个生鲜直采基地，产地直供供应商 600 多家。在城批市场方面，叮咚买菜采用 7+1 品控流程，确保生鲜的品质确定。为确保生鲜的品质确定，叮咚买菜采取 7+1 品控流程，对货源、加工仓、加工过程、前置仓、巡检、分拣、顾客、售后服务进行全方位品控，并实现商品源头可溯源，满足消费者对生鲜商品优质、实惠的诉求。根据叮咚买菜 App 显示，共有 18 个类别供消费者选用，分别为蔬菜豆制品、肉禽蛋、水产海鲜（只国内）、水果鲜花、乳品烘焙、速食冻品、酒水饮料、快手菜、粮油调味、休闲零食、冰激凌、熟食卤味、营养早餐、个护清洁、清凉一夏、网红打卡地、火锅到家、绿卡专享。截至 2021 第一季度，叮咚买菜 SKU 达到 12500+，其中生鲜产品 SKU 达到 5700+，生活用品SKU 达到 6700+。

建立自有品牌，提升毛利率水平。公司建立了若干自有品牌产品，特别是在新鲜食品类别中，包括每日新鲜猪肉、定东大满贯火锅和面条、拳击小龙虾等新鲜食品。与独家供应商合作，能够最大限度地降低推出自有品牌产品的成本，以及与品牌设计和商标注册相关的某些费用。自 2020 年7 月推出自有品牌产品以来，自有品牌产品在销售的所有产品中所占的百分比总体呈上升趋势，公司计划在未来推出更多自有品牌产品。2021 年Q1，公司自有品牌产品销售占比达到 3.3%。上海自有品牌产品的 GMV 占同期上海 GMV 总量的 8.1%。

建立区域处理中心与密集网格仓实现高速送达。为实现对消费者需求的高速响应，截至 2021Q1，公司已经在全国 14 个城市建立 40 个区域处理中心，对产品进行分类、包装、贴标、储存，然后将标准化的产品配送至一线配送站。从区域处理中心到前置仓再到消费者，公司能够实现全程数字化处理，实时跟踪动态，提高配送效率和准确率，大幅降低损失。

全程质量控制，保证高质量履约。公司"7+1"运营流程确保产品保准化交付到消费者，实现产品的稳定供应，提升消费体验。

**4. 营收高速增长，履约费用率不断下降**

从收入来看，营收逐季增长，乌卡时代后增速虽然有所下降，但是同比增速仍维持较高水平。从年收入来看，2020年实现营收113.36亿元，同比增长192.2%；2021H1实现营收84.48亿元，同比增长62%。从季度收入来看，公司营收逐季增长，2021Q2公司单季营收达46.46亿元，创公司营收新高，显示出公司良好的增长态势。

持续加大投入，亏损继续扩大。从季度净利润来看，公司尚未实现盈利，亏损逐季扩大，2021Q2亏损额达到19.37亿元；从季度利润率来看，2020Q1在乌卡时代中，公司亏损率有所收窄，但随着公司投入的不断增加，亏损持续扩大。

从收入结构来看，公司营收主要来自线上商品销售，其他收入主要是会员费，2021Q2商品收入达46.03亿元，销售占比为99.07%，服务收入为0.43亿元，占比为0.93%。

2021Q1在客单价达61.7元，每单贡献营收54.5元，毛利额7.2元，履约费用为44.2元。未来随着公司规模的持续扩大，毛利率将持续提升，履约费用率将下降，有望实现单仓前端盈利。

# 第二节　多级供应链模式

## 一、多级供应链是行业发展的必然，非效率因素仍旧存在

（一）供应链多层级主要系上下游、产销地分散

我国多级供应链历史演变。1949—1952年，国营企业占据农产品市场

主体地位，农产品匮乏使生鲜跨区域、多品种需求很小。新中国成立之初，国家采取自由购销市场体制。到1952年底，国营商业的商品批发额达批发总额的60%，商品零售额达零售总额的34.4%，国营商业在零售市场占主体地位。由于此时公路、铁路等基础设施差，国家通过集体汇编、图上作业等物流技术，实施农产品运输。由于农产品匮乏，此时消费者还未产生对生鲜更高质量的需求，仅仅在附近区域消费，因此商品采购主要在各区域本产地。

1953—1978年，农产品以统购统销为主，物流建设未受重视。1953年，为稳定粮价、保障农产品供给，国家对重要的农副产品如生猪、鸡蛋、水产品等实行统购统销。农民因购价低，生产积极性不高，生鲜品种很少，叠加政府禁止跨区域交换或贩售，使农产品无须进行大规模的跨区域运输。因此，生鲜农产品的物流发展没有受到重视，只建设了数量不多的运输车，仓储、配送中心寥寥无几。因此，我国生鲜供应链在物流建设方面起步晚、基础弱。

1979—1984年，农产品逐步减少统购统销，实行"双轨制"，向市场开放过渡，奠定农产品物流基础。随着家庭联产承包责任制的实施，国家逐步减少统购统销的品种和数量，同时恢复和发展集贸市场和传统农副产品市场。1983年，国家允许长途贩运，农产品上市流通量的迅速增加以及不同地区的农产品价格差异，诱发了农产品贩运和流通，形成了一批集贸市场，并随之出现数量有限的专业户，从而奠定了农产品物流的市场基础。1984年为稳定市场价格，推行蔬菜"双轨制"，对70%~80%的大路菜实行计划收购，对20%~30%的精细菜放开经营。由于两个市场并存，"好菜自己卖，坏菜卖国家"的现象很普遍，国营蔬菜公司亏损严重，为批发市场、农贸市场的快速发展创造了条件。

1985—1995年，全面放开价格，生鲜品种大幅扩大，批发市场迅速发展。1985年，政府对水果、蔬菜、畜产品、水产品等鲜活农产品的经营和价格全面放开。蔬菜产量和品种迅速增加，产销区域范围大幅扩大，不同地区对蔬菜需求不同使得蔬菜需要在全国内跨区域流通，但是小规模的集贸市场无法组织和分销大规模农产品的异地交易。为了解决各类区域性、小规模集贸市场面临全国性农产品大流通的问题，农产品批发市场由 892 个（1986 年）增加至 1509 个（1991 年）。产地、销地批发市场逐渐取代了国营蔬菜公司，占据主流地位。在零售市场上，由于终端市场低门槛、低投资，很多人涌入贩菜行列中，当时的生鲜零售经营者主要是当地的商贩、城郊农民和城市下岗工人。受消费者高频、分散、便利性购买需求的影响，生鲜零售摊位、菜店等大多分布在消费者住所附近。生鲜零售经营者的生鲜大多从上级批发商采购。经过多年发展，我国以"农户+各级批发商+农贸市场+消费者"模式为主的生鲜供应链逐渐稳定，符合我国当时生产和消费的需要。

1996 年至今，超市、电商生鲜经营迅速发展，推动直采模式。受大型国外连锁超市率先经营生鲜的影响，1996 年，北京、深圳等地的超市打破只经营日常生活用品、加工食品的传统，将生鲜加入零售商品当中。同时，由于农贸市场的经营缺乏有效监管，食品安全问题频发、购物环境差等问题接连暴露，政府开始重视农贸市场改建，发布多项政策鼓励农贸市场超市化改革、农超对接等，逐步引导连锁超市直接与产地合作社产销对接，推进"超市+基地/合作社/农户"的流通模式。1996 年，超市经营农产品所占的市场份额几乎为 0。2016 年，生鲜超市渠道销售占比增长至 22%。生鲜电商近两年也保持快速发展，同比增速保持在 50% 以上。超市、生鲜电商等多种新零售渠道的出现不断推进直采模式发展，同时转变中国城市居民生鲜消费观念。但由于受上游产品生产分散、物流成本高昂等多重因素影响，目前以农贸市场作为终端销售渠道的比例仍然较高。

（二）中间商单体资金量、规模小，垫资能力、风险承担能力弱

生鲜市场受多种因素影响，其价格波动大，个体户批发商缺乏抗风险能力。生鲜产品的供给受自然气候、市场行情波动影响较大，再叠加上不易保存、易腐性，因此价格敏感度高、波动大，往往在批发市场表现最为明显。一天内同一品类生鲜价格会有不同程度波动的现象，且时有发生，这使得生鲜批发市场充满风险，甚至一些风险对个体户来讲是很难抵抗的，因此，在流通环节对物流链的抗风险能力要求很高，以此来抵御市场

风险。我国批发商多为个体户，他们的特征是规模小，单体资金量小，抗风险能力较弱，从而对中间商层级、数量提出更高要求，以此来共担风险。

零售业账期长，个体户批发商垫资能力弱。国内零售企业有一个不成文的惯例，它们普遍占用供应商资金，为了稳固它们的销售渠道，上游批发商需垫付资金时间在1个月左右，这部分资金包括仓储、场地租用、运输、包装等。而委托批发商代销或赊销买断的农村经纪人也有这样的规则，也需要先行垫付资金，这资金包括购货、包装、运输、装卸、租用场地等，一般承担批发商1月以上的账期。整个环节，中间商面临着很大的压力，尤其是资金方面。中间商不但规模小，而且垫资能力弱。一旦某环节出现问题，就会出现资金链断裂、运转困难，可能会导致流通瘫痪。因此，急需新的模式，解决上述问题。在收到销货收入前，生鲜流通所经历的层层装卸、运输等成本，需要更多数量、层级的中间商来分担，长久下来，形成了相对稳定的多层级的批发体系。

（三）多级供应链仍存在损耗率高及非效率的问题

多层运输、装卸，损耗率大幅提高。多级供应链涉及流通环节众多，且由于其"产全国销全国"的市场特点，长途运输不可避免，国内批发零售冷链物流尚不完善，运输环节损耗率较高。产品最终到达消费者手中花费时间较长，国内生鲜农产品25%~30%的损耗率相较于美国的1%~2%、日本的5%，是非常高了。

批发商"舍近求远"，造成资源、效能非效率问题。主要体现在：

**1. 多级供应链使各地市价不一，批发商受利益驱使追逐"远市"**

以批发商从内蒙古呼和浩特经销土豆为例，若直接将30吨土豆以0.3元/斤差价批发至距离更近的北京批发市场，则全部售完大致需要5日，扣除运费0.4万元，此趟利润为1.4万元。但若先将土豆运输至距离更远的寿光批发市场，以0.2元/斤售卖20吨获利0.8万元。由于寿光市场吞吐量大，只需1日即可销售20吨，相较北京市场5日才能销售30吨，其风险更低，剩余10吨土豆再配上20吨差价更高的芸豆共同运输至北京批发市场，扣除 1 万元运输费，这趟距离更远的运输利润为 1.8 万元，比直接运输至北京的利润高 0.4 万元。

**2. 市场信息不对称，批发商被迫销往"远市"**

多级供应链使得市场信息传输出现偏差，批发商为了避免不必要的损失，对可能无法准确掌握的信息非常谨慎，尤其是在对较近的批发市场价格、需求信息不掌握的情况下，不会贸然进入市场，而距离更远的批发市场吞吐量相对较大，销售风险自然而然就低。这样的案例非常的多，例如贵州省贵阳市一直对中高品质蔬菜需求量很大，但省内黔东南蔬菜年外销量很大，一般在 10 万吨左右，可是对省内的供给却少之又少。由于目前市场信息不对称，黔东南供给与贵阳市场需求不匹配，对贵阳消费者的了解很少，在什么时间段对哪些蔬菜需求旺盛、价格波动等信息不容易掌握，导致菜农非常谨慎，不敢贸然大规模进入贵阳市场。其农委总农艺师也尝试很多办法，牵线搭桥，甚至去外地考察批发市场做法，帮助黔东南菜农快速破解难题。农户也纷纷表示，如果早知道贵阳市场有如此强烈的合作愿望，他们也会拿出合作的诚意来。由于供应链出现多层级现象，农户与下游双方信息流通出现障碍，使得农户只能向信息更透明的外地批发市场运输，造成效率低下的问题。

销售的生鲜农产品溯源困难重重，食品安全一直存在较高隐患。生鲜农产品经过加工、包装、运输等多个过程，溯源信息可能出现保存不全或丢失的情况。一旦出现产品质量问题的时候，很难追溯同一品类生鲜的不同源地，这对追溯信息造成了很大的难度，由此食品安全存在较高的隐患。

超额收益的分散使消费者承担更高的生鲜农产品价格。当前生鲜产地的收购价与终端价的差距很大，差距很大的原因是多方面的，其中大部分是因运输、包装、挑拣等环节出现的成本不断加价。尽管生鲜的流通利润在每个环节进行分摊，但在较长的供应链上，农村经纪人对各地不同生鲜市场的品类、价格、质量等信息缺乏了解、多级批发商对市场风险的承担分散了一定的超额收益，这也是利润低的一个很重要的原因。若采取一定的措施，能够减少供应链环节，让利给农户、零售商，生鲜零售价也可以进一步下降。

## 二、生鲜供应链分环节的财务成本分析

国内生鲜农产品供应链的发展历史以及存在的问题前文已经进行了详细分析。很多人认为多级供应链产生的中间成本要引起高度重视。中间成本一般分为以下几种成本，如下：

1. 货物流通所必需的成本，包括燃油费和车辆租赁费用。

2. 中间商承担的资金和风险，并通过经验取得的超额收益。

3. 由于供应链流通的低效率而产生的冗余成本。

其中第一项成本是难以消灭的，而第二和第三项成本可以通过供应链的整合消除。我们通过拆分国内多级供应链，分析供应链上的各个可能环节参与者的财务结构，以便消除上述成本。

### （一）农产品经纪人：轻资产低风险，主要依靠个人关系和交易撮合

农产品经纪人是最接近生鲜农产品生产者的一环，他们有着自身的优势，由于长期在这个行业，具有本地人的关系优势，成为生产者的代表，与下游进行议价。农产品属性非常明显，由于季节的差异性，一个地区的生鲜农产品相对集中，收货的时间波动很大，短则半个月，长则5个月，而代办的工作时长随着收货时间的不同而不同，主要与当地的优势品类数量以及其主理的品类有关。蔬菜经纪人主要起信息中介作用，其经营成本较少，根据接到实际订单情况进行研判，订单大小决定雇用工人数量，雇用工人一般都属于临时工，其成本相对较低。

**案例一：** 陕西苹果经纪人。雇用工人平均工资100~150元/天，一车货（3万~4万斤）可在两天之内由5名工人采购完成。经纪人会根据情况加价0.05~0.1元/斤，需求紧俏时更可提高至0.2元/斤，平均加价倍率2.5%，剔除工人工资的净利率约1.9%。苹果的收货时段约为每年一个月，经纪人根据关系强弱分别接单3~15车不等，刨除成本后的年化净收入为8.9万元~20.9万元，陕西2017年平均工资6.74万元，代办超额收入2.16万元~14.16万元。

**案例二：** 安徽多品类蔬菜经纪人。经营包括番茄、黄瓜、辣椒等多种蔬

菜，在 1—3 月、4—6 月及 10 月—次年 4 月均有不同品类蔬菜收货上市。雇用工人的平均工资约 120 元/天，根据情况加价 0.05~0.09 元/斤。平均一个月可接 10 车订单，每车约 3.5 万斤，刨除成本的年化净收入在 6.6 万元~23.4 万元。安徽 2017 年平均工资 6.51 万元，代办超额收入为 0.09 万元~16.89 万元。

### （二）一级批发商：风险收益较高，信息不对称提升议价能力

一级批发商从农产品经纪人或直接从农户处购进农产品，经过处理后运送至大型产地批发市场或直接运至销地批发市场出售。一级批发商的支出包括采购成本、雇用成本、仓储物流成本、上下游的代办费、销地批发市场进场费，起到大规模整合运输的作用。

**案例一**：陕西苹果一级批发商。本身是合作社性质，整合了 33 家农户的自产苹果种植，在收获期可以输送 11.55 万斤自产苹果，此外超出合作社的需求则委托当地农产品经纪人采购。采购价格约 3.75 元/斤，加价 1.25 元/斤，加价倍率 33%。在加价的 1.25 元/斤中，仓储成本 0.2 元/斤，人工+物流成本 0.42 元/斤，折损 0.1 元/斤，此外，上下游的代办费用 0.16 元/斤（产地代办 0.06 元/斤，销地代办 0.1 元/斤），销地批发市场租金+管理费 0.3 元/斤（收取销售额的 6%）。同时，根据年份不同，销量在 4~5 车/月不等，年销售量 180 万~220 万斤，则刨除成本的年化净收入在 12.6 万~15.4 万元，陕西 2017 年平均工资 6.74 万元，超额收入 5.86 万元~8.66 万元。

**案例二**：江苏水果一级批发商。商品全部来自经纪人的代理采购，主要经营梨、枇果、柑橘等品类。平均加价倍率约 35%，其中仓储、人工、物流、折损、代办、进场分别支出 3.5%、3.4%、6.0%、3.0%、3.2%、5.0%。年销售额约 250 万斤~300 万斤，则刨除成本的年化净收入 21.6 万元~25.9 万元，江苏 2017 年平均工资 7.82 万元，超额收入 13.78 万元~18.08 万元。

一级批发商超额收入的来源包括存货的风险收益、信息不对称带来的议价能力。一级批发商构成了国内多级批发体系的主要环节，他们像血液

携带氧气一样流通于全国范围。我们认为批发商可以设置较高的加价倍率，且获得普遍较高的超额收益。具体有以下几方面：

1. 存货的风险收益。由于批发商承担中间流通任务，理想情况下在得知市场供给短期大幅提升、价格大幅下跌、销售情况恶劣的信息后，批发商可以停止流通以防止损失；但实际情况是，具备一定规模的批发商在销售季之前便会预判价格走势并通过预订、囤货等方式提前锁定库存。所以，一名常年经营农产品的批发商无法保证每年盈利。

2. 信息不对称带来的议价能力。批发商承担存货风险获得了超额收益，但种植者同样需要面临商品价格暴跌、亏损出售或瓜果烂在地里的风险，而农民的收益普遍较低。我们认为其中的原因主要是批发商掌握了价格信息。当前的供应链体系中，在不同地区、不同品类的价格信息没有完全数字化流通的情况下，批发商在不同市场、地区运输中可广泛获取信息并采取相应措施，而种植者只能被动接受。这种信息的不对称导致了议价能力的区别，这也是 2010 年、2016 年大蒜价格暴涨的情况下，批发商仍赚得盆满钵满而蒜农普遍仅实现正常销售的原因。

### （三）二级批发商：受益于地区之间的供给差异

二级批发商主要在大型城市的一级、二级批发市场之间，或大型城市、周边城市的中心批发市场之间运输农产品。

我们实地调研了上海的主要农产品批发市场西郊国际（主打水果）、江桥市场（主打蔬菜）、江杨北路市场（主打水产品）和上海农产品批发市场。虽然没有明确的分级，但是根据调研情况来看，西郊国际市场、江桥市场、江杨北路市场的商贩一般来自农产品产地，为上海的一级批发市场；上海农产品批发市场的商品有较大比例来自前三个批发市场（也有部分产地直供），价格也普遍高于其他批发市场，可以定义为满足浦东商品需求的上海二级批发市场。

**案例一：**上海农产品批发市场的二级批发商。进货渠道主要为江桥市场，小部分商品来自产地采购。一般加价倍率为 35%。由于经营模式不同于一级批发商，二级批发商没有采购时所需的产地仓储设施。此外，采购和销售均由自己完成，遂没有代办费用，运输费用相对很低，但人工费用和进场费较高。总体来说，人工、物流、折损、进场费用占比分别为8.0%、2.0%、5.0%、7.0%，毛利率、净利率为28%、5.5%。虽然盈利能力较一级批发商强，但是由于周转率低（销货量低），每年销售量在130~150吨，所以，刨除成本的年化净收入为9.6万元~11.5万元。由于上海2017年平均工资8.56万元，因此超额收入为1.4万元~2.94万元。

二级批发商超额收入的来源——地理位置因素带来的需求难以满足。相比一级批发商，二级批发商货物周转率小，所需承担的存货风险更小；其对于信息的摄取弱于一级批发商，尤其是在大型城市内部运输的二级批发商。所以二级批发商平均超额收益明显弱于一级批发商，他们的超额收益主要源于地理位置原因造成的需求无法满足，例如上海浦东的小B需要更加便利的采购渠道，而不是到浦西甚至虹桥以西20千米的西郊国际采购水果。相对来说，主要城市与周边区域之间的二级批发商所获取的收益可能更高，由于周边区域的整体需求较低，一级批发商出于周转率的考量不愿直接去销售，进而造成商品缺乏，使得二级批发商获得相对收益。

（四）农贸市场商贩：净利率高但销量低，主要依靠细节化的经营

农贸市场商贩是直接与广大消费者接触的最主要渠道，国内通过农贸市场销售的农产品占比超70%。农贸市场商贩所需支付的成本包括采购、运输、折损、进场费用，我们采访的摊贩平均加价倍率在45%，运输、折损、进场费用占比分别为1.0%、11.0%、8.0%。在每年销售8.5万斤~9.5万斤农产品的情况下（较高水平），则刨除成本的年化净收入为8.8万元~9.9万元，上海2017年平均工资8.56万元，因此超额收入0.24万元~1.34万元。

农贸市场商贩超额收入的来源：包括源于对最下游分散需求的管理、损耗率的降低以及位置优势。从一级批发商、二级批发商、农贸市场商贩的财务指标上看，随着供应链的下沉，加价倍率和净利率逐渐提升，每个个体所承接的农产品销售量逐渐减少，总体的超额收益在降低，到了农贸市场商贩这一级，也仅是赚取平均工资，而商贩获取少量超额收益主要来

自对于下游多种多样需要的适应以及对于易损生鲜的精细管理所带来的损耗率的降低；同时，由于商贩所在的农贸市场常位于生活区，因此摊位、门店所处的位置也是超额收益的来源。

### 三、生鲜经营壁垒：超前的时间和大规模资本投入建立的护城河

市场对于优秀的生鲜经营公司所拥有的壁垒存有疑问，或了解壁垒的存在而无法具体分析。我们根据生鲜企业可以获取的多级供应链中的超额收益和可以降低的多余成本，进一步分析生鲜供应链的经营壁垒。

永辉超市的买手团队以体系化运作为基石，积累时间与学习成本。公司"生鲜买手"深入农田，取代了"农产品经纪人"的职能，主动与当地种植农户合作，旨在提供新鲜的产品，把控企业灵魂货源，降低企业采购成本。无中间环节的直接采购，可最大限度地减少流通环节，降低损耗。"买手"承担商品开拓、品类管理和信息传递功能。

我们认为永辉在"买手制"方面的壁垒体现在以下几点：

#### （一）培养买手的时间和学习成本短期内难以超越

首先，买手是公司在经过十余年的经营逐渐培养起来的。和 Costco 相似，永辉通过提供稳定增长的、行业领先的薪酬水平或给予股权的方式，以及良好的公司文化，多管齐下使得团队稳定性高（前期的买手可能是管理层的亲信或亲属）。买手在充分了解公司文化的基础上逐渐建立其对于生鲜单品采购的体系认识。这种时间成本和学习成本是公司的隐形资产。

#### （二）采购体系和品牌影响力是买手工作的基石

永辉的"买手制"值得借鉴，它不像以往仅靠一个个买手单枪匹马地解决问题，而今形成了体系、依靠平台，并有独特的买手技术。永辉的"买手制"与 Costco 相似，即便买手被竞争对手"挖走"，但其所建立的买手体系难以被复制。即便新平台能开出更高的薪水，提供更优越的工作环境，本质上的差异也可能导致采购工作难以顺利推进。同样，买手与最上

游的稳定关系也得益于永辉作为全国生鲜采购龙头的背书，这也是极为重要的，这种在部分地区建立起来的品牌声誉是在短时间内难以模仿，难以超越。

### （三）全国采购视野和对数字化流程的适应决定买手自身优势

买手对生鲜品类的深入了解虽有一定的竞争力，但不是唯一的竞争力，因为很多批发商经营单一或几个品类商品少则几年，多则几十年，他们对当地盛产什么品类的产品了熟于胸。但批发商无法成为买手，其原因是方方面面的。首先，买手长期在该市场深耕，对全国乃至全球都非常熟悉，什么时间、什么地区盛产什么生鲜农产品；其次，他们可以跨区整合资源，统一调配采购，视野的高度决定其采购过程，这在一定程度上摆脱了季节、气候等非人为因素的影响。最后，永辉买手对于企业数字化、流程化采购的优势非常明显，也是普通农产品经营者无法抗衡的。

从国内当前多级供应链的现状和发展历程来看，在1996年之前，政府调控是影响农产品种植和流通市场的主要因素，农产品市场经历了开放、封闭再逐渐开放的过程，随着开放程度的逐渐提升，地区供需不平衡催生了一大批流通商来满足消费者日益增长的需求。在这个过程中，随着层级的增加，农产品由田间到餐桌的加价倍率逐渐提升。但需要明确的是，多级、繁复的供应链是当前极为分散的种植和消费体系、国内个体较低的教育和资产水平共同作用的结果，是有意义、适应当前国情并将在未来长期持续存在的。

但是，由于每一环节不同因素所产生的超额收益，以及一些多余成本导致的系统性损耗，多级供应链中仍有极大的利益值得挖掘，并将创造价值。我们不否认通过持续的、大规模的资本投入将催生一批极具实力的供应链服务企业以及生鲜终端零售商，但优秀的企业，如永辉超市、家家悦等通过多年深耕供应链建立起了时间、学习及规模壁垒，这是新型资本型企业在短期之内难以超越的。未来随着农产品种植单位集中度的提升、生鲜标准化的提升以及下游需求的整合，生鲜供应链的整合企业有望持续发掘多级供应链中的价值并诞生如美国Sysco一般的食品供应链巨头。

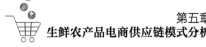

# 第三节  一体化供应链模式

## 一、一体化供应链物流服务市场兴起

一体化供应链物流服务被定义为外包物流服务市场中的一个细分市场及一种先进物流服务形式。该服务由第三方服务供应商提供，有能力提供全面的物流服务，包括快递、整车及零担运输、最后一公里配送、仓储及其他增值服务，具有更加一体化及端到端、先进的技术应用和数据赋能、行业洞察及见解、增强客户业务运营的能力等特点。2020 年，中国一体化供应链物流服务行业的市场规模达 2.026 万亿元，预计到 2025 年将进一步增至 3.19 万亿元，复合年均增长率为 9.5%。此外，一体化供应链物流服务渗透率（一体化供应链物流服务支出除以外包物流服务支出）预计将由 2020 年的 31.0%增至 2025 年的 34.6%。据观察，2020—2025 年，生鲜、快速消费品及服饰的一体化供应链物流支出预计达到更高的增长率，分别为 18.8%、14.6%及 12.7%。

## 二、一体化供应链物流服务

"一体化供应链物流服务"是指由一家服务商为客户提供一整套具有"数智化"特点且可按需定制的供应链及物流解决方案，以满足客户多样化需求，帮助不同类型企业提升供应链及物流效率。

"一体化供应链物流服务"不仅是外包物流服务市场中一种新的细分形式，也是一种定制化特点突出的物流行业高阶服务模式。"一体化供应链物流服务"的出现标志着供应链物流服务开始进入数智技术驱动的供应链服务更高级阶段。作为物流服务的新模式，与其他物流服务模式相比，一体化供应链物流服务的核心特点主要体现在一体化上，具体表现在两个方面：一方面，以大数据分析为基础的供应链集成规划、设计与实施的一体化。因此，一体化供应链物流服务提供商不仅能够基于全面物流数据的跟踪与分析，同时掌握生产端与消费端的需求，对供应链进行战略优化，还能在实施过程中运用数智技术获得更加充分的全链条信息反馈，使供应链的设计方案有效落地。另一方面，在数智化技术驱动下，内容繁杂的各项物流服务实现了一体化。

### 三、一体化供应链物流服务的形成与现状

不同历史时期和企业发展阶段，供应链和物流服务具有不同的表现形式。但总体而言，其演进和发展基本遵循着以下几个阶段，即由围绕基本物流活动局部优化的初级阶段，到运用供应链理念推动物流活动全局优化的中级阶段，再到基于专业化分工的供应链物流协同优化的高级阶段。而在当前新发展阶段下，加快发展现代产业体系，形成强大国内市场，需要供应链和物流进一步提高协同整合程度，以增强服务能力，从而帮助企业提升运营效率和竞争能力。因此，一种新的物流服务模式出现，供应链和物流服务开始进入数智技术驱动的一体化供应链物流服务阶段。

#### （一）初级阶段：围绕基本物流活动的局部优化

在这一阶段，生产与流通企业产生了初步的物流活动优化需求，其内容主要围绕单项内容展开。其中，优化库存管理是一个重点。为了避免产品断供损失销售机会、原料用尽导致生产停工等事件发生，企业需要预估库存需求，并由此安排采购、仓储等业务活动。同时，企业也会对仓库设施、运输工具等加以改进以提高相应物流活动的效率。但在这一阶段，预测通常是企业自身根据过往习惯和经验积累，以简单估计的方式做出的，库存周转偏慢、占用资金偏多是突出的问题。对物流活动的改进也往往是局部性的，尚未达到统筹协调的层面。

在这一阶段，社会化、专业化的第三方物流企业开始出现，但其数量、规模较为有限，提供的服务以整车运输和仓库管理为主，大量物流活动仍需要由企业自身完成，从而导致企业在物流设施与设备的运营及维护方面的资金投入较大。

## (二) 中级阶段：运用供应链理念推动物流活动全局优化

进入这一阶段，大量企业接受了基本的供应链管理理念，并开始从供应链整体角度考虑物流活动的全局优化。随着市场竞争的加剧，企业需要在提升顾客服务水平与降低综合运营成本两方面做出改进。由此，企业开始对库存数量、金额、消耗速度等数据进行精确核算，并结合销量预测、订货周期、运输时效等因素做出原材料、半成品、产成品的库存优化。在这一阶段，企业开始导入基于现代管理方法的管理信息系统并运用其内置工具，但可能面临标准化系统与企业管理需求不相契合的问题。同时，企业开始将上游供应商与下游客户纳入供应链与物流优化的考虑范畴，但具体举措仍主要围绕企业自身展开。

在这一阶段，第三方物流企业有了较大的发展，企业可以通过与物流企业进行合作来减少物流投入、降低运营成本，其合作关系及委托业务量均趋于稳定。供应链服务企业开始出现，但主要为行业中的大型企业提供优化方案及配套支撑。

## (三) 高级阶段：基于专业化分工的供应链物流协同优化

进入高级阶段，企业将供应链与物流的协同优化作为提升竞争力的重要途径，并开始寻求更加专业化的服务支撑。随着诸多行业进入差异化发展阶段，准时率、破损率等用户体验类指标成为竞争力的体现。由此，企业或投入大量资金构建属于自身的物流与供应链能力，或将大量相关业务交由第三方、第四方物流企业等专业机构完成。在这一阶段，企业已经开始意识到基于供应链多方主体实现上下游整体优化的重要性。在普及使用企业资源信息管理系统（ERP）的基础上，共享库存信息、自动订货补货等成为现实，但供应链环节间协同仍主要围绕库存管理展开。在这一阶段，专业化供应链与物流服务商大量涌现并形成竞争。一些大型企业的自有物流体系在取得规模化优势以后，也逐渐由对内服务的业务部门分化为具有独立运营能力的专业公司，并开始提供社会化服务。通过与它们建立中长期合作关系，生产或流通企业可以实现分流程、分地区的物流与供应链优化。但受限于服务商的规模与能力，不少企业需要同时与多家服务商开展合作，并自行完成其中的协调职能。

（四）更高级阶段：数智技术驱动的一体化供应链物流服务

在技术发展与市场竞争的共同推动下，供应链与物流服务领域进一步细分，形成了以"一体化供应链物流服务"为代表，具有数智技术驱动、一体化提供特征的新模式，从而进入适应"工业互联网"发展要求的更高级阶段。在这一阶段，大量企业希望突破传统外包所带来的协调障碍，而新一代数智技术能够以更低的成本实现涉及更多业务活动与更大地域范围的协调整合。这与基于"大数据资产"积累形成的预测分析能力一起，成为具有"生态圈"效应的大型技术型供应链物流服务企业帮助客户形成竞争能力的有效途径。这些企业还能够通过对自身内部业务模块的划分与重组，为大量中小企业提供适应其发展阶段特点的定制化服务。同时，传统的快递物流企业、第四方物流企业也开始通过投资、合作等方式获得综合能力，为用户提供一体化服务。这一阶段，在技术发展与市场竞争的共同推动下，与上下游合作伙伴加强协作、提升供应链整体竞争能力成为企业的自发选择。并且，企业间合作的目的已不仅是降低物流成本，而是逐渐拓展到研发设计、产品改进、增值服务等构建需求驱动型生产组织模式的各个方面。在这一阶段，大规模、综合性的供应链物流服务商已经具备了跨地区、跨业务的协调整合能力，开始依托数智信息技术为客户提供一体化、定制化的解决方案。它们往往具有较强的行业影响力，能够为客户提出具有前瞻性和可行性的供应链整合方案，并利用自有核心资源为企业减少物流外包产生的协调成本。

## 四、一体化供应链物流服务的社会价值

一体化供应链物流服务在整合资源、提升效率等方面做出的模式创新，将对企业、行业乃至整个宏观经济产生重要影响。

（一）微观层面：降低供应链运营成本，增强企业竞争能力

企业将供应链与物流业务外包给第三方机构承担，本质上是要通过专业化分工来实现降本增效，但供应链上合作企业分工不合理、信息在上下游间传递不通畅、企业作为分工组织者所付出的协调成本较高等问题如今已经成为传统供应链和物流服务无法突破的瓶颈。而一体化供应链物流服务商不仅能够帮助企业完成专业化模块的协调，在执行层面达到分工与整合相统一的效果，还能够利用其自身优势，为企业提供更具全局性和可操作性的优化方案。特别是依托服务提供商实现全流程的数智化、信息化、标准化运作，这将有助于企业提升供应链柔性，达到缩短响应时间、加速库存周转的效果。并且，通过消费端海量数据的分析，一体化供应链物流服务商还可以为不同行业客户提供 C2M（指从消费者到生产者）反向定制、精准营销、智慧排产、优化经营等服务，以帮助中小微企业实现降本增效和数智化转型。

（二）中观层面：提升供应链协同效率，支撑产业转型升级

在市场竞争的驱动下，围绕效率与服务改进的要求正逐渐由单个企业、具体领域推向整个行业、多个部门。同时，在大量的传统行业中，因为主导力量缺乏、变革成本高昂、人才资源缺乏等，供应链的协同整合进展较为缓慢。而以一体化供应链物流服务为代表的新型协同整合模式，不仅能够利用服务商的资源整合能力及行业影响力，使上下游企业的优势得到共同发挥，促成基于供应链的竞争优势，还可以面向中小企业进行业务模块定制，并以更为便利、高效的方式与之实现对接，从而有针对性地弥补短板、解决问题，为这些行业的长期优化发展提供途径。由此，新一代信息技术红利将得到更加充分的释放，柔性生产、按需定制与快速反应将在更多行业领域中得以实现，继而推动以满足个性化、多样化消费需求为导向的产业转型升级，最终形成基于供应链整体的竞争优势。

(三) 宏观层面：推动供应链现代化，适应高质量发展要求

随着中国经济由高速增长阶段转向高质量发展阶段，"建立健全绿色低碳循环发展的经济体系"成为一项重要的时代课题。当前，我国总体上仍面临供应链一体化程度偏低的问题，社会物流总额占 GDP 比重长期高于日本、美国等发达国家。加之近年来劳动力成本、资源成本与环境成本不断上升，以技术与模式创新实现低消耗、低污染、低排放也已成为行业自我转型的内在要求。其中，上游生产领域的中小企业物流与下游流通环节的消费端物流需求特征复杂、网络节点繁多，一直以来是协同优化的难点。而以数智技术为基础的一体化供应链物流服务不仅能够实现各类仓库、配送中心等物流节点及物流线路的优化，还能在需求预测的基础上充分发挥库存前置、仓配一体等新模式的作用，降低全流程的无用损耗。因此，从提升宏观经济整体运行效率的角度来说，一体化供应链物流服务从物流端发力，在降低社会物流成本与协调成本、提高各行业运行的效率、提高各行业附加值的同时，还有助于促进共同配送、循环物流、包装重复使用等绿色物流理念的落地，推动供应链与物流的低碳化与合理化。

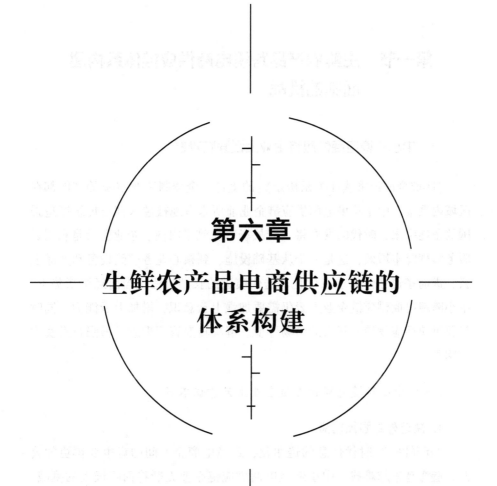

# 第六章
## 生鲜农产品电商供应链的体系构建

# 第一节 生鲜农产品跨境电商供应链体系构建面临的挑战

## 一、中小跨境电商供应链企业上云面临难题

《区域全面经济伙伴关系协定》的签订，全球制造业50%的产能都在区域内聚集。中小跨境电商供应链企业前所未有地被卷入到与传统制造强国的角逐中来，时代的发展将"云战场"拉到了眼前。企业上云是利用云服务实现降本增效，这是一个从基础设施、到核心业务、到设备和产品上云，进而搭建平台的动态优化、迭代演进的长期过程。当前经济形势下，中小跨境电商供应链企业上云仍需要加强上云意识，增加上云能力，同时需要迅速适应发展中复杂的市场环境。解决转变管理理念、增强自身实力等困难。

### （一）中小跨境电商供应链企业上云意识不强

#### 1. 缺乏外部强烈刺激

"互联网+"时代信息的透明化，跨境电商企业间的竞争变得更加公开，蓝海越来越难找。中小跨境电商供应链企业无疑将面临极大的挑战。劳动力、土地等要素成本不断上升，制造过程的价值附加值降低，利润越来越少。部分大型跨境企业通过智能化转型实现了附加值的增加。这种大的经济发展短期内不会给中小跨境电商供应链企业带来毁灭性的打击。对求生存的中小跨境电商供应链企业来说，也就少了一个上云的理由。

#### 2. 缺乏内部转化动力

目前市场对云褒贬不一。企业对上云作用持怀疑态度，被动选择观望。另外，因管理和运作模式较为传统，一旦上云意味着要推翻现有运作

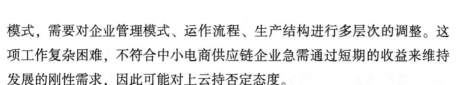

模式，需要对企业管理模式、运作流程、生产结构进行多层次的调整。这项工作复杂困难，不符合中小电商供应链企业急需通过短期的收益来维持发展的刚性需求，因此可能对上云持否定态度。

### （二）中小跨境电商供应链企业上云能力不足

#### 1. 成本无法承担

上云成本高是目前中小跨境电商供应链企业上云的主要瓶颈。新旧系统之间操作性和各个阶段都需要磨合，提升了上云的时间成本。目前仍有大量企业使用传统互联网数据中心（IDC）作为基础设施，直接将传统的本地应用程序迁移到云上，导致系统架构无法有效利用云的特性，造成成本浪费。此外部分企业现有的 IT 基础架构薄弱，上云需要具备前瞻性很强的中/后台的研发建设，设备、人力投入也将会大大提高。

#### 2. 专业人才欠缺

中小跨境电商供应链企业缺少云迁移、上云后维护等阶段中相对应的 IT 系统、云系统、网络安全等方面的专业人才，而结合人、机、物三者的人才更少。

#### 3. 信息技术实力欠缺

数字化程度低。许多中小跨境电商供应链企业还未实现设备联网。设备、系统之间互通难，封闭性强。生产、运营、财务等流程与相关数据未实现数字化。IT 系统改造难度大。大部分中小跨境电商供应链企业 IT 基础设施、应用系统存在数据割裂、格式不统一、无法按需扩展等问题。向云端迁移势必导致对自身业务系统进行重新梳理，对企业原有 IT 开发和管理人员的胜任力要求越来越高。

### （三）中小跨境电商供应链企业上云"环境"复杂

#### 1. 云服务商市场水平不一

政策的出台、行业的蓬勃发展使得各类云服务商层出不穷。相对新兴但远不成熟的乙方市场让中小跨境电商供应链企业无法轻易做出判断和选择。

### 2. 数据安全隐患

一是数据安全，中小跨境电商供应链企业对于将企业运营、客户、成本等核心敏感数据上云的数据安全持怀疑态度。二是关于业务连续性的问题，出于技术、管理、安全漏洞等原因，与"云"相关的运行过程出现故障，进而影响到业务的连续性。三是关于监管合规的问题，云服务的监管政策并不明朗。四是中小跨境电商供应链企业自身网络安全防范及技术能力较差。

## 二、关键技术发展遭遇瓶颈

在跨境电商供应链进行创新和应用的过程中，关键技术瓶颈主要存在以下方面：

### （一）物联网技术发展制约

"万物互联"的概念、5G 的技术发展，将用户端延伸和扩展到任何物品与物品之间。数据采集、分析依赖于物联网终端硬件的发展以及其架构的完整性。这些技术也还在比较缓慢的进展中，暂时没有颠覆性的变化。人、机、物的互联基础、网络覆盖体系尚未完善。

### （二）大数据管理亟待升级

电商供应链数据准确性、时效性都与物联网设备精准度强相关，数据集成根据产品属性特征定制化程度高；"万物互联"后数据量将百倍、千倍增长，云计算、边缘计算之间的交互和协同日趋复杂，混合云、多云、云边协同，涉及资源配置、虚拟化打通，挑战非常大但也蕴含巨大价值，最大化释放数据价值，将数据从成本转化为利润。

### （三）云服务技术复杂

IaaS、PaaS、SaaS 等的搭建急须更加全面合理。特别是应用层面上，不同行业可复制性差，对底层架构提出更高要求。上云的部署方式则是通过将企业本来的数据通过开发语言、开发工具或应用程序部署到供应商的

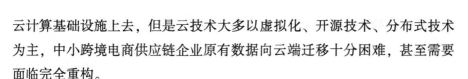

云计算基础设施上去，但是云技术大多以虚拟化、开源技术、分布式技术为主，中小跨境电商供应链企业原有数据向云端迁移十分困难，甚至需要面临完全重构。

### （四）人工智能技术对基础能力要求高

人工智能不仅涉及计算机科学，还包括信息论、控制论、仿生学、医学等多门学科，通过机器学习、自然语言、机器视觉等技术手段，模拟人类的思维及行为方式以延伸人类脑力，对算法、算力和大数据等基础能力要求高。人工智能还处于发展阶段，应用设计都要围绕"提高质量、降低成本、提高交付能力"等商业目标进行，需与行业、场景深度结合才能解决实际问题。

## 三、全链数据安全难以保障

跨境电商供应链中涉及供应商、海关、分层服务提供商（LSP）、渠道商、客户等多种角色，硬件设备、操作系统、App、云服务、数据库等各类资产、系统或网络要素，以及多环节、多系统、多场景的敏感数据。结合工业互联网中人、机、物的互联互通，全链数据在采集、存储、流转、处理等过程中容易遭受篡改、植入、病毒、网络攻击等各种攻击，数据安全面临巨大挑战。尤其任何一个环节出现数据安全风险，都可能导致全链数据安全难以保障。

### （一）基础要素成为供应链工业互联网中首要攻击对象

应用软件作为供应链中用户经常使用的最下游实体，几乎成为所有攻击者发动供应链攻击的第一目标。通用组件潜在的漏洞，将会给供应链带来更大的危害。例如 Heartbleed 等影响了数百万个网站以及 Oracle、VMware 和思科等大量知名供应商的产品。CPU、BIOS、UEFI、芯片及固件等作为跨境电商供应链的基础硬件支撑，恶意入侵硬件堆栈等威胁在供应链中将被放大。此外，敏感数据处理、软件开发、云服务、基础设施等第三方服务也是供应链工业互联网中攻击者重点关注的薄弱点，基础服务提供商的 API 接口及共享机制给供应链及其邻近资源引入了新的攻击面。

## （二）供应链攻击呈现激增趋势

埃森哲的《2019 年网络威胁报告》将供应链网络安全视为最大的挑战。根据行业估计，供应链攻击现在占所有网络攻击的 50%，2022 年同比激增了 78%。多达三分之二的公司经历了至少一次供应链攻击事件。CrowdStrike 最近对 1300 家公司进行的全球调查发现，有 90% 的公司"没有做好准备"应对供应链网络攻击。因此，全球化、数字化下的供应链作为跨境电商供应链复杂而脆弱的网络，对应的供应链攻击成为目前全球最大的网络威胁。

## （三）供应链安全威胁具有"突破一点，伤及一片"的特点

研究人员 Cybereason 表示，供应链攻击具有低成本、高回报，以及"突破一点，伤及一片"的特点。跨境电商供应链作为数百甚至数千个链上合作伙伴的渠道，攻击者通过查找和利用其中任意一个薄弱环节，可以在供应链实体之间展开网络攻击并窃取数据。供应链攻击的此类由点到面的巨大破坏性，也使得供应链工业互联网成为越来越多网络攻击者的"重点关注"对象。

## （四）敏感数据和个人身份信息的泄露是跨境电商供应链的主要风险

跨境电商数字化转型的加快，供应链各环节中更多外部合作伙伴或供应商可以接触到企业的敏感数据和用户个人隐私，系统遭入侵或数据库泄露给供应链安全造成极大威胁。因此，国内外政府及监管机构也越来越重视个人隐私数据的保护。我国的《网络安全法》《个人信息保护法》以及《个人信息安全规范》，从法律法规和标准层面为数据安全提供了规范性指导，也为跨境电商供应链的数据隐私防护提供了重要参考，但还缺失专门针对跨境电商供应链的具体安全防护技术类标准，导致缺乏有效防护的数据仍是跨境电商供应链的主要风险点。

## 四、运作协同调度存在阻碍

不同于传统的单企业生产调度，跨境电商供应链环境下的调度范围已扩展至整个供应链。其调度优化过程是一个复杂的随机、动态、多目标调度问题，给供应链一体化运作管理带来了新的挑战，主要包括以下三个方面：

### （一）计划协同困难

在当今企业生产越来越多地受顾客驱动的时代，跨境电商供应链上的核心企业如何根据订单响应客户需求，考虑供应链整体服务能力，进行供应链粗能力估算，制订合理有效的供应链主生产计划成了一大难题。跨境电商供应链生产计划的时间跨度和复杂多变的运行环境，需要相关企业在制订计划时考虑更多的动态性因素，对生产计划的柔性和敏捷性提出了更高的要求。

同时各个企业需要依据跨境电商供应链主生产计划，进行能力规划，制订更为具体的物料需求计划、采购计划、生产作业计划等，以匹配整个供应链的运行。然而每个节点企业的生产计划决策会受到其他企业的影响，整体利益和个体利益在一定程度上也会存在冲突，如何进行生产计划的协调，保证供应链生产计划的同步响应是我们急须解决的问题。

### （二）执行调度受阻

供应链上游企业的交货质量直接影响到下游企业的生产计划调度，因此企业在供应链环境下进行生产调度时不再局限于单一企业内部资源的优化配置，更要兼顾链上各节点企业间的生产衔接、利益分配等。此时的协同调度是一个典型的多主体协同调度问题，核心企业在各成员企业间进行跨企业资源调度时往往难以协调多个相对独立的主体单元。

特别地，近年来大规模定制生产方式受到了广泛关注。客户的随机性需求和各成员企业不同时间段的随机性空余生产能力直接导致了供应链生产调度的随机性、动态性与复杂性。此外，调度过程中过多的人工干预，

在速度、效率和精度上难以满足企业生产过程中的要求。

（三）系统可靠性不强

供应链运营过程的动态性增加了系统风险的不确定性，如自然界不可抗拒性因素所带来的自然风险；市场需求变化而引起的订单取消、订单优先级变动等订单变更风险；机器故障所带来的局部安全风险等。这些内外部风险使得供应链系统的可靠性受到威胁，供需平衡遭到破坏，容易造成整个供应链的低效运行甚至完全瘫痪。

当这些风险扰动出现后，现有跨境电商供应链系统往往缺乏相应的决策应对能力，难以做出及时的响应与调整。在原有供应链运作系统被打乱的基础上，如何做好干扰和应急管理，快速进行重新规划与安排使供应链恢复再平衡状态，提升跨境电商供应链的稳健性，面临巨大挑战。

# 第二节　生鲜农产品电商供应链创新技术

## 一、供应链+人工智能技术

（一）人工智能技术概述

"人工智能"可以通过模仿与人类思维相关的"认知"功能的机器来解决人力劳动过程中面临的复杂问题。目前人工智能技术在图像识别、自然语言处理、自动驾驶等领域有了很多的应用。Crisp Research AG 公司2016 年对 IT 决策者进行一项调查研究发现，物流行业是所有行业中最积极使用人工智能技术的行业。目前已经有 36% 的企业开始使用人工智能技术，对其生产运营进行赋能，而其他企业在 2020 年将人工智能应用到研发、产品创新、供应链运营和客户服务等诸多环节。

（二）供应链+人工智能的应用价值

随着大数据、机器学习、人工智能、物联网等新技术的不断发展，传统供应链在新技术的赋能下向数字化、智能化的供应链转型。对于生产制造企业来说，客户的需求、企业对自身运营效率和经济效益的追求、产业链资源的全面整合都促使企业对供应链管理的重视程度有了更高的要求。同时，这些企业外生和内生的诉求为企业供应链未来的发展指明了方向。面对传统供应链运营过程中存在供需匹配不足、采购价格过高、生产流程不合理、库存利用率差、企业存货高企、人力成本快速增长等诸多痛点，通过在供应链各环节利用人工智能技术来优化供应链链条、调整供应链结构、提升供应链物流能力及效率等，最终以实现全链条价值增长为目标，保持并提升企业的核心竞争力。

（三）供应链+人工智能技术的应用领域

人工智能技术在供应链领域的应用主要体现在产品需求预测、库存管理及补货计划、供应链网络规划、仓库内作业管理、物流配送、风险控制等领域。

### 1. 需求预测智能化

供应链的各个环节相互配合连接，在此过程中信息的透明和准确对供应链的成本和效率至关重要，人工智能技术可以基于大数据和机器学习算法提供精准的需求预测结果以避免牛鞭效应，最终为供应链各环节降低成本。人工智能根据供应链的历史数据和统计学习模型，对产品未来的销量进行综合预测、对各个仓库的出单量进行预测，对节假日或购物节促销期间的促销活动预测，最终给出更为准确的预测数据以指导生产和库存管理。

### 2. 库存管理智能化

传统的库存管理及补货计划通常由人工完成，人工管理库存和制订计划的工作模式在多级供应链网络中会存在决策过程冗长、数据滞后以及人力成本耗费量大的问题。在库存管理模块中，人工智能对于效期、临保期、安全库存等领域能够做到及时、迅速、准确的预警和建议，并且为调拨、补货决策提供具体的建议和方案，并且可以监控决策的实施过程，为采购及库存管理提供更加准确的决策建议。

**3. 供应链网络规划智能化**

供应链网络规划是企业发展到一定规模阶段必然面对的问题，仓库的选址、数量、拓扑结构、层级与物流成本、服务时效、库存管控和客户体验紧密相关，并且受政策、订单分布、商品特性等因素制约，每个因素的变化都会牵一发而动全身。单纯依靠人工做出准确的判断是难以实现且不可快速复制的，人工智能算法在供应链网络规划中可以进行动态规划，通过成本及服务水平的变化模拟网络规划，协助管理者做出相应的决策。

**4. 仓库内作业管理智能化**

人工智能可以协助仓库管理者进行仓库拣选路径规划、订单波次策略选择等。在仓配交接环节，AI 还可以协助识别直发线路和配送资源计划管理。在订单波次规划时，AI 可以根据仓库资源及现场业务特点进行智能波次规划，以提升拣选效率。同时，AI 还可以通过仓内自动化设备（如AGV 等）的调度助力仓内作业提升效率。

**5. 物流配送智能化**

人工智能技术在配送路径规划及装箱规划等环节有着广泛的应用。相比于人工进行订单排线及路径规划，应用人工智能技术进行排线及路径规划具备效率更高，更加准确且配送成本更优的特点。同时，在干线运输及海运集装箱运输中，可应用运筹优化及启发式算法对装箱过程进行优化，以提高运输装载率，降低运输成本。

**6. 风险控制智能化**

供应链运营过程中，会遇到如自然灾害、社会事件、供应商事件等突发事件，如何提前识别突发事件并对事件引起的风险进行评估分析以及快速响应输出预案是供应链风险控制的痛点。人工智能算法如知识图谱、自然语言处理（NLP）等技术可用来持续抓取和识别供应链运营过程中的风险事件并进行解析，从而端到端地分析风险事件的影响及输出风险应对预案，从而更智能化地对风险进行控制。

（四）供应链+人工智能的现存难题

当前人工智能在供应链领域的应用和发展虽然已经取得了很大的进

展，但在面临复杂问题处理和高度抽象的逻辑处理时仍然存在很多问题，例如：（1）多环节协同不足：由于当前智慧供应链系统受到现实条件的约束，因此，供应链上的各个环节只能进行相对独立的优化，无法形成完整的闭环优化系统。（2）复杂的不确定性处理：在供应链系统端到端的运行过程中面临着众多的不确定性，很多情况的出现无法预先判断，这就影响了人工智能在供应链中的应用效率，供应链系统的优化存在瓶颈，模型复杂度的提高和基础数据的质量是未来供应链智能化的关键。（3）时效性与预测性：现实世界在不断变化，相关的模型需要适应现实世界的发展，模型的时效性与预测性需要进一步加强。由于部分信息的采集与处理未能形成高效的解决方案，因此，部分人工智能模型的快速训练与验证存在效率问题，总是比实际情况"慢半拍"。（4）数据源难打通：不同用户对数据的敏感性不同，导致全链条数据难以打通。因此，人工智能模型的应用受到局限。人工智能巨大潜力的发挥，需要扩大基础信息的采集面。

（五）供应链+人工智能前沿进展

学术界与产业界正在积极探索应用人工智能技术对供应链从端到端进行整体优化，打通各个环节间的信息壁垒，实现基于全流程信息的协同智能决策。例如，中国香港大学的申作军教授团队与京东合作提出了"端到端供应链优化框架"。该框架使用深度学习技术，直接从输入数据到输出库存补充决策，而无须预先假设未来需求和供应商提前期。与传统的两步"预测—优化（PTO）"解决方案相比，应用整体的端到端优化算法使京东的平均持有成本下降 26.1%，平均缺货成本下降 51.7%，总成本下降 40.4%，平均周转率下降 8.8%，缺货率下降 34.6%。基于人工智能技术的端到端供应链优化框架缩短了传统决策流程，并提供了一个自动化库存管理解决方案，具有推广应用的价值，为供应链与人工智能结合的前沿发展指明了方向。

## 二、供应链+数字孪生技术

（一）数字孪生技术概述

全球化的供应链运作链条长、协同组织多、参与要素杂、不确定因素多，形成了复杂巨系统。数字孪生技术是一种采用模型和数据等对现实世界实体或系统的数字表示和仿真方法。供应链数字孪生在对物理供应链数字表示的基础上，通过对物理模型、海量数据以及业务信息的感知和动态组合进行信息采集，获取供应链全链条上的企业、产品、仓储、物流以及其他第三方信息，建立供应链各种对象之间的动态关联，与物理供应链构成供应链数字孪生系统，实现数据在物理场景和虚拟空间模型互传，最终实现对物理供应链的监控、优化、预测和控制。

（二）供应链+数字孪生技术的应用价值

供应链数字孪生技术通过融合工业产品制造领域采购、生产、销售、物流、资金流等环节中的信息感知、汇集，以及从供应链相关环境中获得海量气象、路况等公共信息数据，实现当前供应链网络的可视化，监控和分析当前供应链网络的运营状况，提升需求和供给匹配预测、生产过程能力模拟、库存管控和优化等能力，识别潜在的供应网络风险，发现问题提出优化建议。随着人工智能、云计算、大数据、传感器、5G和区块链等技术的飞速发展，供应链数字孪生能获取越来越多物理世界的状态，进一步提升了对物理供应链的感知能力，为大规模、高精度、快速敏捷地开展供应链数字孪生工作提供了基础。供应链数字孪生进行高度复杂地分析和预测，并将决策低时延地反馈给物理供应链进行调优，减少物理供应链的管理难度，提高管理效率。同时，物理供应链又将经验固化，形成知识图谱或机理，反馈给供应链数字孪生体进行调优。数字孪生技术以其对高度复杂的系统处理的巨大优势，逐步实现物理供应链显性化和透明化，成为引领推动供应链数字创新升级的关键举措。

（三）供应链+数字孪生技术的应用领域

供应链数字孪生的应用领域覆盖工业产品生产、供需协同和供应链过程管理等各个方面，涉及运输资源、仓储资源、计划及订单等诸多体系。

**1. 生产过程的数字孪生技术**

数字孪生在工厂生产线、装配线等场景中，帮助公司收集数据，结合各种参数对获取的数据进行分析，提供三维可视化界面，让用户深入直观了解相互依赖的设备，了解部件、流程和系统的运作情况，并积极采取预防性措施和预测性措施，以免对产品、流程和系统造成任何损害，进而有助于缩短停运时间，因而提高整体效率，适用于资产/产品制造流程的整个价值链中。

例如，数字孪生技术在仓库空间数据和设施数据基础上，构建仓库立体虚拟模型，根据仓库存储实体大小、数量以及存储特性等数据，为构建最优仓储规划布局提供数据支撑。在仓库运行期间，通过各种物联网技术获取监控仓库货品流转运营数据，实时上传数据到虚拟模型，实现模型仿真迭代，模拟仓库运行状态，通过分析向管理人员提供持续优化仓库存货量、补货策略、出入库流程等方面的数据。

**2. 供需对象的数字孪生技术**

供需对象包括工业企业、工业企业需求及其对外提供的产品、技术和服务。需求方基于数字模型提出需求，供方可以按照数字模型化的需求，选择和制定更好的解决方案，并提供基于数字模型的解决方案。需求方接收到方案之后，可以将模型与自身应用环境的数字模型进行融合，从而开展相应体系建设。供需对象数字模型的精度和深度将根据供需双方共同确定。高精度和高深度模型有利于供需双方更好了解产品、技术和服务的协同效率。对于产业链而言，产业链上下游建议采用同一标准。

**3. 供应链过程的数字孪生技术**

供应链过程的数字孪生应用包括对供应链中的物流、资金流和信息流进行建模，并形成与企业和人员之间的相互关系。通过数字孪生技术来模拟产品全生命周期轨迹运行虚拟模型，提高整个供应链可视化管理，从产品设计、采购、生产、运输、储存以及分销等环节实现更加全面、更低成本、更安全的产品全生命周期的供应和管理。我国早在 2010 年就发布了GB/T 25103—2010《供应链管理业务参考模型》，提出了供应链领域的基本过程单元，覆盖了计划与执行两个重要过程，可以作为供应链数字孪生的参考模型。

当前供应链领域的标准体系尚不完善，细分领域尚无统一标准。在此背景下，部分国家标准、地方标准可以作为参考标准，如内蒙古自治区市场监督管理局发布的 DB15/T 1607.1—2019《基于物联网的煤炭物流信息应用技术规范》，山西省市场监督管理局发布的 DB14/T 2129—2020《物流园区公共仓储运营规范》和天津市市场和质量监督管理委员会发布的 DB12/T 716—2016《物流企业诚信评价规范》等。

### （四）供应链+数字孪生技术的现存难题

数字孪生技术应用还面临着一系列的挑战。其一供应链数字孪生技术尚不成熟，只有部分过程数字孪生技术发挥了实用价值，尚不成体系的数字孪生技术导致无法在更大范围、更深层级对供应链进行更高效的精准管控；其二是数字孪生技术应用成本高，需要弥补历史供应链数字信息缺乏的不足，在体系梳理、供应链建模、分析和优化方面投入大量研究与实施成本。

## 三、供应链+标识解析技术

### （一）供应链+标识解析技术的应用价值

传统供应链管理的优点是可以获得信息化的订货、验货、库存、销售和服务信息，通过信息的局部流通消除不必要的仓储、物流等操作，使供应链资源能更好地被有效利用，最终及时反应和交付客户的需求。但传统供应链本身也存在不少问题：（1）传统供应链环节多、传递链条较长，低效运作模式会导致终端需求产生大幅波动；（2）当前很多企业内部信息化的程度较低，不同行业中企业之间的供应链协同水平较低；（3）同一个行业的供应链上下游企业数据不能进行互通，缺乏协同可行性。由于受限于资金、人才和技术等方面的问题，各个企业通过自身的能力和不同的诉求无法很好地解决上述问题。近两年在工业互联网产业联盟相关政策和标准的指导下，标识解析相关的技术、产品和平台得到快速发展和推广，逐渐构建出行业性和全国性具备统一标准的标识解析平台，从而为建设行业级或国家级的供应链协同平台提供了良好的基础手段。工业互联网标识解析体系是工业互联网网络架构的重要组成部分，是促进实体经济与数字经济融合发展的黏合剂，是支撑工业互联网互联互通的核心，是工业互联网整个体系中最重要的基础底座。在对产业链上各个环节和部件进行数字化改造的基础之上，通过对产业链上下游企业中所有生产要素进行统一全局的标识和各种相关数据进行管理，可以完成工业互联网的统一管理和智能管控，从而达到逐步实现提升产业效率、降低产业成本、增加产业竞争力的目的。

（二）供应链+标识解析技术的应用领域

标识解析技术作为工业互联网的基础设施，在供应链中有着极强的活力，是打破企业内外部信息孤岛问题的有力工具，其在供应链领域的主要应用为：

1. 智能化制造。标识解析技术结合工业大数据建模与分析、人工智能、区块链等新技术，形成基于产品追溯数据分析挖掘所产生的系统性智能，实现产品使用信息与产品制造信息共享，促进智能化制造，使工厂内的设计、制造、库存、采购等数据一体化。

2. 网络化协同。通过工厂内网络与工厂外网络的充分结合，企业内私有标识系统与公共标识解析系统的互联互通，促进工业产品数据的充分流动与信息共享，实现企业间网络化协同，有效提升供应链竞争能力。

3. 服务化延伸。标识解析体系使物联网感知系统、定位系统、工业信息系统全面结合，实现工业产品数据的全方位感知、采集、关联和处理，形成防伪溯源、产品追踪、产品售后服务等丰富的应用形式，实现产品的全生命周期管理。

4. 规模化定制。标识解析体系的规模化定制应用场景非常广泛，建筑家装、服装纺织、医疗卫生、电子信息等各行业领域都有或多或少的使用案例，体系发展成熟后可拓展形成各个领域满足个性化需求、又低成本生产的大规模定制方案，为各行各业提供更多更高价值的服务。

在协同制造的供应链系统中应用标识解析体系，可以实现"一物一码""一机一码"和"一服务一码"等多种建立在标识解析系统基础之上的统一标准化信息结构，为企业内部、产业链内部不同企业、产业链与产业链的企业之间建立可以高效协同的数字化供应链提供了基础。对于内部，这样可以实现产品从原料到生产包装的整体质量追溯；而对于外部，可以实现整个分销渠道的高质量管理，能够进行防窜货、防伪查询等一系列管理动作。利用标识解析技术，结合工业互联网平台、智能制造和产业金融等方式，能够对供应链管理模式进行重组优化，确保及时响应客户需求，提高内部运营的效率。结合安全技术，基于标识解析的供应链协同平台在提升信息共享程度的同时又可以有效地保护企业内部的敏感信息，使得企业不必担心敏感信息泄露，从而提高供应链上下游之间的信任。具体的应用有：

（1）智能售后维护。通过工业互联网标识，一物一码，实现以产品为中心的数字化售后服务管理，帮助企业提升售后效率，降低服务成本，创造更大的价值。

（2）产品生命周期管理。以二维码为载体标识产品，与标识解析、产品管理应用相结合，跨企业汇集产品使用过程中全生命周期的工业数据，实现产品全生命周期规范管理。

（3）产品过程质量管理。二维码标识工业零部件，实现快速、准确追溯工业品及各组成部件的采购、加工、组装等信息，全流程管控产品质量。

（三）供应链+标识解析技术的现存难题

目前标识解析体系的发展还面临诸多问题和挑战，只有有序解决这些问题，标识解析才能逐步获得快速和规模化应用，具体问题如下：

1. 标识解析标准化缺乏，系统互联对接代价大

从标准完善的角度，标识体系标准还有很多地方需要完善，同时建设项目少，商用规模不足；另外标识体系编码标准众多，例如 handle/Ecode/OID/GS1，不同企业采用的体系可能不同，标识解析体系需要横向兼容不同体系，实现跨地域、跨行业、跨企业的信息查询和共享。

2. 数据共享和互通困难重重。标识解析的商业价值无法有效发挥企业

间数据链的打通和共享，如果数据无法共享和打通，标识解析带来的商业
价值会仅限于企业内部，无法完成企业间网络化协同、服务化延伸和个性
化定制的收益。具体数据共享和互通存在的挑战如下：（1）数据确权和保
护难度高，立法体系不完善；（2）缺乏数据统一规范，数据孤岛情况普遍
存在；（3）企业间信任关系薄弱，数据共享开放动力不足。

3. 产业链服务模式单一，缺乏与工业互联网配合的服务模式。随着工
业互联网和标识解析等新业务的普及和实施，产业链上端到端的企业会增
加大量关于标签信息加工、采集、标识信息应用于商品和基于标识的增值
服务等新的行业服务需求。目前传统制造业各产业链原有的服务模式比较
单一，不存在与工业互联网和标识解析相匹配的相关服务模式，不利于标
识解析业务的普及和开展。

4. 当前成功的标识解析应用缺乏，整个行业使用动力欠缺。一方面从
产业链成熟和标识解析实施成本的角度，标识解析体系的设备生产商/使
用商/第三方服务商数量都比较少，产业链不够完善和成熟，服务质量较
低，所以目前实施标识解析体系的成本较高；另一方面从标识体系商业价
值角度，实施企业需要了解工业互联网商业模式和商业价值的过程，需要
花时间去认识标识解析体系的潜在价值，又由于短期内在标识体系落地过
程中需要新增投入并且短期效益很难体现，结果导致企业落地标识解析的
动力不足。

## 四、供应链+区块链技术

### （一）区块链技术概述

在工业互联网中，区块链是重要的基础设施。其分布式数据存储、点
对点传输、共识机制、加密算法等技术特点，成为多学科交叉、多技术融
合、多场景应用的新科学、新技术和新模式的基础。

### （二）供应链+区块链技术的应用价值

区块链作为新一代的分布式去中心化网络架构，其核心是基于多方共

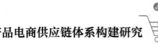

识机制的分布式账本，通过密码学提供的端对端安全和交易的确定性，以及基于可编程智能合约的交易逻辑和价值转移的一体化。

去中心化：与5G、物联网（IoT）、边缘计算等技术一起，不仅能够连接供应链上的业务实体，还能连接供应链上流转的物和业务交易。

去中介化：在不依赖于信任和交易中介的情形下，直接产生确定性的对等交易行为，最大化地消除贸易摩擦，提高供应链效率和降低成本。

社区化：基于共识机制的多方计算区块链，能适应于各类不同形态的供应链生态和平台模式。

可信和防篡改：为供应链各方参与者，甚至设备和物类资产，进行自动化的交互和交易提供信任和安全基础。

透明化和隐私：多方共享的账本提供逻辑单一的数据源，有利于集成、协作，并且能够照顾到隐私。

可追溯和可审计：区块链内置的可追溯和可审计，满足监管和合规性的要求。

所有权证明和价值转移：区块链的本质是对数字资产的所有权证明。数字资产的所有权转移和价值转移能够整合在一起。

可编程性：智能合约具有可编程性，以实现灵活的治理机制、业务规则和灵活的业务交互，并保持系统的扩展和可升级性。

（三）供应链+区块链技术的应用领域

### 1. 采购

供应链中的采购环节，目前大致形成以下集中模式：大型企业集团、第三方平台、行业平台、核心龙头企业平台、政府采购平台等模式，要么是分离独立的社区，要么可能形成垄断或者竞争性排他的效应，难以实现协同效应。新形态的数字供应链网络，所有的供求关系形成分布链接的网络结构。每个节点都可能既是供应商又是采购商。区块链的对等链接完全契合这种形态，并且将采购和销售完全集成在一起，并且可以适配各种供应链生态，比如行业、大型企业、龙头企业、园区甚至完全竞争性电子商务。

典型的场景可能包括以下几方面：

（1）基于智能合约的招投标或拍卖。

（2）供应商管理。

（3）信用管理：区块链能够为整个供应链网络提供一个多方信任的信用基础，可通过智能合约或者数字令牌的方式基于上一项的数据基础和交易历史来实现。在此基础上，各供应链生态也可以有自身的评价模型。

（4）评标与专家管理：项目中的各要素、各环节由智能合约自动控制减少人为干预，从而实现最大化的公平评审。

### 2. 库存、仓库管理和物流运输

区块链在库存和仓库管理环节的应用，可以促进库存的一体化和透明度，以及库存和物流环节的交易协同一体化，大大增进供应链的运行效率。

（1）云仓

基于区块链的数字云仓，可以实现不同的实体仓库之间的互操作性，并在此基础上构建各种虚拟库和云仓。这些仓库所有权和运营权可以属于不同的实体，但都属于可互操作的区块链节点。智能合约驱动的仓库管理订单，能够在不同的实体之间直接产生可信交易，从而实现跨实体、跨供应链的协同，实现资产的最大化利用和业务的最大化效率。

（2）联储与共享

在云仓基础上，基于需求共享和资源共享原则，供需双方可以实现不同层面的联储和库存共享。比如，基于 AI 的预测性维护，可以将实际共享库存、产能预定、物流能力和服务履约能力纳入模型，从而实现灵活的数字供应能力。

（3）物流与运输管理

基于智能合约供应链订单驱动的物流和运输环节，在区块链上实现直接的互操作性。这种互操作性可以接入第三方或者服务方自身的信息系统从而实现业务操作，并且实现全程的业务可视性。

### 3. 溯源与标识

产品的跟踪溯源是区块链赋能供应链最基础和明显的特征和应用场

景。在区块链系统中，物（产品、服务、设备）等都能赋予基于密码学的身份标识，从而实现自主和自解析的，或者基于代理的数字身份，在整个系统和整个生命周期内都能够实现唯一的标识和实现不可篡改和不可抵赖的交易行为和数据轨迹。分布式身份 ID 可以可集中化的工业互联网标识体系相绑定，实现在复杂和混合模式的标识解析、识别和跟踪。比如纸贵科技的区块链工业互联网标识解析系统的应用。

### 4. 供应链金融

区块链的可信交易机制，结合工业物联网底层的标识和安全机制，能够为供应链金融提供技术性的增信行为或者安全机制，甚至实现创新性的供应链金融模式。比如，上述联储模式中，可以引入保险、租赁和仓单预授信等模式。安全监管、所有权证明及存在性证明、协同云仓的模式能够为基于仓单的保理等供应链模式提供更好的运营基础。

### 5. 平台与协同

因为是多方计算，所以区块链天生是一个社区型或者生态型的网络架构。在其上实现不同模式的平台，取决于选择的部署模式、共识机制、分权模式（分权是去中心化的逻辑含义）和治理规则。区块链支持的数字供应网络，可以在其上构建基于大型企业集团、行业、基于区域或者园区协同的供应链平台。如睿蜂群科技的"星云架构"工业互联网框架，就能够适配不同的部署和应用模式，其"睿链库"物资共享平台已经在电力行业以及某些集团内部得到应用和推广。

## 五、供应链+5G 技术

### （一）供应链+5G 技术概述

随着传统供应链向数字化、智能化转型，数据感知单元将会大量分布在采购、生产、物流、服务等供应链的各个重要环节，设备数量将会呈指数级增加，同时每个数据感知单元采集的数据量越来越大，数据采集的时间间隔越来越短，这就需要新型数据感知和数据传输系统来满足这些需求。5G 技术作为新一代无线网络技术，具备大带宽、低时延和海量连接的特点，结合人工智能、大数据等技术，可以为供应链带来突飞猛进的发展，当前已经在智能物流园区、自动驾驶、车路协同、物流追踪可视化、智能工厂、智能仓储等应用场景产生了众多创新，推动传统供应链转型升级。其中较为典型的应用主要体现在智能物流和协同制造领域。

（二）供应链+5G 技术的应用价值

### 1. 5G+智能物流的应用价值

5G+智能物流行业未来将是 5G+人工智能+智能终端的新业态，它能够对物联网收集的数据进行有效处理，用数据去优化整个物流系统的运行。这不仅有利于物流企业提高自身运转效率，还有效地节约了物流公司的人力成本。5G+云化 AGV 是其中典型的技术应用形态。

5G 云化 AGV 解决方案具有以下价值：

（1）5G+云化部署：借助 5G 广覆盖、高带宽、低时延的优势，可支撑大规模组网调度；边缘云 MEC 统一部署视觉导航，大幅降低单台 AGV 的配置成本和功耗；MEC 提供大数据、AI 平台和大算力的支持，为 AGV 提供了类似人类全脑的能力。5G 云化 AGV 不仅增强了 AGV 智能化水平，还降低了整体投入成本，提升了企业经济效益。

（2）多车有序协同：AGV 具备视觉 SLAM 即时定位与建图；局部和全局路径自主规划；运动目标视觉检测、识别和跟踪，具有主动避障、对向避让、同向超车功能。5G 云化 AGV 确保了多车有序协同运行，提升了整体生产效率。

（3）助力柔性生产：5G 云化 AGV 采用视觉导航技术，运行路线可随工艺和流程灵活调整，有效地提高了生产的柔性。

（4）保障安全生产：5G 云化 AGV 具备自我保护机制，包括防撞保护、设置禁行区、设置声光告警提示；确保生产区人员与设备安全。

### 2. 5G+协同制造的应用价值

5G 赋能行业实现协同制造、敏捷制造及智能运维解决方案，具有如下重要价值：

（1）5G+MEC 替代传统工业 Wi-Fi 和工业以太网；充分运用 5G 的增

强移动宽带、海量机器类通信和超可靠低时延通信三大特性，结合 MEC 平台的分流功能，实现企业生产和管理数据的本地分流，保障了企业数据的低时延、安全私密性和可靠性。

（2）采用连接+数采的设备连接方案，实现工厂设备的全连接和数据的采集。利用 5G 网关对终端协议进行适配，实现设备连接；利用 5G 网关对下端设备数据进行采集，并封装由上级 PLC 进行主动或被动读取，从而实现上端 PLC 与下端设备之间的数据交互。

（3）以平台为核心，构建移动边缘计算平台，集成基于 5G 的创新工业应用，移动边缘计算平台主要以工业制造现场网络为目标，基于 5G、物联网、云计算、大数据、人工智能等技术，以协同制造全流程数字化为需求场景，满足工业企业智能化升级的需求。

（4）基于 5G 的应用主要包括 5G+AR 的远程运维、云化 PLC 等应用，基于 5G 创新应用满足协同制造、敏捷制造、智能远程运维建设。充分发挥 5G 网络高带宽、低时延、海量连接的作用，与 MEC 相结合，拉近端到系统、端到端的距离，实现工厂内网改造，助力智能制造高质量发展。

（三）供应链+5G 技术的应用领域

### 1. 5G+云化 AGV 的应用

以 5G+云化自动导向车（AGV）为例，AGV（Automated Guided Vehicle）技术正被广泛应用于物流生产中。5G 云化 AGV 系统由 AGV 本体、5G 网络、边缘云 AI、大数据平台及中心调度平台组成。AGV 本体作为底层无线执行器单元，只带有低成本图像传感器、惯性测量单元、执行机构和 5G 模组，主要负责上传图像和传感器信息以及控制速度、转向和安全避障等功能。顶层控制器单元部署在云端，实现对所有 AGV 的定位、导航、图像识别、环境感知、统一协同调度等功能。5G 工业边缘云端的 AGV 中心调度平台可提供 API 接口和第三方生产系统对接，实现按生产任务实时进行 AGV 机器人的调度和路线规划，生产系统实时管理 AGV 机器人任务接收和分配，实时监控其状态。

### 2. 5G+协同制造的应用

5G+协同制造在多个行业具有重要的应用场景，典型应用以汽车、纺织业和模具行业为例。5G 赋能汽车行业实现智能化技术重塑汽车生产环节的材料检验、物料管理、零件加工、产品组装、产品校验、产品测试、自动物流、生产管理等环节。主要包括网络层的 5G+MEC 专网建设，连接层的连接+数据采集方案，平台层的移动边缘计算平台构建以及应用层的基于 5G 的创新应用，实现 5G 赋能汽车行业的协同制造、敏捷制造和智能运维，实现车间内 5G 改造，助力智能制造高质量发展。

纺织业 5G 协同制造实现在企业进行数字化改造，将工厂内的人、机、料、法、环所产生的数据采集起来，建立数据中台，然后利用大数据、人工智能等技术自己开发出创新的应用，从而降本增效提质，实现生产工艺和业务流程优化，甚至重构工艺、生产、质量、物流、业务模式，然后就是企业无线化和移动性的需求；实现了全要素、全产业链、全价值链的良性互动，将极大地提高纺织产品的研发设计、生产制造、销售服务等各环节的工作效率，实现产业资源配置的最优化。

模具行业生产设备昂贵，生产过程成本是材料成本 2~3 倍，大量流动资金被生产过程占用，以缩短制造周期，提高设备稼动率为核心。目前设备点检、巡检、刀具管理还比较原始。采用 5G+AR 技术，对设备的运行、点检巡检进行作业指导，提供流程化服务。

## 六、供应链+云计算技术

云计算是一种基于网络的计算服务供给方式，它以跨越异构、动态流转的资源池为基础提供给客户可自治的服务，实现资源的按需分配、按量计费。

### （一）供应链+云计算技术的应用价值

云计算的发展应用，可以使一个提供计算、存储、网络、安全等基础资源的平台演变为汇聚大数据、数据库、人工智能、区块链等新兴技术的平台，为供应链的数据流转、安全共享、价值挖掘、智能决策及应用模式的创新提供了强大的能力供给和平台支撑。

物联网和边缘计算等技术的成熟，使得供应链采集到的数据类型越来越全，数据量也越来越多，这些信息会在靠近设备端的边缘侧进行清洗、转换和特征抽取等数据处理。但如果要达到辅助决策的目的，就需要将整个供应链运营所涉及的大量设备数据发送到云端，进行整合、共享、关联、挖掘等，并进行迭代式的数据模型训练。云计算具有高质量、低成本、弹性供给等优势，非常适合这些场景的应用，为供应链在海量数据分析、辅助决策、模式创新等方面提供了强大的平台和资源支撑。如在供应链金融方面，采用云计算可以加速从历史交易金额、货款应收应付的逾期情况等金融数据中提炼特征并构建金融模型，从而为供应链金融的风险控制和供应链优化等分析需求构建价值模型。在供应链协同方面，通过云计算和大数据分析设备端大量运行操作数据，能够帮助供应链上下游企业以全局的视角构建供应链优化模型，优化企业在供应链中的原料配置、产能安排以及交付日程等重要生产活动。

利用云计算来对供应链进行数字化变革，已是大势所趋。今天的企业在建设供应链时，应该转变思路，积极通过云计算的创新技术，整合、挖掘和分析全局的供应链数据，实现多方信息及资源共享，及时做出正确决策并执行，解决供应链管理遇到的难题，提高供应链管理效率，实现供应链价值重塑。同时，云计算汇集的数据中包含了供应链所涉及的各参与主体的信息，需要综合采用区块链、云安全、可信计算等技术以保障供应链数据在云计算环境下安全可信的共享、流转和使用，才能更充分地发挥云计算在供应链变革中的价值。

（二）供应链+云计算技术的应用领域

云计算的迅速发展和规模应用，使得越来越多的企业选择应用云计算技术来进行自己供应链的变革。云计算是对基于网络的、可配置的共享资源进行随需使用的一种模式，这些资源包括服务器、存储、应用及服务等，并以最小化的粒度进行弹性管理，以服务化的方式进行资源供给，为供应链的数字化提供了坚实的基础。综合来看，云计算技术为供应链带来以下价值。

**1. 云计算改变了传统供应链的商业模式**

云计算技术的迅速发展，促进了软件的云化部署及 SaaS 服务。相较于本地化部署，SaaS 为企业提供了灵活的使用方式及收费模式，作为一种云化服务的方案，企业不用在 IT 部门增加投入，无须再配备网络基础设置及软、硬件运作平台，前期投资少，部署速度快，实施周期短。基于云计算的供应链系统可随时按照企业的需求提供服务，即租即用，其在成本、系统实施、客户服务、沟通协作等方面有着天然的优势，促使供应链软件供应商向云计算服务转型，纷纷推出了供应链云解决方案，以应对供应链管理生命周期的每个环节，从采购、物流到财务管理等，提高管理效率，降低管理成本。

**2. 云计算促进了供应链的互联互通和协同共享**

大部分供应链覆盖范围广，涉及主体多，信息不能实现共享，是企业供应链管理中常遇到的问题。而实现信息共享及部门协同是云计算的一大特点。基于云的供应链管理系统，让企业各部门、多个企业之间共享一个系统资源，进行同平台协同工作，打通供应链的各个环节，增加流程的透明度，能根据系统中的信息，更快地做出决策和执行，及时把握住供应链中出现的商业机会，为整个企业的转型升级提供一个有力的支撑。

（1）纵向协同

纵向协同是指企业通过工业互联网平台 ERP 连接平台与供应商、经销商/客户的 ERP 系统打通，在平台上，企业与供应商、经销商/客户形成去中心化、网络化的协作关系，在云平台进行互联、共享、协作。

（2）横向协同

横向协同是指企业与供应商、加工商在工业互联网平台互联互通。企业连接自身的 ERP 后，将采购需求产生的询价、订单、库存、对账等信息与供应商共享，供应商及时进行业务响应协作。同时供应商与 ERP 连接后，在平台上将订单的处理进度共享给需求方，实现：

——在线询价报价

——采购订单共享及签收

——供应商订单处理状态及跟踪

——库存信息共享

——对账信息共享

——供应商准入与管理

工业互联网平台的跨企业共享，能够实现供应与生产的高度配合，提高企业与供应商的作业效率。供应商与企业建立伙伴关系，针对生产和市场的变化，敏捷应对、随需而动，构建具有竞争力的供应链体系，实现产业链的共赢、共生。

# 第三节　生鲜农产品电商应急供应链体系

## 一、应急物流供应链基本理论

### （一）应急物流供应链定义

应急物流供应链指面对突发性自然灾害、事故灾害、公共卫生事件、社会安全事件等突发环境，物流环节可根据不同情况的需要进行增减，应对模糊的应急物资需求，以追求时间效益最大化，采用动态的运输网络，以使灾害损失最小化为目标的特种物流活动。与正常物流供应链不同，其属于非常态物流供应链，具有空间效用、时间效用和形态效用。

### （二）应急物流供应链特点

1. 供需能力不确定性。当突发事件出现，其具有偶发性，应急物资需求波动极大，却难以准确预测，应急供应链供给能力要表现出来超常规性。例如，乌卡时代造成国内口罩、消毒用品脱销，产品需求量急剧增加，其他替代产品单一。应急物资保障部门无法确定需求量的大小、突发事件的影响范围、持续时间以及强度大小。

2. 系统结构动态性。应急物流供应链涉及环节多，信息传导容易失真，关键信息节点造成误判的概率就会加大。因此，随着应急处置过程的推进，应急物资的需求也会出现动态变化，应急物流供应链的节点和路径也会随着应急物资需求的变化而变化，表现出来环环相扣。从整体角度来看，应急物流供应链系统结构波及面广，呈现动态性变化。

3. 高度稳定协同性。随着应急物资供给能力的不断提升，应急物流供应链系统的稳定性会下降，进而可能导致应急物流供应链中断，影响正常运转。因此，应急物流供应链稳定性是非常重要的。应急物流供应链是典型的跨部门、跨行业甚至是横跨军地双方的活动。应急物流供应链是一个复杂而开放的系统，突发事件指挥中心作为突发事件处理中枢，对来自不同的行业和领域的成员要非常了解，才能保证系统协同运行。

4. 时间导向性。应急物流供应链管理的最大特点是时间有限性。突发事件大多会危及人民生命健康和财产安全，决策者必须在有限的时间约束下做出关键性决策，根据突发事件实际进展及时果断地采取危机应对措施。响应速度的快慢以及精准判断在很大程度上直接决定了应急管理的成效。因此，应急物流供应链各成员也必须更加关注时间效率问题，需要在决策者规定的时间范围内出色完成各项任务。

### 二、应急供应链模型构建

根据应急物流供应链的特点与形成条件，考虑一个多场景多时段单产品的三级供应链网络，由 $n$ 个供应商、$m$ 个采购商、$l$ 个零售商和 $k$ 个应急物流配送中心构成，由区域性应急处置储备中心通过信息子系统将其连接起来，仓储子系统、受灾信息交换子系统、应急子系统按照不同的场景进行内循环，保证信息及时地传导到突发事件指挥中心。由于零售商销售的商品不能长期储存，供应商、采购商围绕着零售商位置相近的地方构建仓储系统，保证能够及时根据零售商的销售情况及时补货。

应急物流供应链上的各个企业和物流设施都是组成网络系统的节点，其中突发事件指挥中心就像是大脑中枢，起到决策指挥作用，面临突发事件，它负责统一指挥调度应急物资，对物资进行采购及调拨供应；区域性应急物资储备中心以强大的储备能力保证物资供应，通过信息化及对应急物流配送中心进行分拨；应急物资生产企业是供应链的上游，负责应急物资的供应；受灾地的应急物资配送中心是供应链的下游，负责应急物资的发放。以上共同形成一个信息通畅、供应反应迅速的应急物流供应链结构。

其中供应商同时也是产品的生产商，该模型没有考虑原材料和半成品的供应问题。供应链正常流程为：首先，供应商生产出产品，立即将其运输至采购商；其次，由采购商将产品运输至零售商；最后，零售商将产品销售给顾客。这个阶段，假设供应商与零售商是长期合作意愿，形成稳定的关系契约。这个流程根据供应链特点会选择最优地点进行仓储，实现效率最大化。假设当突发事件发生，会使现有供应链立刻失效。在应急状态期间，根据突发事件指导中心指令，启用区域性应急物资储备中心的同时，对供应链进行修复。整个过程的系统支持显得尤为重要，技术设备、流程规范、人员管理一应俱全，保证应急物流供应链系统正常运转。因此，应急物流供应链结构模型应该是一个高效、链短的网状结构系统（见图6-1）。

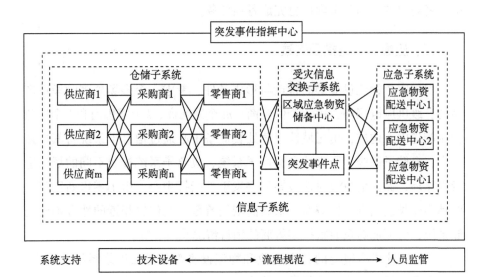

图6-1　应急物流供应链结构模型

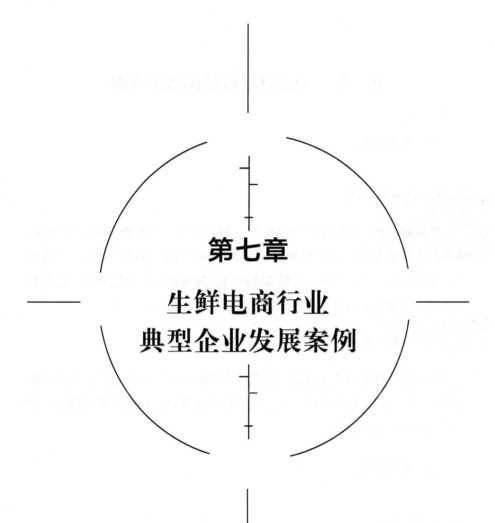

# 第七章

# 生鲜电商行业
# 典型企业发展案例

# 第一节　良品铺子智慧化物流案例

## 一、案例简述

### （一）案例综述

良品铺子是一家集休闲食品研发、加工分装、零售服务的连锁企业，选择由普罗格全面负责开展良品铺子华中物流中心的项目咨询、规划设计、系统集成、设备集成、工程实施顾问、现场运营与上线管理，以及良品铺子全国物流中心网点布局规划咨询等方面的工作。

### （二）案例成效

单小时处理能力约 1 万箱，完成日均 80000 箱，3000 家门店配送的作业能力，实现了信息平台统一化、物流管理标准化、订单处理迅捷化，物流智慧化程度全面提升。

## 二、案例详述

### （一）背景介绍

良品铺子是一家集休闲食品研发、加工分装、零售服务的专业品牌连锁运营公司，2006 年 8 月 28 日在湖北武汉开设第一家门店，秉承"品质·快乐·家"的企业核心价值观，坚持研发高品质产品，不断引入先进的经营管理思想。

项目挑战和需求：

1. 良品铺子处于快速发展期：良品铺子正处于高速发展期，客户对质量、时效、配送周期的需求越来越高，未来良品铺子的物流服务需达到1~2天一配，48小时到货。

2. 良品物流服务能力遇瓶颈：良品物流华中物流基地既要服务于华中区域业务，又要具备服务于其他区域业务的能力，当前所使用的仓库面积和处理能力均无法突破瓶颈。

3. 良品物流处在转型关键期：十年来，良品物流一直是随着业务粗放式增长，需要向主动服务、超前服务、高效高质量服务转变，在高速发展的同时将服务管理精细化。

4. 减员增效是物流发展趋势：随着人力成本不断上涨，集成运用自动化物流设备、信息系统、管理理念，实现人—机—物的高效协同作业，是未来物流企业降本增效的必然趋势。

（二）思路及实施流程

为解决良品铺子成长道路上的阻碍，保持企业高速发展的良好势头，良品铺子选择由普罗格全面负责开展良品铺子华中物流中心的项目咨询、规划设计、系统集成、设备集成、工程实施顾问、现场运营与上线管理，以及良品铺子全国物流中心网点布局规划咨询等方面的工作，共同将良品铺子华中物流中心打造成为良品铺子服务华中、辐射全国的自动化、信息化、智能化物流中心。

根据良品铺子发展战略及未来业务需求，普罗格将本项目规划建设成为包括仓储、分拣、包装、配送、顾客退货处理等功能的全方位、智能化、线上线下仓储物流中心。

良品铺子华中物流中心是一个典型的食品流通型物流中心，讲求快速进出与周转，商品拆零出库量大，整零合一存储。普罗格团队在深入调研后，将整体优化思路确定为打造货位精细化、作业简单共通化、高度信息化、作业智能化与适度自动化，引入自动化立体库、万向分拣机等自动化、智能化设备，以及普罗格物流管理相关软件等，软硬件充分结合，形成高效和谐的一体化作业，使良品铺子华中物流中心项目的智慧程度显著提高，与良品铺子的现阶段发展思路更为匹配。

项目一期涵盖 1 号、3 号两个厂房区域，其中 1 号厂房包括一层的入库、出库作业区域，以及自动化立体库；二至五层为模块化作业区域，每层楼布局一致，均为全品规布局，单独拣选，经由输送线到一层分拨集货。

良品铺子华中物流中心一期投入使用的自动化立体库高达 22 米，存量近百万件，采用全自动堆垛机，实现托盘商品的自动存取，通过条码自动识别功能保证出入库的准确性，主要用作大批量商品存储及出库补货作业。同时，穿梭子母车与立体库进行联动作业，实现 A 品、超 A 品整件的全自动补货，密集存储，提高仓库利用率。

良品铺子华中物流中心项目凭借具备智能算法的管理系统，根据各区域的商品属性和分拣需求进行统筹规划和布局，通过操作精准高效的智能设备，针对性地解决了大、中、小件订单的不均衡、场景复杂等问题，实现了物流综合处理能力的有机匹配和全面提升。

### 三、实际收效

良品铺子华中物流中心项目以统一仓储管理为基础展开低成本运营，提升了内部营运管理质量，并有效地提高了 B2B、B2C 订单处理速度以及客户满意度，实现了信息平台统一化、物流管理标准化、订单处理迅捷化。作业效率和能力的显著提高，也标志着良品铺子华中物流中心对华中及周边地区的业务可以提供充分有力的支持，解除物流服务能力的瓶颈制约，为良品铺子的高速发展增添动力。

物流中心单小时处理能力约 1 万箱，支持 3000 家门店的销售，日均 8 万箱的出库。传统仓整件拣货峰值为 200 件/小时；良品铺子华中物流中心试运行阶段整件拣货峰值已达 500 件/小时，且拣货员行走步数为原来的 1/10，拣货效率提高 3 倍。与此同时，普罗格通过信息化和数据应用，提升了良品铺子的库存优化能力。它可以支撑整个计划，协同管理库存可视化、交货周期优化、动态库存均衡管理以及库存精细化管理等工作。在现有的系统里，将库存的数据进行相应的标签化，结合计划来预测计划的需

求，为决策模型提供支持，最终为良品铺子打造一条连接供应商、渠道、商品、用户的智慧供应链。

## 第二节　SPAR 循环周转筐案例

### 一、案例简述

作为全球领先的食品零售连锁组织，SPAR 在全球 48 个国家拥有 13000 多家门店和 250 多座物流配送中心。2004 年进入中国市场，目前在全国 46 座城市拥有 300 多家 SPAR 门店，10 座配送中心和中央厨房。供应链是整个零售经营的核心。SPAR 尤其重视供应链各个环节的环境问题，积极落实可持续解决方案，推动绿色供应链发展。标准周转筐的循环使用是零售绿色供应链的重要组成部分。SPAR 中国从 2013 年开始，致力于标准周转筐在成员企业内的推广。从 SPAR 全球的经验来看，在端到端的供应链中循环使用标准周转筐，不仅有利于供应链成本的降低，而且对减少包装材料的浪费具有重要意义。SPAR 中国成员企业积极响应，并逐年增加在标准周转筐使用上的投入。

### 二、案例详述

SPAR 作为全球性零售组织，肩负着节能减排和发展绿色供应链的重要责任。可持续发展是 SPAR 全球企业的共同目标，绿色供应链是其中的关键一环。只有构建环境效益和经济效益"双赢"的绿色供应链，才能真正实现长远发展目标。

（一）案例内容

生鲜供应链循环周转筐项目是 SPAR 中国绿色供应链的重点项目之一。该项目通过在生鲜供应链中循环使用标准化的周转筐，为实现绿色供应链做出重要贡献。循环周转筐项目的目标包括实现生鲜供应链的降本增效、生鲜商品损耗的降低、食物浪费的减少，以及一次性包装材料的节省。

(二) 项目具体目标、成果和亮点 (2018—2019 年)

循环周转筐项目在 SPAR 中国的四个成员企业中得到大力推广，这些企业包括：山东家家悦、广东嘉荣、北京华冠以及四川德惠。经过 5 年多的逐步推进，2018—2019 年间，SPAR 中国成员企业中，生鲜供应链上的周转筐总数达到几十万余只，这些周转筐每天在 100 多家供应商、1000 多家门店和 9 个配送中心之间，进行闭环周转。在所有周转筐中，符合 60×40 厘米标准尺寸的周转筐占比达到 99.50%。在上述 9 个配送中心中，SPAR 中国成员企业平均每天发货筐数接近 10 万，因此每月节省的纸箱用量可达千余吨。除了节省纸箱的原材料外，循环周转筐项目同样节省了生产纸箱过程中所需要的能源和资源消耗。

另外，通过循环周转筐项目，SPAR 中国成员企业还实现了生鲜供应链的降本增效、生鲜商品的损耗降低以及食物浪费的减少等其他目标，这些数据统计复杂，此处就不做详述。

(三) 该项目实施中的有效措施、做法、难点及障碍

生鲜供应链循坏周转筐项目包含标准化的流程、标准化的物流载具和标准化的载具管理三个部分，这三个部分相辅相成，缺一不可。首先，SPAR 中国设定了 SPAR 内部标准这一标准与欧洲标准和中国行业习惯兼容；同时，设计了端到端的标准物流流程，以及对应的信息系统需求。SPAR 中国成员企业通过逐步统一内部周转筐的标准，和信息系统的改造，为实现周转筐在端到端供应链上的循环做好准备。在完成准备后，SPAR 成员企业积极与上游供应企业合作，逐步将循环周转筐延伸至供应源头，部分情况下为基地。

目前，生鲜供应链循环周转筐项目仍在推进之中，未来将会有越来越多的供应商接入该项目，从而进一步扩大循环周转筐的使用范围。该项目推进过程中碰到的挑战主要包括：

1. 国内冷链运输能力尚有待提升，在长距离运输时，生鲜商品可能因温度控制不力出现损耗，目前针对这种情况不得不使用一次性泡沫箱为主要载具。

2. 许多农产品以分散式种植为主，这为可循环载具的推广和管理带来了困难。

3. 零售终端的陈列货架，目前标准较难统一，载具直接陈列的应用仍在初级阶段。

## 第三节　全球蛙购 C2M 供应链案例

### 一、案例简述

#### （一）背景介绍

对于传统零售企业而言，进行零售模式的变革十分迫切。运用"新零售"模式来启动消费体验的升级，推进消费方式的变革，构建线上线下的全渠道布局，这不仅会为企业争取到更多市场份额，还会成为传统零售业实现自我创新发展的又一次创造性的尝试。

#### （二）实施流程

全球蛙构建前端分离、后端聚合的供应链系统，深挖全球供应链，与上千家优质供应商达成战略合作，提供全球直供的 C2M 商品，反向嵌入超市 App/小程序，工厂直达，一件代发，零库存，提升超市的商品丰富度。全球蛙与行业联合发起规模批销集采，去中间商，有效降地低交易费用，节约采购成本，提升流通重塑。最后，全球蛙通过大数据中台精准了顾客画像分析，联合全国超市打造针对不同年龄层顾客的自有品牌，由国内知名产业设计公司参与包装设计、品牌升级打造，提高商品附加值，增加销售卖点，让超市获得新的盈利增长点。

（三）实施周期

平均一周即可完成供应链系统对接，并嫁接全球供应链资源。

（四）案例成效

助力天津劝宝超市、北京市昌平新世纪商城、深圳美宜多超市等多家全国超市实现数智化升级，通过拼团抢购、直播预售等多种营销方式，帮助超市收获新的增长点。

## 二、实际收效

"全球蛙不仅免费赠送数字化运营系统，还与企业共享供应链，并帮助企业一同运营，通过供应链补位，在线上渠道端展现更多非超市商品，一定程度上丰富商品的齐全度，零售企业不仅没有供应链投入，还能拿到商品销售提成。"中国人民大学商学院教授刘向东在点评全球蛙时这样描述到。全球蛙只占用了合作超市 App/小程序上的两个小 icon 图标，但是通过这两个小 icon 让全国超市零库存、零成本获得大量补位商品，实现收益倍增。

以全球蛙服务的商户为例，北京市昌平新世纪商城 2020 年 11 月 5 日上线，当天单日销售 54 万；其中 C2M 增量就突破 20 万，占到销售总额的 37.9%；而天津劝宝超市"劝宝优选"小程序在 10 月 30 日开启首期拼团，最终 C2M 增量销售占比为 31.54%。此外，在全球蛙举办的 1.11 年货节中，由全球蛙为深圳美宜多超市免费定制开发的"美宜多优选"小程序正式上线，最终 C2M 销售占比 42.72%，全球蛙为美宜多超市提供的 C2M 增量供应链在美宜多数智化转型首战中起到了极大的作用。全球蛙与国内知名设计公司洛可可集团（LKK）合作，深入走访山西食品加工企业，并率先对山西特色品牌（海玉、宝聚源等）进行品牌升级，从产品定义、包装设计、品牌升级等方面提高产品附加值，增加销售卖点，并借助全国超市渠道为供应商拓宽销售渠道的同时，为超市也引进海量山西特色产品，帮助山西产品打造出全国的品牌营销力，也为超市带来了新的收益。

在未来的场景里，消费者扮演着一个很重要的角色，所有商业活动都会围绕着消费者的喜好、需求来运行，以消费者为中心的思想将重塑零售业的格局。无论是传统零售企业还是新零售企业，抑或是传统零售数智化变革，都离不开这两个核心：以消费者体验为中心、以数字化为驱动力。全球蛙意识到了传统零售业在数字化转型时所遇到的问题不仅仅是技术基建问题，更多的是不懂如何选择"新型消费人群"所需商品，传统零售行业在选择日用商品、家庭装商品品类时，线上渠道已经开始选择网红爆品、进口洋货等供应链了，针对这一现状，全球蛙创新了前端分离·后端聚合反向嵌入 C2M 供应链的模式，深挖全球好物，帮助传统零售企业扩大商品丰富度，获得新的盈利点。

全球蛙这一模式也让合作超市实现了新的增长，被超市行业所接受，并主动要求全球蛙提供自己所需的补位商品，而全球蛙也将不断挖掘顾客需求，深挖全球好物供应链，让超市、供应链、顾客以及全球蛙实现价值最大化。

## 第四节　亿滋中国 Go-deep 供应链案例

### 一、案例简述

（一）案例综述

Go-deep 供应链（深度分销的高效供应链）是亿滋中国通过设计、搭建和实施面向偏远地区拓展大量新增县级经销商并赋能其业务高速成长的高效供应链。其包含面向县级经销商的仓储质量安全升级改造、联合销售预测、供应计划和快速通道订单优先处理等核心工作流程。经过实施验证，该供应链实现了以较高的供应服务水平和较低的送货成本填补完成了400 多家新增县级经销商的直接覆盖，保障了亿滋在低线市场的大规模深度分销的战略部署，有效地填补了传统渠道业务的空白市场，并成功帮助销售和客户超额达成年度业务目标。

（二）实施周期

2019 年 12 月至 2020 年 12 月。

（三）案例成效

1. 保障县级经销商生意获得长足增长：参与 Go-deep 供应链的 400+ 家县级经销商在 2020 年度生意比 2019 年增长 60% 以上（净增数亿元），而同期地级经销商的生意平均增幅在个位数。

2. 向偏远县城的送货成本控制在低位运行：在 Go-deep 供应链下，亿滋向县城直接配送的每箱物流成本占较实施前明显降低，以非常小的成本代价获得了丰厚的业务增长回报。

3. 小而散的县级经销商的预测准度得到提升，其订单满足也同步提升，潜在驱动生意净增上千万元。

4. 通过共同升级改造，县城经销商的仓储质量安全保证体系（QAS）全部达到了亿滋中国的标准与要求，保证了亿滋中国在低线市场的产品质量与安全。

## 二、案例详述

（一）背景介绍

2019 年之前，亿滋传统渠道的市场通路覆盖主要是由地级经销商直接覆盖整个地级市区以及周边数十个区县。近年来，由于地域经销商在偏远县镇的影响力减弱、门店密度和产出较低以及远距离送货成本不断攀升等因素，很多地级市远郊县的分销深度和生意增长受到了巨大的挑战，个别地方甚至出现了空白市场。与此同时，根据相关的调研表明，随着政府开启重整地方经济的战略，小镇青年的快速成长和消费升级，预计未来 2 年国内县镇市场的增长速度远高于地级市区的增长速度。亿滋面临新的机遇与挑战：

1. 传统渠道空白市场：全国县镇市场占据了饼干糖巧品类超过50%的生意体量，亿滋在传统渠道上有巨大的业务增长潜力。

2. 地级经销商对边远县镇门店的单位送货成本大约是市区或近郊送货成本的2~3倍，严重影响其直接覆盖积极性，只能满足部分商超权重门店的定期覆盖，其余门店基本空白。

3. 真正实现偏远县镇的直接覆盖，从而持久地驱动潜力市场的业务成长。这不仅要打造低线城市的Go-deep销售模式，也要求供应链重新设计和搭建面向大规模县级经销商的高效Go-deep供应链，即以较小的送货成本和较高的订单服务水平，将数目庞大的小而美的订单直达渠道最深处，真正实现偏远县镇的直接覆盖，从而持久地驱动潜力市场的业务成长。同时县级经销商的仓储条件能够满足亿滋中国的食品安全体系与质量标准。

（二）思路及实施流程

经过初步分析，虽然单个县级经销商的订单小、单品杂、频率低、距离长，常规处理起来会遇到订单满足低、满载率低、配送时效长和成本高的问题。但县级经销商数目众多，且送货地址成片比邻，如果能提前和销售做好单列的联合生意预测和供应计划，将这些小订单联合起来优先批处理，即每月设定好几个窗口，定期下单、定期分货和班车多点配送，理论上能形成较好的规模和成本效应。对于县级经销商的仓储质量和安全保证体系，需要联合质量部门制定和实施相应的县级经销商质量保证体系标准（QAS）。

供应链部门于2019年6月成立Go-deep供应链项目组，涵盖销售预测、供应计划、物流、订单中心、质量、财务和渠道物流等多个部门协同合作，统一规划和设计后与销售部共同实施了从县级经销商联合销售预测单列到客户收货的一系列Go-deep供应链工作流程。

首先，核心工作流程的起点是销售和供应链每月20日前制定全国县级经销商未来2月的需求预测并放进全渠道的全国总计划，进而形成生产和调拨计划，从根本上保证了县级经销商的整体供货充足。其次，根据销售和供应的工作周期以及县级经销商的订单频率和数量范围，设定县级经销商的订单集中在月末和月中开两个窗口下单（A 轮/B 轮），从而完成小订单规模化收集的过程。再次，在两个订单窗口期内开辟绿色通道（Fast-Pass），即县级经销商的订单优先分货，优先出单，确保了订单的满足。最后，物流部门配置对应的拼车/班车资源，成批量地将这些小订单多点送货到县级地址。下面就四个方面进行说明介绍：

**1. 子流程 1：销售/供应链每月对县级经销商的生意预测和供应计划流程。**

子流程 1 的目标：联合跨部门单独列出县级经销商的需求和供应计划，跟踪并提升其预测准度（Forecast Accuracy），确保 A/B 轮订单来临前，亿滋各配送中心货源充足，保证订单的满足率>95%，从根本上保障较高车辆满载率和业务成长。实际上该流程在前 3 个月就取得了不错的效果，县级经销商的生意预测准度提升了约 15pp，基本和公司的大盘接近。

**2. 子流程 2 和 3：县级经销商定期集中下单、快速通道优先分货流（Fast-Pass）**

子流程 2 和 3 的目标：县级经销商集中两个窗口下订单，聚沙成塔般地实现了众多小订单的批处理和规模效应，也降低订单处理成本；采用快速通道优先分货流程，可防止其他渠道临时抢货，保证了县级经销商订单的满足率>95%；订单中心和客户会互动补单，进一步提高车辆满载率，降低送货成本。另外，为进一步提升县级经销商的工作效率，项目组升级了 VIP Portal，使县级经销商和销售在手机上就能随时随地完成查询订单、跟踪付款、查看到货等生意管理，极大地提升了他们的工作效率。下一步计划为每个县级经销商定制县级客户自动补货系统（CRS-Lite），提升客户销售预测、补货管理和库存管理的能力，以增强其盈利能力。

**3. 实施 Go-deep 供应链后，以亿滋县级经销商为主的小订单配送时效和成本得到较大的改善**

县级经销商定期和集中下单流程为拼车和班车提供了规模效应的基础，使县级小订单的配送成本比实施前一般小订单的成本低了约 3pp，配送时效缩短了 2~3 天。即使和地级经销商的大订单比较，县级小订单的送货成本仅仅高 2.5pp，到货时间只延长 2 天，对比两位数的生意增长，此

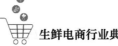
成本代价在亿滋可接受范围之内；2020 年供应链不失时机地新建了南京 RDC，进一步支持安徽、河南和苏北的县级经销商大力拓展。

**4. 评估和改造县级经销商仓储质量和安全保证体系（QAS）**

针对县级经销商规模小、仓储能力弱的情况，供应链和质量部因地制宜对其仓库制定了七条必达标项目，最大限度地满足亿滋的 QAS 要求。亿滋渠道物流负责人会对候选县级经销商进行现场或远程评估，QAS 达标的将入围县级经销商评比，不达标的将敦促其改造升级。该审批特殊流程为亿滋食品在偏远县镇的质量和安全提供了较强的保证。

**5. 实施 Go-deep 供应链模式的心得体会**

上述工作流程并非一蹴而就，而是与跨部门、供应商、经销商等业务合作伙伴在实践中不断沟通、学习、改进和完善。具体包括：

（1）充分了解销售、客户以及市场的核心需求，进而匹配供应链现有能力。

（2）推广前选择典型区域的试点和验证，同步创建标准化的实施流程和工具包。

（3）发挥跨部门的通力合作的潜力，集思广益找到最合适的解决方案。

（4）量化所有工作流程的工作成果，作为改进是否有效的指南。

（5）尽快将新工作流程转换为日常运作。

2021 年，Go-deep 供应链继续支撑乡镇市场的大规模拓展，除了进一步在新的区域拓展数百家新县级经销商之外，还包括 VIP Portal 升级和 CRS-Lite 实施在内的数字化建设，这些继续支撑亿滋在县镇市场呈现盈利式的两位数增长。

## 三、实际收效

Go-deep 供应链的成功实施，使亿滋中国以较小的成本代价直接覆盖潜力巨大的县镇市场并迅速站稳脚跟。它在客观上升级了亿滋端对端（E2E）供应链的能力和效率，不但为传统渠道的深度拓展提供保障，而且直接提高了亿滋的市场综合覆盖效率。

亿滋中国一直致力于打造高效、敏捷的全能供应链，不断提升产品质量和服务水平，持续提高 E2E 供应链效率，从而实现盈利和增长。Go-deep 供应链是供应链部门协同销售和客户打造的后勤保障利器之一，能够帮助亿滋中国在未来的低线市场竞争中不断挖掘新的生意增长点，助力业务的长足发展。即使在乌卡时代及众多不确定性因素的挑战之下，Go-deep 供应链依然行之有效，最大化地保障了下沉渠道输出的能力，打破边界，敏捷应对市场需求，找到"最合适"的方法来应对乌卡时代所产生的新变化、新趋势、新习惯。这让亿滋中国能够沉着面对不确定性、把握有利时机，充分发掘并把握乌卡时代中新兴的低线市场消费趋势，适度调整产品组合，以最高效的方式将产品配送到县镇地区，满足低线地区消费者乌卡时代封闭期间及乌卡时代新常态化下的产品供应及消费需求，让其能够享受真正的好零食。

Go-deep 供应链实现了公司与个人、公司与业务伙伴的共赢，实现了生意和供应链的共赢。同时，Go-deep 供应链的成功实施也对实现亿滋"2025 战略"尤为重要，实现了高效供应链人才的储备与赋能，为食品工业产业升级夯实了根基。

## 第五节　京东物流案例

### 一、公司概况

京东集团创办于 1998 年，其自身定位为"以供应链为基础的技术与服务企业"，是一家业务活动涉及零售、科技、物流、健康、保险和海外等多个领域，同时具备实体企业基因和属性，拥有数字技术和能力的新型实体企业。

京东集团自 2007 年开始自建物流，并于 2017 年 4 月正式成立京东物流集团。2021 年 5 月，京东物流于香港联交所主板上市。作为目前中国领先的技术驱动型供应链解决方案及物流服务提供商，京东物流充分发挥"以实助实"的新型实体企业属性，不仅能通过扎实的基础设施，高效的数智化社会供应链，创新的技术服务能力，助力农贸、交通、通信、制造等实体经济行业大型企业数智化转型，还能不断开放完善的跨行业、跨产业、全球化的产业生态资源体系，通过多元化的解决方案帮助中小微企业降本增效，更能将专业化服务向下兼容，以数智化社会供应链为基础，从发展数智农业和物流、提升乡村治理和服务水平等方面入手，打通农村全产业链条，为乡村振兴提供解决方案。得益于从供应链安排、物流执行到消费产品分析的丰富经验，在一体化供应链物流领域，京东物流的专业化服务能力已经逐渐走向成熟。

现阶段物流的发展越来越体现为物流与商流协同发展。电商行业从最初淘宝的 C2C 模式拓展到京东的 B2C 模式，再到美团、饿了么和京东到家的即时零售模式，与物流的结合越来越紧密，对物流配送的即时性和一体化要求也越来越高。

京东物流作为主打一体化供应链物流的企业，近年来也在快速发展，其收入由 2018 年的 379 亿元增加至 2019 年的 498 亿元，并进一步增加至 2020 年的 734 亿元。2021 年 5 月 13 日晚，京东物流通过港交所上市聆讯，并提交聆讯后资料集第一次修订版。京东物流于 5 月 17 日—21 日启动招股，28 日在港上市并成为京东集团旗下第三家上市子公司；京东物流此次发行 10% 股份，估值约 350 亿美元，折合人民币约 2253 亿元。

（一）公司介绍

京东物流是中国领先的技术驱动的供应链解决方案及物流服务商。2020 年市场份额为 2.7%。一体化供应链物流服务作为物流服务的细分市场之一，具有端到端覆盖、更先进的技术以及对行业洞察的更高要求等特点。

京东物流发展道路十分坎坷，自成立以来的 14 年时间里亏损多达 300 亿元，最终在 2019 年第三个季度才实现盈利。2018—2020 年，京东的亏损净额分别为 28 亿元、22 亿元及 40 亿元。同时，2021 年年度亏损净额显著增加，主要原因是可转换可赎回优先股公允价值发生变动、2021 年毛利率下降（部分原因是因为新冠疫情相关政府支持收益减少）、2021 年一般及行政开支、销售及市场推广开支以及研发开支预期增加。同时，近几年，京东物流也实现了快速增长，收入由 2018 年的 379 亿元增长至 2019 年的 498 亿元，2020 年达到 734 亿元，在用户物流需求量增速放缓的情况下，京东物流仍呈现出难得的生命力。

（二）技术、产品与业务模式

京东物流设计并开发了覆盖广泛且一体化的物流网络以减少中间环节并缩短履约时间，其一体化供应链技术可以智能地将库存放置在距离潜在终端消费者最近的仓库中。当客户下达订单，京东物流可以从离终端消费者最近的仓库发出货物，从而实现迅速地履约并获得较高的消费者满意度。

**1. 供应链技术**

为了搭建涵盖上游制造、中游物流及下游配送的完整供应链，京东物流始终致力于建设广泛的物流基础设施网络，并开发了多项专有技术。自 2017 年以来，京东物流开始向外部客户开放其物流能力及资源，并独立于京东集团运营。

供应链技术是京东物流业务的基础，同时也令其从竞争对手中脱颖而出。多年来，京东物流一直在加强供应链解决方案及物流服务各个方面（包括自动化、数字化及智能化）的技术创新及费用。截至 2020 年 12 月 31 日，京东物流已获得超过 4400 项专利及计算机软件著作权（含申请中），其中 2500 项与自动化及无人操作技术有关。京东物流还组建了一支超过 3700 名研发专业人员的庞大团队。2018 年、2019 年及 2020 年，研发开支分别为 15 亿元、17 亿元及 21 亿元。京东物流将技术应用于供应链的各个关键环节，已经搭建了一套全面的智能物流系统，实现服务自动化、运营数字化及决策智能化。

**2. 物流基础设施及网络**

京东物流的基础设施由仓储网络、综合运输网络、配送网络、大件网络、冷链网络及跨境网络组成，为优质的供应链解决方案及物流服务奠定了基础。

仓储网络：截至 2020 年 12 月 31 日，京东物流的仓储网络几乎覆盖全国所有区县，包括自身运营的 900 多个仓库及由云仓生态平台上业主及经营者运营的超过 1400 个云仓。云仓即第三方仓库，该类仓库在云仓生态平台上运用了京东物流的技术、标准及品牌名，衍生了京东物流的自营仓库网络。截至 2020 年 12 月 31 日，仓储网络的总管理面积约为 2100 万平方米（包括云仓）。

综合运输网络：截至 2020 年 12 月 31 日，京东物流在中国运营约 200 个分拣中心、自营运输车队包括约 7500 辆卡车及其他车辆、拥有约 620 条航空货运航线、与中国铁路总公司合作使用 250 条铁路线路（其中 137 条高速铁路路线）。

最后一公里配送网络：截至 2021 年 12 月 31 日，运营约 7280 个配送站，覆盖中国 32 省份及 444 个城市。经营逾 8000 个服务点及自提柜，拥有逾 250000 个合作服务点及自提柜，覆盖中国逾 270 个城市。

大件网络：截至 2020 年 12 月 31 日，京东物流在 74 个城市拥有能进行大件及重货仓储的 86 个仓库及 102 个分拣中心，总管理面积约 280 万平方米。

冷链网络：截至 2020 年 12 月 31 日，运营 87 个温控冷链仓库，运营面积超过 49 万平方米，可调用约 2000 台冷链运输货车，冷链运输网络覆盖 31 个省。

跨境网络：截至 2020 年 12 月 31 日，拥有 32 个保税仓库及海外仓库，总管理面积约为 440000 平方米，已建立覆盖逾 220 个国家及地区的国际航线。

**3. 行业解决方案**

京东物流的服务产品主要包括仓配服务、快递快运服务、大件服务、冷链服务及跨境服务。京东物流的一体化业务模式使其能够一站式满足所有客户的供应链需求，帮助客户优化存货管理、减少运营成本、高效分配内部资源。同时还能够针对不同垂直领域的特定需求定制各种供应链解决方案。京东物流基于其强大的供应链服务能力为特定行业开发具有针对性的供应链解决方案，前三大垂直领域为快速消费品、家电及家具 3C，共占外部一体化供应链客户收入逾70%，其中，快速消费品贡献收入占外部一体化供应链客户收入的30%~40%。

京东物流快速消费品供应链基于预测的动态存货管理和全渠道存货管理能根据业务需求优化仓间库存调拨，京东物流在货架期实时监控以保证货物安全，而其保税仓储能够节省大量租金费用。在配送方面，京东物流采用多种运输方式以实现准时配送。

## 二、京东集团的现状分析

### （一）跨业务、全球化服务能力

业内领先的大规模、高智能的物流仓配网是京东物流持续高质量发展的核心竞争力。京东物流建立了包含仓储网络、综合运输网络、配送网络、大件网络、冷链网络及跨境网络在内的高度协同的六大网络，具备数智化、广泛和灵活的特点，且服务范围覆盖了中国几乎所有地区、城镇和人口，由此成为可以实现多网、大规模一体化融合的供应链与物流服务提供商。京东物流的供应链物流网络具有"自营核心资源+协同共生"的特点。截至2021年6月30日，京东物流已在全国运营约1200个仓库，38座大型智能仓库"亚洲一号"，还拥有约20万名配送人员。2017年，京东物流创新推出"云仓"模式，将自身的管理系统、规划能力、运营标准、行业经验等用于第三方仓库。目前，京东所运营的云仓数量已经超过1400个，自有仓库与云仓总运营管理面积约2300万平方米。同时，京东物流还通过与国际及当地合作伙伴进行合作，建立了覆盖超过220个国家及地区的国际线路，约50个保税仓库及海外仓库。

### （二）新一代数智信息技术驱动

新发展阶段下，随着传统物流弊端的不断显现，京东物流具有前瞻性地布局各类新一代数智技术，用科技手段赋能供应链和物流服务，突破行业发展瓶颈，提升长期竞争力，助力高效流通体系建设。京东物流于2016年5月成立X事业部（其前身是京东物流实验室），负责无人机配送、无

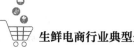
人仓库、无人站、智能配送机器人等智慧物流技术的研发；同时，京东于2016年11月成立Y事业部，致力于用大数据和人工智能技术打造智慧供应链。

京东物流通过运用5G、人工智能、大数据、云计算及物联网等底层技术来持续提升自身在自动化、数智化及智能决策方面的能力。同时，京东物流的先进技术可以为客户实现供应链关键环节的自动化及数智化。自动导引车（AGV）、智能快递车及搬运、分拣机器人等新型设备能够大大提升物流活动效率。专有仓库管理系统（WMS）使京东物流能够管理存货、劳动力及数据传输的整个流程，从而提升存货可视性及运营效率。专有运输管理系统（TMS）可以通过实时车辆及商品追踪，以及自动化的运力筛选和费用结算，更全面地管理运输过程。基于强大的数据分析能力，京东物流还可以向客户推荐最优区域仓库数目，并决定存货在不同区域仓库间的最佳分配。由算法计算出每个区域的最优库存水平，可以在库存水平最小化和营运资金有效运用及提高库存率间取得平衡，为客户创造更优体验。

例如，通过京东物流，快速消费品品牌"安利"的成品物流费用节约10%以上，现货率提升至99.5%以上，库存周转天数降低40%以上，分销计划运营效率提升1倍。与京东物流合作之后，鞋履品牌"斯凯奇"的加权平均履约成本减少了11%，其在中国的加权平均交付时间减少了约5小时。

### （三）一体化供应链物流服务解决方案

作为一家供应链和物流头部企业，京东物流长期致力于供应链和物流服务的专业化、标准化和模块化深耕，关注客户所在产业链的脉络及变化，提供一体化供应链物流服务柔性解决方案，以满足客户差异化和定制化需求。一是"方案一体化"或"垂直一体化"，即提供从产品制造到仓储、配送的一整套解决方案，使企业客户能够避免为协调多家服务供应商而产生的成本。二是"网络一体化"，即通过京东物流的六大网络，全面满足企业物流活动需求。三是"运营一体化"，即基于不同环节进行集中化运营，依托京东物流的服务网络形成规模化效应，帮助客户进一步降低供应链与物流成本。

例如，京东物流为服装行业提供的解决方案能够实现从当天多次配送、促销期履约能力保障，到全渠道存货管理与调拨、大量 SKU 管理、布料及衣物储存，以及退货贴标签、修理及重新包装等全方位一体化服务，由此获得核心竞争力。

为了满足不同规模、不同行业的客户需求，京东物流通过服务"解耦"与模块化重组实现了解决方案的定制化。中小企业客户在使用京东物流提供的配送服务后进一步转化为一体化服务客户，能够获得更为完整的运营支持，形成良性循环。

（四）行业影响与整合能力

京东物流在提供社会化开放服务的过程中十分重视关键客户（KA）。这些关键客户在行业中具有风向标意义。京东物流为之提供涉及多个链条，包括商业咨询、库存优化、全国网络规划、仓库管理、运输配送以及退换货等在内的全套定制化服务，能够产生重要的行业影响力。目前，京东物流所服务的关键客户数量已经达到上千个，主要集中在快速消费品、服饰、3C 电子、家居家电、汽车后市场、生鲜等领域。雀巢、小米、上汽通用五菱等客户都通过京东的一体化供应链物流服务提升了智能化、自动化水平。由此带动一系列标准客户使用仓储、运输、快递、云仓、技术等服务产品，能够在更大范围内推进涵盖行业上下游的供应链物流整合与优化，产生积极的社会价值。

### 三、京东集团的物流布局

在京东物流成长起来之前，京东电商平台的物流服务曾一度外包给"达达"。而现在，京东电商平台的产品多由京东物流配送，而达达专营"京东到家"，为其提供即时配送服务。分析达达的产品服务，对比众多与京东有合作的物流厂商，能让我们更深入地探究京东在物流配送领域的分工与布局。

（一）"京东系"的达达

2014 年达达集团成立，2016 年 4 月，达达与京东旗下 O2O 平台"京东到家"合并，获得京东 2 亿美元投资，开展即时零售业务。同年 10 月，获得来自沃尔玛 5000 万美元投资。2018 年 8 月，完成新一轮 5 亿美元融资，由沃尔玛、京东分别增持约 3.2 亿美元、1.8 亿美元。截至 2020 年 12 月底，京东集团持有达达 46.46% 的股权，是第一大股东。达达集团旗下包括两大平台——达达快送（DaDa Now）与京东到家（JDDJ），达达快送采用众包模式，负责为商家和个人提供最后一公里和市内送货服务，京东到家负责为零售商客户提供市内送货服务。根据艾瑞咨询 2019 年的数据，以订单数计，达达快送在中国社会化同城配送市场份额中位居第一；以GMV 计，京东到家在中国本地零售商超 O2O 平台行业市场份额中位居第一。2020 年 6 月，达达集团在美国纳斯达克证券交易所上市。截至 2020年 9 月 30 日，达达快送 1 小时配送服务已覆盖全国超 2600 个县市区，京东到家业务覆盖全国 1200 多个县市区，月度活跃用户数超 4000 万。

（二）与京东合作的其他物流公司

除了为京东自营服务的京东物流和专营京东到家的达达，京东与通达系物流厂商几乎都有过合作（注：京东目前已和申通终止合作）。通达系物流厂商相较于京东物流与达达而言，主要优势在于更低的物流履约成本。以通达系为代表的加盟制快递企业，建立了完善的网络快递模式，将电商包裹通过揽件—中转—干线运输—中转—末端配送的物流方式进行运转。同时，通达系往往拥有更完备的物流网络覆盖，以行业龙头中通为例，根据其年报透露，在全国范围内拥有 91 个中转中心、3 万家终端网点，覆盖全国 99% 的县级城市。根据数据显示，传统网络快递履约成本明显低于仓配，主要是由于通达系物流商的规模效应以及低廉的末端配送费用。考虑到快递需求的持续上升，快递规模化效应仍会继续增加，而未来末端配送实现无人配送等创新模式则能进一步降低履约成本。相较于京东物流、达达，通达系物流商具有明显的价格优势。

（三）京东集团物流供应商之间的分工合作

经过对比分析，达达作为本地即时配送平台，以众包为核心运力模式，搭建起由即时配、落地配、个人配构成的全场景服务体系，为京东到家提供服务。主要负责同城配送、即时配送等业务，商品主要为食品、生活用品、药品、小型家电等，主打快速、便捷。

京东物流则依托一体化供应链，为京东自营电商平台服务。京东物流通过一体化供应链、自营仓储、自营配送服务等产品，使得京东自营电商平台上的商品能够实现"次日达""半日达"，大大地缩短了物流所需的时间。以通达系为代表的其他物流公司，具有物流成本更低的明显优势，对于京东上的商家或者消费者来说，如果其不愿支付京东物流较高的物流费用，可以选择其他物流公司的服务来作为替代选项，从而满足更多用户的需求。但相对而言，其他物流公司的物流时间更长，安全性也相对较低。

（四）京东物流面临的竞争

京东物流从自营物流起步，到开展第三方物流业务，目前定位为综合物流服务商，致力于以仓配一体模式奠定自身供应链优势，以用户体验为核心竞争力。然而，纵观我国物流市场，老牌物流厂商，如顺丰、中通、圆通等，早已保有大量的用户群体，甚至固化了用户的快递习惯，而新兴物流厂商，如菜鸟等，则凭借母公司平台的力量飞速发展。综合考量京东物流的出身和业务模式，以菜鸟这类厂商作为竞品对标更为合适。两者依托自身母公司的强大力量建立仓储体系，满足自身母公司物流需求的同时，也向外界客户提供物流服务。其中，京东仓储建设规模领先于通达系快递公司，且绝大多数属于自营，仓储核心壁垒高。京东物流2020年Q3仓库总面积达2000万平方米，自有土地（仓库、办公楼等）总面积1100万平方米。相比之下，菜鸟自建物流园区仅315万平方米，但加盟仓储联盟与入驻菜鸟物流市场的服务商仓储面积合计达6645万平方米，体现出了极强的资源整合能力。

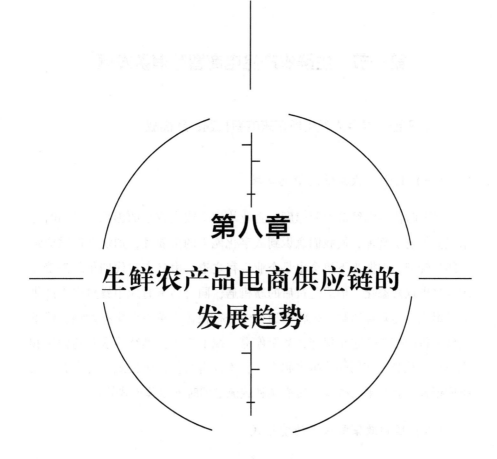

# 第八章

## 生鲜农产品电商供应链的发展趋势

# 第一节　生鲜农产品电商智慧消费发展

## 一、外部环境巨大变化所带来的新机遇、新挑战

### （一）乌卡时代减缓消费总需求

乌卡时代影响经济发展速度，企业均遭受或大或小的影响，但同时也给我们敲响了警钟，使我们意识到数字化能力的重要性，加快推进供应链智能化转型，把握当下机会也是企业生存之道。由乌卡时代催化的消费需求也将出现常态化，形成危机后的新机遇，同时乌卡时代中暴露出来的供应链组织、运营等风险，也将倒逼企业进行快速变革以求生存发展。线下实体零售的扩张会趋于保守，甚至停滞。线上零售会继续寻求新的创意和突破口。社交电商的模式越来越多样，不仅有帮忙砍价模式，还会有团长拼团模式、微商平台模式、短视频私域流量即时下定单模式等。

### （二）国内政策鼓励新消费模式

2023 年国务院《政府工作报告》指出大力发展数字经济，加快传统产业和中小企业数字化转型，着力提升高端化、智能化、绿色化水平，提升常态化监管水平，支持平台经济发展。《关于促进消费扩容提质加快形成强大国内市场的实施意见》指出，应加快构建"智能+"消费生态体系，鼓励线上线下融合等新消费模式发展，大力发展"互联网+社会服务"消费模式。强调要加快新一代的信息基础设施建设，加快 5G 网络布局，推动车联网部署应用，推进信息进村入户。同时，鼓励线上线下融合等新消费模式发展，建设更多的"智慧商店""智慧街区""智慧商圈"。

### （三）国际环境影响进出口贸易

自 2018 年，全球地缘政治风险频发，逆全球化势力抬头，中美两国贸易战愈演愈烈，技术加速解耦，中国在全球供应链中的位置以进出口产业均受到较大影响。2020 年 5 月 14 日，中共中央政治局常委会召开会议，首次提出"构建国内国际双循环相互促进的新发展格局"。一是全力维护全球化和多边贸易体制。二是着力构建完整的内需体系。三是全面扩大高水平开放。四是高质量建设双循环平台载体。五是打造合作共赢的产业链、供应链。

## 二、"以消费者为中心"拉动消费行业人、货、场的数字化转型

### （一）顾客洞察推动精准营销

消费选择差异化趋势更明显。市场细分已成为行业共识，不同消费群体具有相应消费偏好，随着新一代消费者成为主体，电子商务的便利性，信息的透明化使得消费者具有更多选择空间，出现目标导向型消费，即真正的"以顾客为中心"。

### （二）数据互通，提升物流协同

提高物流能力成为企业共识。乌卡时代使企业意识到其现有供应链能力无法应对突发状况，此次"黑天鹅"事件将会成为供应链和物流进一步升级的催化剂，无论是源头直采、前置仓、冷链、无接触配送，到家业务持续渗透等各方面，并在区块链、5G 等技术支持下，都将获得质的提升。

### （三）定制化，升级产品、服务

消费者更关注个人健康，愿为安全、高质量品类买单。乌卡时代之后，消费者的健康意识不断提高，对相应品类的消费要求更高。根据调研

表明，79%的受访者表示其在购物时会考虑健康需求，虽然整体消费趋于保守，但是根据消费者信心指数可以指出，生鲜及有机产品、预防性健康产品、维生素及营养补充产品持续位列前十大赢家产品品类。

（四）场景、互动升级顾客体验

电商渗透率提高，线上线下融合加速。乌卡时代为我国电商发展提供进一步推力，在一季度零售总额下降的背景下电商销量和渗透率双双增长。一方面，此次乌卡时代凸显出原有几大电商玩家并不能完全满足市场需求而使得新玩家加入成为可能；另一方面，原有纯线下企业和不习惯网购的消费者均主动或被迫尝试线上销售。

## 三、智慧消费发展趋势

### （一）消费品企业发展趋势

**1. 创新型、绿色消费**

时尚、品质、节能、智能等升级类产品更受到市场欢迎。产品创新小步快跑，生命周期快速迭代。70%新品为短周期在市场存活短于18个月。

**2. C2M（B）商业模式**

消费者的行为已经发生了很大的变化——注意力稀缺、个人意愿崛起、渴望即刻满足、主动分享意愿增加。因此，C2B商业模式逐渐流行，先有消费者，后有订单，从而带来供需双方的全面解放。

**3. 新国货到新国风**

区别于国潮的符号化和简单的产品跨界，代表着中国审美、文化元素与现代前端时尚的深度融合，依托于中国文化元素的抽离和再造，创造出一种"风格化"的新生活方式和产品创新体系。

**4. 竞争与合作将成为长期的主旋律**

为了提升自身技术强度，应对挑战，传统企业将与互联网巨头保持在竞争中合作，在合作中竞争的关系；在保护自己数据、用户资源的前提下利用其销售平台、技术工具和解决方案。同时，通过自建技术团队和生态圈的方式构建自身核心竞争力。

### 5. 科技正在改变消费，驱动消费迭代变革

科技变革将从生产端、产品端、供应链端、营销端改变整个消费行业，推动产品和服务不断创新，创造新的增量市场空间。

#### (二) 零售商企业发展趋势

### 1. 生鲜食品比重扩大

生鲜食品经营比重逐步上升且成为超市利润主要来源。生鲜超市近年来不断发展，并进一步与大型综合超市形成竞争态势。

### 2. 自有品牌比例提升

超市市场竞争日趋激烈，发展自有品牌成为可行路线。其可以在对产品从生产至销售的全链路控制，同时提高消费者忠诚度，使超市的规模化发展呈现出纵向化发展优势。

### 3. 业态多元化

我国超市业态已由原来的千店一面分化出不同类型，包括综合超市、生鲜食品超市、仓储式小型商店、便利店、专卖店等形式。

### 4. 数字化领先的企业将获得机会

我国线下零售高度分散，未形成左右整个竞争格局的寡头力量。2019年，我国线下渠道零售份额前10名累计占总份额5.1%，而美国是37.0%、英国47.6%。线下零售缺乏垄断格局，数字化零售"新物种"将存在更多崛起的机会和生存空间。

### 5. 多业态跨界协同趋势明显

单纯依靠商品销售的粗放型发展模式已无法适应市场需求，未来的零售行业将继续朝多业态、多领域聚合式、协同化方向转型。

### 6. 构建线上线下融合新格局

传统商超受网络零售冲击而利润规模缩减，但同时电商企业流量红利时代也已逐步消退，商超企业与网络电商正逐步从对抗走向融合、协作，

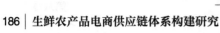

深度融合是优势互补、实现共赢的发展方向。

### 7. 重构智能高效供应链体系

传统商超企业对全供应链控制能力较弱，供需错配导致企业库存高企、周转率低，利用数字化智能化技术重构高效供应链体系将成为我国超市行业转型升级的重要举措。

### （三）消费者企业发展趋势

### 1. 消费市场规模成长为全球第一

"十四五"我国将成为全球最大的商品消费市场，预计到 2025 年，居民人均消费支出水平有望接近 3 万元。

### 2. 消费向个性化、高端化、高品质、智能化方向升级

消费者不仅关注产品的"精致实用"，还精于研究产品的成分、原产地等等，在品质升级的同时，消费者始终在追求"性价比"的平衡，因此也催生出了"精研型消费者"。

### 3. 消费将主要由"四类人群"主导

我国将有 3 亿老年人、5.6 亿中产阶级、1.8 亿"90 后"以及大量的"00 后"和"10 后"，这四类人群对应着巨大的市场规模并各自具有鲜明的消费特点，将为经济发展提供更充足的终端需求。

## 四、智慧消费智能化实施整体策略建议

基于智慧消费业务发展方向，谋划并制定智能化顶层设计；在整个智慧消费智能化建设中，体现"创新引领、科技引领、智能引领"的特色，注重数字化、智能化带来的定性/定量价值分析，如降低人效、成本，提升收入、体验等；依托消费行业专家资源，成立业务 &IT 共同参与的行业专家组，从外部行业对标视角梳理挖掘潜在业务价值点，与企业 IT 部形成合力，引导与业务沟通推进数智化项目建设；结合新技术的发展、Z时代客户的特征，业务场景化的趋势，协助企业挖掘业务中新的场景和业务价值点，形成标准化产品行业解决方案的同时，通过项目持续研发

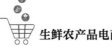
新产品,扩展产品群,提升产品能力和服务能力;打造智能化和智慧消费行业落地的名片和标杆;基于标杆效应,进行项目及产品快速复制、推广。

(一) 第一阶段演进路径

1. 全面信息化、线上化建设:信息化是智能化的基础,持续全面开展信息化建设、线上化建设。

2. 构建数字化转型的基础和平台:包含数字化技术平台、方法和组织等。

3. 智能化试点:实现点状的智能化应用,打造智慧化产品能力。

4. 持续推动数据资产价值挖掘:基于数据中台及大数据平台,结合业务场景,挖掘数据资产。

(二) 第二阶段演进路径

1. 全面数字化:全面建设数字化,完成数字化的转型工作,完成具有智慧能力的开放平台。

2. 局部智能化取得进展:智能化技术深入应用在智慧消费产业链各核心环节,使行业竞争力有效提升。

3. 逐渐智能化转型:智能化开始驱动业务转型。

4. 数据资产挖掘成效显著且快速推广。

(三) 第三阶段演进路径

1. 基本实现智能化:智能化基本覆盖智慧消费全产业链,产业链竞争力大幅提升。

2. 智能引领:智能化引领智慧消费业务变革,形成了具有行业特色的、行业领先的智慧消费智能化解决方案。

3. 智能化服务:聚集一批智能化的人才,服务于整个智慧消费产业。

## 第二节  生鲜农产品电商供应链低碳发展

### 一、低碳供应链物流发展概况

随着世界经济的不断发展，全球能源与环境问题越来越严重，气候变化深深地影响着地球环境，这是人类共同面临的巨大挑战。我国作为主要的发展中国家，在推进企业数字化转型、大力发展数字经济的同时，应重视能源与环境问题，将绿色节能纳入高质量发展转型的重要战略目标中，积极开展低碳绿色模式探索，为世界发展积极贡献中国力量。

#### （一）"双碳"背景下企业应将节能减排作为数字化转型

碳达峰是指在某一个时点，二氧化碳的排放不再增长达到峰值，之后逐步回落。碳中和是指在一段时期内，二氧化碳的排放量，通过森林碳汇、人工转化、地质封存等技术加以抵消，实现二氧化碳"净零排放"。我国政府在 2020 年 9 月提出双碳战略，即在 2030 年前实现碳达峰，争取在 2060 年实现碳中和。

数字技术的本质在于提高社会的信息化、智慧化水平，提升资源配置效率，在与传统实体行业的结合中可以兼顾转型创新和节能减排的发展诉求。目前，全球高耗能行业普遍聚焦在工业、电力、能源、建筑、交通等行业，其中，以石油石化、电力、制造业为主的传统产业尤为突出。为了实现"双碳"目标，除行业自身的工艺优化、技术升级外，还可以通过数字化技术的赋能助力降低碳排放。大数据、人工智能、物联网、区块链等技术与传统实体行业的有机结合是促进降低碳排放的有力手段。一方面，数字技术能有效改进生产工艺流程、提高设备运转效率、提升生产过程管理的精准性，从而实现生产效率和碳减排的双提升。另一方面，数字技术能有效优化资源配置模式，通过云计算、大数据、物联网、人工智能等领域的数字基础设施实现各种资源要素在不同行业、不同企业间的共享，进一步提升配置效率。当下，"双碳"目标正在重构我国的经济增长模式，推动各行各业通过数字化、智能化转型来提质增效，节能减排，实现高质量发展，其中科技企业对外输出智能化转型的解决方案，将极大地加速这一进程。石油石化、电力、离散制造等传统企业作为节能减排的主力军，应将绿色低碳作为数字化转型重要战略目标，充分将数字技术运用到各环节，促进供给侧和消费侧的协调，加速产业变革，实现整个产业链的效率提升。

### （二）数字技术应用有效减少全球碳排放

双碳目的本质是推动经济社会发展绿色低碳转型，在目前产业数字化转型背景下，信息与通信（ICT）技术在加速推动能源效率进一步提升、碳排放强度大幅降低以及清洁能源消费比例持续提高等方面发挥着重大作用，应用数字技术减少碳排放颇具潜力和发展前景。首先，数字技术企业自身减碳效率处于较高水准。信息与通信行业本身并不是环境重污染行业，联想数据显示，2020 年全球 ICT 行业的碳排放仅占全球碳排放的2.3%。此外，数字技术产生的碳排放占全球碳排放的比例逐年下降。全球可持续信息产业联盟（GeSI）与德勤 2019 年联合发布的 *SMARTer* 2030 是CAICT 发布的企业数字化转型蓝皮报告。该报告指出，到 2030 年，ICT 行业的碳排放量预计达到 1.25Gt，占全球排放量的比例降至 1.97%，各行各业受益于 ICT 技术所减少的碳排放量将达 12Gt，几乎是 ICT 行业自身排放量的 10 倍。数字技术对各行业减碳效果和价值显著。世界经济论坛数据显示，到 2030 年，各行各业受益于 ICT 技术所减少的碳排放量预计将达 121亿吨。在能源、制造业等行业中应用 5G、云计算、物联网、人工智能等数字解决方案，可以减少高达 15% 的全球碳排放。世界经济论坛和埃森哲咨询公司共同发布的《实现数字化投资回报最大化》显示，当公司将先进的数字技术融入生产时，其生产效率提升幅度可达 70%，而数字化部署较为缓慢的公司，其生产效率仅提高 30%。由此可见，数字技术不仅能够带来效率收益，更能助力低碳生产。对于科技企业而言，通过在产品服务的全生命周期内实施绿色采购、推行生态设计、开发绿色产品、推进绿色制造、引导绿色消费等等，建立起一整套绿色供应链和绿色制造体系，并将自身绿色环保实践推广至上下游企业，助力产业链、供应链的低碳可持续发展。

(三) 各行业积极运用数字技术推进碳减排

随着数字技术在能源和环境领域的深度融合与应用创新，其在实现碳中和目标中的作用日益凸显，直接或间接推进碳减排。作为碳排放能耗大户的石油石化、电力和制造业等传统行业，毋庸置疑成为运用数字技术推进碳减排、绿色发展的先锋队和主力军。以下从不同的方面来阐述上述行业碳排放现状，数字技术运用举措和未来规划，以展现数字技术在推进碳减排中的重要价值。

## 二、沉淀成功转型经验，打造平台经济赋能产业

企业在开展自身数字化转型工作中，应注重自身能力的沉淀，积极对外赋能，助力各行业转型发展。随着数字化转型的持续深入开展，数字原生程度高的企业在转型过程中走在了前列，经济全球化的世界对于企业来讲很难做到独善其身，企业在对外赋能的过程也是检验企业产品方案和自身能力的过程，这对转型者和赋能者企业来说是双赢的结果。因此，各行业企业在通过将"新IT"技术与生产经营关键环节深度融合，实现自身的数字化、智能化转型升级的同时，将自身成功经验进行梳理沉淀，推进企业级数字基础设施能力和业务服务的整合与共享开放，建立跨界融合的数字化生态，赋能产业链上下游的生态合作伙伴共同打造数智化转型发展的新模式。

## 三、坚持绿色低碳发展，助力"双碳目标"达成

产业各方坚持生态优先、绿色低碳的高质量发展，是实现"双碳"目标和绿色转型的必经之路。保护生态环境就是保护生产力，改善生态环境就是发展生产力。实现碳达峰、碳中和是一场广泛而深刻的经济社会系统性变革，需要产业各方力量的共同努力，石油石化、电力、制造等传统行业，以及云计算、大数据、人工智能等"新IT"服务商等各方力量的参与都是必不可少的一环。产业各方在开展自身转型工作，以及对外输出服务

能力赋能上下游产业链开展转型升级的过程中，应该持续秉承"绿水青山就是金山银山"的理念，坚持走绿色可持续发展之路，以创新为驱动，为实现我国"碳达峰、碳中和"目标，满足人民日益增长的优美生态环境的需要做出积极表率作用。

# 第三节　生鲜农产品电商供应链数字化发展

## 一、数字产业链，推动产业链现代化

2020 年年末召开的中央经济工作会议中强调，要增强产业链供应链自主可控能力。2021 年 11 月 30 日，工业和信息化部（简称工信部）发布《"十四五"大数据产业发展规划》，提出建立涵盖数据生成、采集、存储、加工、分析、服务、安全等关键环节的大数据产品图谱，构建稳定高效的大数据产业链。延伸行业价值链，加强工业大数据、通信大数据、金融大数据、医疗大数据、应急管理大数据、农业及水利大数据、公安大数据、交通大数据、电力大数据、信用大数据、就业大数据、社保大数据、城市安全大数据等行业大数据开发利用。以数字技术和大数据产业应用为支撑，推进产业基础高级化、产业链现代化，打造"数字产业链"，将成为"十四五"时期推动传统产业转型升级、提升数字经济国际竞争力的重要手段。

### （一）数字技术支撑强链、补链和优链

一是支撑强链，提升产业链整体运转效率。数字技术有利于构建大体系、大配套的协同产业链体系，加快产业数字化、智能化变革，保障产业链整体稳定性，同时提高资金周转效率，强化行业整体竞争力。

二是支撑补链，提升产业链感知预警能力。数字技术通过打通产业链数据壁垒，找准薄弱环节，为实时监控、提前预警、建立备链提供支持，强化企业对产业链的掌控能力。

三是支撑优链，提升产业链资源对接能力。数字技术有利于汇聚海量优质资源。

**（二）数字产业链上中下游面临严峻挑战**

从上游看，资源要素短缺现象持续加剧。欧美发达国家在电子制造、通信、软件等领域处于我国产业链上游，受政治、乌卡时代等因素影响，相关产业存在一定的断链风险。

从中游看，产业链整体协同难度持续加大。产业跨区域布局和转移趋势加剧，相关资源配套机制尚不完善，缺乏能够统筹协调产业要素的平台载体，且不同平台间存在一定的功能重叠，易造成产业资源浪费。

从下游看，全球需求结构面临重大调整。乌卡时代加速全球需求分化，推动消费向线上转移，直播电商、社区团购等业态实现大爆发。同时，全球产业链加速重构，相关产业链需动态调整以适应新变化，这对产业基础高级化、产业链现代化提出更高要求。

**（三）点线面贯通打造产业链生态引导力**

一是聚焦点的突破，加快补齐产业链条短板。整合创新资源和要素，发挥产学研用金多方力量，着力突破大数据、人工智能、区块链、商业密码等数字产业链共性关键技术瓶颈，提升产业基础高级化水平。

二是聚焦线的贯通，打造产业链数字化协同体系。以工业互联网平台等为依托，通过平台化方式支撑产业链垂直整合，全面贯通消费与生产、供应与制造、产品与服务间的数据流、业务流、信息流，实现产业链上中下游协同联动发展，提升产业链现代化水平。

三是聚焦面的扩展，形成多生态跨产业链新格局。以推进产业链的垂直整合和横向共享为目的，着力打造产业链供需对接平台，推进产业集聚发展和跨域协同发展，构建协同创新、多方共赢的产业生态圈，提升在国际市场中的产业链生态主导力。

## 二、智慧农业，开辟数字经济新蓝海

在我国经济社会不断发展的同时，农业农村的健康发展、城乡关系合理构建正面临严峻挑战。在乡村振兴国家战略背景下，数字经济是新常态下农业农村重要的增长驱动力。2019 年，中共中央办公厅、国务院办公厅印发《数字乡村发展战略纲要》。2020 年，农业农村部等部门印发《数字农业农村发展规划（2019—2025 年）》，中央网信办等部门印发《关于开展国家数字乡村试点工作的通知》。2021 年，《中华人民共和国乡村振兴促进法》正式颁布，明确提出要推进数字乡村建设，培育新产业、新业态、新模式和新型农业经营主体，促进小农户和现代农业发展有机衔接。

（一）农业新基建与数字技术推动智慧农业快速发展

**1. 乡村信息基础设施与平台建设发展迅速**

自 2015 年开始，工信部联合财政部组织实施六批电信普遍服务试点，以中央财政资金为引导，各地政府积极支持，全国共计部署了 13 万个行政村光纤网络和 5 万个 4G 基站建设任务，实现全国行政村通光纤、通 4G 网络比例均超过了 98%。信息基础设施的全面升级为农业生产提供了充分数字化技术的条件。物联网、智能设备、移动互联网等技术已得到广泛应用，例如农业农村部网站数据频道集聚农业农村部数据服务资源，打造一站式数据服务窗口、利用数据系统服务农药与兽药的投放、基于数字化技术的信息平台保障农产品质量安全追溯。

**2. 精准农业为农业生产模式带来结构性提升**

精准农业是一种利用大数据、物联网等新一代信息技术手段，精准把控农业生产各环节，监测、干预作物生长环境信息，进而降低消耗、提升产量的一种新型农业。精准农业的发展可以更好地串联农业产品产供销环节，实现农业生产供给侧和消费者需求侧的共赢。未来中国农业将逐步走上机械化、规模化、产业化、精准化的道路。

（二）农村人口与产业结构是智慧农业发展中的两个重要变量

**1. 农民群体信息科技能力水平有待整体提升**

农村地区"小规模经营+老龄化+大范围兼业"的产业特征可能导致从业人员难以理解数字化技术、无法在农业数字化方面投入足够精力等一系列问题，给农业技术的推广与应用、生产方式的变革带来了更大的挑战。

从劳动力兼业结构看，纯农户、高度兼业农户的比例不断下降，非农户的比例不断上升。2003年中国非农户占比仅为33.28%，2016年非农户占比增加到64.04%，年均增长率为5.16%。同期，农户家庭从事非农工作时间快速上升，由2003年的55.94%增加到2016年的70.19%。

从人口特征看，我国农村地区年轻劳动力向城市流动，剩余劳动力自身条件差、长期处在相对封闭的环境，缺少对现代信息化技术的了解。此外，大多数农民接受教育年限较少，文化程度介于小学到初中之间，缺乏数字技术相关的认知能力，不善于通过数字化平台捕捉涉农关键信息，为智慧农业的推广带来障碍。

**2. 城市产业吸纳农村劳动力的能力逐渐减弱**

城市劳动密集型与资源密集型产业发展承压，对农村劳动力需求有减弱态势。自2008年全球金融危机以来，中国经济增速换挡回落，从高速增长转换为中高速增长，产业发展结构的调整影响中低端劳动密集型产业，并可能引致农村劳动力回流等一系列问题。此外，在经济新常态下，环境方面的限制使得城乡产业项目难以依靠简单自然资源的开发获得推动。这一现象将影响一部分农村劳动力的就业状况，对农村开展产业升级提出更高要求。

**3. 粗放型投入对农业生产效率的带动效应递减**

当前我国农业生产中化肥农药的过量施用现象十分普遍，亩均化肥用量达33.74公斤，远高于世界平均水平，很难通过继续增加化肥农药投入来提高农户生产效率。此外，农业所占国民经济比重较小，且效率较为低下。2019年，我国农业就业人口占总人口的25.1%，但农业生产总值仅占国内生产总值的7.1%。低强度、小规模的传统农业生产面临发展瓶颈，单纯扩大农业生产规模难以带来质的飞跃，需要借助新技术从根本上提高我国农业的生产效率。

**4. 靠天吃饭的粮食安全问题突出**

自然灾害严重影响我国农作物产量，农业环境问题应当受到更多重视。2018年，我国耕地受灾面积20814千公顷，2019年我国受灾面积19257千公顷，比上年末减少1557千公顷，同比下降7.48%。数字化技术在农业灾害应对中的应用将带来全新的自然灾害应对方式，有效地减少自然灾害对我国农业造成的损失。目前，虽然已有一些科技企业开发、提供农业灾害预警相关内容，但是仍缺乏统一的预警标准，智慧农业的灾害预警、防控水平需要进一步提升。此外，人均耕地面积少的问题对合理规划耕地内容提出要求。借助数字农业技术为农业生产打好辅助、做好灾害预防、控制好农药化肥施用优化耕地利用率是保障粮食安全的一道全新的防火墙。

（三）推广农村技术培训、加快新基建建设为智慧农业发展提供基础支撑

**1. 加强农民信息素养的提升，提供有针对性的技能培训**

建议从基础教育做起，提升农民的文化素质，保障农民在接受技术推广时的学习效果。开设数字技能培养课程，并面向农村中老年群体、基层干部、农村教师、乡村医生等开展专门的数字技能培训。建议在农村地区大力推广各类信息传播工具、平台，结合农村地区的特点和农民的生活习惯，将农业专家与农户沟通的内容进行沉淀和总结，逐步在对应的平台发布涉农信息，为农民通过现代信息工具搜寻和获取信息提供便利。

**2. 搭建因地制宜的智慧农业体系，破解数字化转型"集成应用困境"**

当前中国农村绝大多数生产领域的数字化转型面临着"集成应用困境"，转型停留在基础建设、单向应用层面。建议相关部门积极推进数字技术在农村地区的布局与应用，实现农村地区多产业融合发展，并制定农业相关数据标准，加大对"互联网+农业技术"创新创业项目的支持，鼓励企业积极参与农业数字化技术的开发与落地之中。由于各地气候条件、污染情况、自然资源和生物多样性存在差异，因此建议根据不同省份的农业环境情况精准推送农业信息内容，搭建化零为整式的农业大数据体系，提供可通用参考的知识经验，针对产地实地情况开展的科学分析与反馈。

**3. 加强农村地区信息基础设施建设，提升农业数字化技术应用水平**

适度超前的网络基础设施布设符合数字时代经济社会的发展特点，也

是以"有形之手"改善市场失灵的可行措施。建议各级政府积极牵头，推动农村地区信息基础设施的建设工程，为智慧农业普及打下物质基础。可以借鉴英国、美国的教训经验，英美两国过去一段时间内过于依赖市场调节，导致其农村地区数字化程度较低。近些年，美国政府成立了"连接美国基金（Connect America Fund）"一期、二期基金，"农村公用事业服务项目（Rural Utilities Service Programs）"，"宽带技术机遇项目（Broadband Technology Opportunities Program）"等系列基金，同时鼓励互联网企业介入，主动开展农村数字化建设。

### 三、六大挑战

#### （一）数字经济发展的新逻辑给传统企业带来新挑战

传统工业经济时代的生产要素主要是土地、劳动力、货币、机器等，基本的单元是工厂，基础设施主要依赖铁路、公路、电网等，企业扩大再生产的方式是靠资本积累。数字经济时代，主要的生产要素是数字化的信息，基本单元是产业生态，基础设施主要是互联网、物联网和数字化通信等，企业扩大再生产的方式是知识和数据的积累。传统企业要搭上数字经济的便车，必须依赖数字技术重塑其发展逻辑，通过数字技术降低企业的交易成本、管理成本、财务成本等各类成本，提高资源配置效率、运营效率和劳动生产率。数字经济如果要成为支撑经济高质量发展和企业转型升级的新动能，必须加快拓展新型基础设施的覆盖范围，从解决实体企业成本、效率、创新和安全等问题的角度出发，推动企业超越消费互联网的单维度经营理念并调整投资偏好和组合，从而突破创新困境和市场瓶颈，提升运营效率和风险抵御能力。

#### （二）企业数字化转型过程中的长期收益与短期收益难以有效平衡

在数字化转型过程中，传统企业面临的困难不尽相同，但是短期的数字化转型成本压力是横亘在企业面前的一个现实问题。企业的数字化转型需要付出成本和代价，比如引入科技能力提升业务智能化、改善连接方式创造全新的客户体验、融入数字生态体系接受平台企业的挑战和竞争、打破组织壁垒推行数字文化、运用数据驱动重塑商业场景和供应链、优化员工结构以适应数字化转型要求等，如果不从以上方面进行系统的数字化改造，数字化转型的效果会大打折扣。另外，数字化转型的成本有些是显性的，可以在财务报表上反映出来，有些隐性的成本则需要企业改善基因以应对创新的挑战，这些成本在短期也会影响企业数字化转型的决策和对转型效果的客观评估。特别是对于地方的传统企业，如果因数字化转型而引发结构性失业问题，地方政府推行数字化转型的支持力度和积极性也会大为减弱。

（三）行业属性对于企业数字化转型影响明显

产业数字化转型的核心在于打通信息流，实现产业全流程的智能协同，第一、第二和第三产业在劳动力替代成本、数据收集和智能化协同、企业转型动力等方面存在明显差异。除信息传输、软件和信息技术服务、科研、设计等服务业外，大多数传统服务业属于劳动密集型产业，技术含量相对于一、二产业较低，劳动力的数字化替代成本比较低，数字化转型较为容易。此外，服务业企业多为轻资产公司，数据主要集中在客户、市场、运营和管理等方面，技术数据较少，数据类型相对于一、二产业较少，各个环节的智能化协同更容易实现。最后，与一、二产业在生产过程中的规范化操作不同，交通出行、上门服务、餐饮外卖、物流、医疗、教育等服务业大多是面对面为顾客提供相关服务，产品具有非标准化的特点，客户和企业之间互动性较强，数字技术对于用户体验的提升效果明显，企业数字化转型动力更强。

（四）企业规模与企业发展阶段对于数字化转型影响显著

当前我国各行业的数字能力建设整体处于初级阶段，但是行业内不同规模和不同发展阶段的企业数字化转型程度分化显著，行业内的数字鸿沟依然普遍存在。根据埃森哲的研究报告显示，数字化转型的领军企业已经与行业内其他企业拉开较大差距，特别是在冶金、化工建材、快速消费品、医药和传统零售等领域。数字化转型的领军企业基本属于传统行业内的头部企业或第一梯队，其自身的资产规模、市场规模都比较大，产业链的整合能力比较强，一般具有比较稳定的高素质管理团队和对市场、客户的深刻理解，在数字化转型的过程中对于行业痛点的分析、数字化转型方案的系统性设计以及财务风险的把控能力等方面均具有明显优势。大量处于行业第二、第三梯队的企业由于资产规模、市场规模过小，加上社保、税收、融资等制度性成本较高，企业生存压力普遍较大，缺乏成熟的战略思考能力和风险防控能力，对于数字化转型的趋势还属于被动适应的态势。

### （五）中小企业数字化服务产品供给不足

中小企业顺利开展数字化转型离不开强大的数字化服务产业。在大量中小企业自身缺乏足够的数字化转型能力的情况下，需要扩大普惠型数字化产品及服务的供给能力。中国中小企业数字化升级的配套服务行业整体保持高速发展，2015 年行业市场规模仅 179.4 亿元，至 2019 年已超过千亿级规模，但整体供给与先进国家仍有较大差距。美国企业（约 2000 万家）基本上都完成了信息化，同时美国厂商为全球约 3000 万家企业提供信息化服务。

### （六）专业技能人才及跨界人才大量空缺

从传统企业来看，高素质人才主要集中在研发、运营和市场环节，大数据分析、数字化战略制定与管理、全生命周期数据挖掘等领域的人才较为缺乏。从数字化服务供应商来看，可以运用新一代信息技术对垂直细分领域进行数字化改造的复合型人才也非常稀缺。

## 四、商业模式创新案例：直播电商

### （一）直播电商产业迎来爆发式增长

#### 1. 直播带货引领销售新模式

直播电商是指以直播形式触达消费者并实现销售转化的电商形式，是内容电商的一种形态。2016 年是直播产业在中国全面爆发的一年，也是直播电商的元年。导购社区蘑菇街最先涉水直播电商，京东、淘宝等电商平台纷纷开通直播功能。对于彼时深陷流量增长困境的电商平台来说，内容化、社区化是其留住用户最有效的手段。直播作为具有及时性、强互动性的内容形式，能够让消费者在短时间内完成从种草到购买的完整路径，也成为电商平台发力的方向。

2017 年，短视频平台进入直播行业，将直播电商作为商业化和流量变现新手段。随着用户习惯的培养和直播电商的业态发展，拥有庞大用户群基础和高用户使用时长的短视频平台发力自建电商的底层基础架构，优先扶持自有小店建设、搭建供应链平台等，逐渐摆脱对第三方电商平台的依赖。在短视频平台的推动下，直播电商在 2019 年步入快速发展期。

进入 2020 年上半年，在突如其来的乌卡时代催化和国家政策的双重作用下，直播电商进入爆发期。快速发展的业态背后也隐藏着潜在的隐患，一系列数据造假事件为整个行业的发展敲响了警钟。当直播电商逐渐成为商家和平台销售货品及市场营销的常规工具后，直播电商发展进入深水区，行业健康发展的重要性日益凸显出来。

**2. 直播市场形成厂家—主播—用户完整产业链**

从 2017 年至今，直播电商市场一直保持着极高的增长速度。直播电商的产业链可分为三个主要环节。上游是以厂商、品牌商、经销商等为代表的供应链，负责提供直播电商中的"货"。中游是平台和主播及 MCN（指服务于新的网红经济运作模式的各类机构总称），平台根据业务形态还可进一步分成电商平台（比如京东、淘宝）和内容社交平台（比如快手、抖音）。下游为直播电商用户，负责完成直播电商中的购买行为。对传统电商平台来说，直播电商是其获客、加强用户黏性的销售工具，其优势在于本身的供应链和货品基础，即优势在"货"。而对于内容平台来说，直播电商则是其探索庞大流量变现的新方向，即优势在"人"。

主播和 MCN 是直接接触用户和用户交互的重要抓手，可分为三大类：一是商家自播，由商家自建直播团队。其优势在于主播对于商品细节更为了解，但劣势在于主播自身流量有限。二是专业的关键意见领袖（KOL）/网红/明星主播，其优势在于主播自带话题和流量，用户对主播的信任和黏性较强，容易引发粉丝经济式的冲动购买，但劣势在于商家坑位费较高，直播转化存在投资回报率（ROI）为负的情况。三是关键意见消费者（KOC）/素人主播，直播电商是其粉丝变现的手段之一。素人主播通过平台自己的商品库/商家直接对接进行选品销售，优势在于深耕生活/美妆等垂直品类，其粉丝群体下的黏性和转化率较高。但劣势在于素人主播的粉丝数量有限，很难有大的议价权。

（二）互联网电商平台和内容平台积极探索直播带货模式

伴随着 4G 的普及和 5G 商用，互联网媒介形式从文字和图片时代更迭到视频与直播时代。随着互联网用户人口红利的消失，各大互联网平台面临流量见顶的挑战。在此背景下，直播电商成为内容平台和电商平台流量变现的重要方式。

### 1. 直播电商有效提升电商平台交易达成率

电商平台在商品种类上具备内容平台所没有的优势。从用户的购买体验看，电商平台可以在直播间形成完整的购买闭环，产品链路较为顺畅，促进用户在直播间内完成购买行为。对于问题商品和售后服务方面，电商平台也具备完整的客服和售后服务体系。

直播电商提高传统电商平台购买转化率。传统的电商平台用户具有较强的购买意向，这是电商平台有较高转化率的重要因素。根据有关数据显示，内容平台直播间的购买转化率在 0.3% ~ 3% 之间，而电商平台直播间的购买转化率可以达到 1% ~ 10%，头部主播直播间甚至高达 20%。

### 2. 内容平台的蓬勃发展进一步激发直播带货模式普及

以内容创作为主的平台通过短视频、直播等形式吸引用户，并在用户观看内容时引导其在平台内或通过链接跳转到电商平台购买商品。随着直播电商模式的火爆，许多内容平台纷纷加入直播间购物功能，进入直播电商大战行列。内容平台的电商直播一方面提升了内容平台本身的留存率，减少用户流失，另一方面也实现了内容平台的流量变现，实现商业化收入目的。

内容平台运营直播电商主要有两个路径：一个是内容平台作为流量方，对电商平台打通电商交易链路，但该方式只能依靠赚取平台分佣，盈利空间有限。另一个是自建电商交易平台进行变现。但是内容平台的核心是流量变现效率，确保从单位用户使用时长中获取更多的收入与利润是其主要考量因素。从流量变现效率的角度看，广告业务比电商业务变现效率更高，因此内容方自建电商最核心的困难是平衡广告和电商两方的利益和资源关系。

（三）从人员素质、商品质量、产业链监管等方面入手逐步优化行业发展环境

### 1. 从业人员素质良莠不齐

部分主播在直播带货过程中存在使用广告极限词、夸大效果宣传诱导消费者等问题。2020 年 3 月，某位拥有千万级粉丝的网红在直播带货推广化妆品时，声称自己的产品得过"诺贝尔化学奖"。某著名主播在直播带货时，称其所售卖的松茸酒可以防辐射。夸大宣传并不是少部分主播的偶发现象，北京市消费者协会《直播带货消费调查报告》显示，调查的直播带货样本中，10%的样本用极限用词宣传产品功效，诱导消费者购买。夸大宣传、虚假营销成为当下用户使用直播电商购时的最大痛点。部分主播甚至明星主播在直播前对选品的性能并不了解，同时对产品的介绍也缺乏专业性。

### 2. 商品质量问题频发

直播电商出售的货品包括大量白牌商品/非知名品牌。消费者出于对主播的信任度而选择购买，主播如果销售高仿、质量低劣的产品会严重侵害消费者的权益。某网红团队在直播时销售的即食燕窝被证明是糖水而非燕窝，唾液酸含量极低，后遭市场监管部门罚款并封禁账号。

### 3. 产业链监管缺失危害商家、用户利益

直播电商中，商家和主播通常采用坑位费加佣金的模式结算酬劳。坑位费是固定费用，在达到销售额标准后，主播会再抽一定的佣金。部分主播为骗取商家坑位费，找第三方进行数据造假、流量刷单。虚假的观看人数使商家最后直播效果远不达预期。2020 年双十一活动期间，某知名主播

受邀参与直播带货，直播结束时显示观看人数达 311 万，但其中仅有 11 万人是真实观众，其余观看人数来自机器互动。直播电商销售的商品同样享有七天无理由退换货的售后服务，然而部分商家确无视规定，拒绝退换货。中国消费者协会发布的《直播电商购物消费者满意度在线调查报告》显示不喜欢通过直播电商购物的消费者之中，担心商品售后问题的占比达 44.8%。

**4. 相关监管措施陆续发布优化行业发展环境**

作为一种新的商业业态，直播电商在高速增长的过程中，由于门槛不高、缺乏监管等因素而面临多种乱象。2020 年 7 月 1 日起实施的《网络直播营销行为规范》作为国内首部涉及网络视频营销活动的专门规范，在引导行业健康正向发展方面起到了监督作用。2020 年 7 月，人力资源社会保障部、国家市场监管总局和国家统计局联合发布新职位岗位，确立了直播销售员这一岗位，规定直播销售员需要有健康的个人形象、专业的沟通技巧和营销推广技巧，从人力资源层面对直播电商主播做了规范化的引导。2020 年 11 月，国家广播电视总局对网络直播平台的主播和用户进行实名制管理，对网络秀场直播和直播电商平台在登记备案、审核、打赏、资质审查和实名认证等多方面问题进行了明确规定。

总体来看，政府层面对直播电商这一新业态持鼓励和扶持的态度，并在产业环境、人才配套、法律政策等方面制定规范，为行业发展创造良好的政策环境。

**5. 平台企业需积极探索商业模式和平台管理新模式**

在移动互联网流量见顶的大环境下，平台方积极拥抱直播电商可以进一步拉长用户时长，提升单用户变现价值。对于品牌方而言，直播电商作为直接面向消费者的新渠道，有利于缩短营销链路，提升商业效率。借助 KOL 的流量红利，通过粉丝规模效应可降低渠道成本，提升平台消费创造力，激发新型消费潜力。同时，商家可以直接得到用户最真实、最及时的体验反馈，有助于及时调整产品定位。最后，平台方也需要优化平台管理，完善交易和内控管理机制，推动实现商家、用户、主播和平台多方共赢新局面。

# 第四节  生鲜农产品电商应急供应链发展

## 一、应急供应链物流服务提供商应具备的基本条件

"应急供应链物流服务"对服务提供商提出了更高的要求。除了适应宏观经济发展需求，我们认为能够提供此类服务的企业至少还应具备基于数智技术的资源整合协同能力和全面的供应链执行能力。

### （一）适应宏观经济发展需求

聚焦增强全产业链优势，致力于优化现代物流和产业体系，强化流通体系对畅通国内大循环的支撑作用。一方面，转变发展方式，向集约型和创新型企业转型，实现全产业链供应链降本增效，提高现代物流发展水平；另一方面，致力于满足大中小微企业在规模化、品牌化、差异化发展的过程中的多样化需求，推动生产和流通业企业向专业化和价值链高端延伸。

### （二）基于数智技术的资源整合协同能力

数字能力是应急供应链物流服务实现的基本前提，也是应急供应链物流服务企业跨界融合的基础。一方面，保持高研发投入，借助海量数据和丰富应用场景优势，基于新一代数字技术推动供应链和物流服务技术研发、经营管理、市场服务等关键环节的自动化及数字化；另一方面，通过开放服务系统，充分发挥数智技术在企业经营管理和资源整合协同等方面的巨大潜力，促进行业上下游资源整合，提升客户供应链预测能力，助力大中小微企业降本增效，推进产业行业企业数智化转型。

### （三）提供快速按需定制服务的能力

通过供应链解决方案和物流能力模块化地调用与组合，提供快速按需定制服务，以满足不同行业的中小企业针对供应链与物流服务的多样化需

求，是应急供应链物流服务区别于传统供应链和物流服务的重要特征。这就对应急供应链物流服务提供商提出了两方面要求：一是要对不同行业均有较深的理解与认知，能够基于交易数据洞察真实需求，为客户提供合理分布的库存，提高供应链效率；二是能够将高度定制化的供应链及物流服务进行拆解，形成小单元的标准化功能模块，以实现快速响应与规模化复制。

（四）全面的供应链执行能力

供应链执行能力是应急供应链物流服务企业开展经营的核心能力，具体包括以下三个方面：一是具备供应链战略规划能力。企业应具有较长时间的跨行业服务积累，能够帮助各类客户发现供应链运行中的关键节点和问题所在，并从战略高度提出改进方案和增长规划。二是具备全面的物流服务能力。企业能够为客户提供包括订单处理、仓储、存货管理、运输、配送、逆向回收乃至上门售后等一整套物流服务，这是应急解决方案最终落地的基础。三是具有灵活的服务组织能力。在为客户提供定制化服务的过程中，企业需要根据实际需求来组织业务模块，并提高耦合效率。

## 二、应急供应链物流服务的发展趋势

作为一种新生的细分服务形式，应急供应链物流服务表现出了独特的市场竞争力。从技术应用、客户需求及行业提升等角度来看，其未来发展将表现出以下趋势：

（一）更广泛的协同整合

由分工实现的局部优化可以在一定程度上为企业降低成本。但分工需要通过协同来实现整体目标，而协同成本决定了分工的边界。在竞争等因素的作用下，降低协同成本的要求更加凸显。高效的资源整合作为应急供应链物流服务的一个关键特征，符合市场需求的发展趋势。在实现自有核心设施设备协同的基础上，有效接入并调动更多的社会化资源以形成服务生态，并在服务规模扩大的过程中帮助客户企业在行业内、行业间实现衔接与协调，或将成为应急供应链物流服务的发展趋势。

### (二) 更充分的技术运用

自进入 21 世纪以来，信息技术与供应链技术、物流技术的融合极大地促进了行业效率的提升。社会经济发展要求更加高效、智能的供应链物流服务体系。从基本的软件客户端接入到基于物联网技术和云信息平台的仓储、运输乃至生产管理，从服务商自有智能化设施设备的研发与建设到更多合作伙伴的数智化、信息化改造，从各环节信息采集记录到基于大数据的全链路优化分析，技术手段在各项业务活动、各个运营主体中的深入运用将为应急供应链物流服务商不断优化客户体验提供动力和支撑。

### (三) 更柔性的按需定制

随着客户的业务规模及所处行业越来越多样，供应链与物流服务需求的差异化程度逐渐加深。相比生产领域的大规模定制模式，由于多样化、跨地区的供应链与物流基础设施投资规模大，多元化业务活动间协调成本高，在按需定制与成本控制之间总是难以达到平衡。而应急供应链物流服务提供商能够运用其规模化的自有业务资源，以信息技术实现高效协同，并通过模块化组合的方式为客户提供定制化服务，从而具备了适应、满足个性化需求的能力。未来，更加细致深入的业务划分与更为丰富、灵活的业务组合将成为这一服务模式发展的方向。

### (四) 更高效的服务对接

在供应链与物流服务外包的实现过程中，企业不仅需要投入成本，还要进行必要的业务流程调整。应急供应链物流服务商能够在提供多样化服务的同时，以更高的效率和较低的成本帮助企业完成第三方服务接入与业务流程重塑的过程，并针对客户的动态需求变化完成更新，帮助供应链上各企业实现利润的增长。以新一代技术理念与业务模式为基础，由规模化、模块化再到集成化的实现路径，是达到这一效果的关键基础。当前，各个行业进行供应链与物流优化整合的需求越来越普遍。在为各类顾客制定一整套解决方案的同时，不断降低对接成本和导入门槛，也是应急供应链物流服务的发展方向。

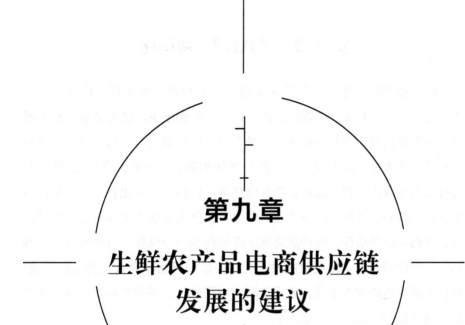

# 第九章
## 生鲜农产品电商供应链发展的建议

# 第一节 "八流" 协同化

农产品供应链各个环节的企业是独立运行的，要实现总体效益最大化，需打通各个环节，实现供应链一体化，从而使供应链流通起来更加顺畅。乌卡时代对农产品供应链是一场大考，后乌卡时代，面临供应链中断的风险，采用农产品供应链"八流"协同创新，提升农产品供应链效率。通过后乌卡时代构建河北省农产品应急供应链体系，优化农产品供应链组织方式，进一步优化农产品流通的主体。整合和重塑农产品应急供应链体系，当面对突发事件，农产品应急供应链作为一个整体，各个环节信息共享，实现供需匹配，真正解决农业企业面临的问题和老百姓餐桌的问题，使供应链的整体成本下降，成员获利，农民增收，不断提高农产品供应链协同创新优势（如图9-1所示）。

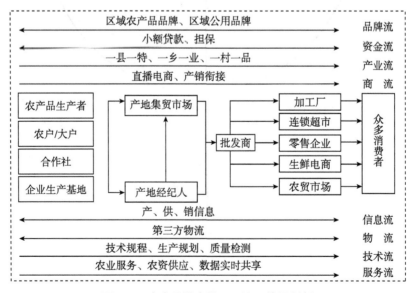

**图9-1 农产品供应链"八流"协同创新**

## 一、信息流+物流

随着云计算技术的突破，如何处理海量的数据，使其去伪存真，对农产品供应链是一个严峻的挑战。尤其是当相关数据得以大规模积累与沉淀的时候，鼓励互联网企业参与农产品供应链，发挥信息服务功能，以平台的形式发布信息并进行风险预警。利用物联网技术，建立农产品追溯系统，通过技术的形式收集分类农产品信息，构建农产品质量安全追溯信息数据共享平台，为农业参与主体做出正确决策提供保障，使供应链参与者根据决策进行生产、销售、流通等。将经营者征信数据纳入追溯系统，实现农业生产的精准化和追溯化，这样无形中提高了供应链的总体效率。

农业大数据的孤岛打通，更利于农业数据的共享，使得供应链各个环节认识其重要性。但是农业经营者普遍存在一个问题，即学历低，认识数据不到位，没有把数据提高到战略地位，不能有效地通过杂乱无章的数据发现深层次的问题，导致一些数据遗漏，甚至不能实现去伪存真。因此，以消费者为导向，由消费者所构成的消费者社群会产生庞大的农产品需求和信息资源，这些对农产品供应链来讲是非常有价值的。一旦将信息流打通，能根据消费者的需求变化，购买习惯、消费习惯等进行长期存储，同时进行相应的分析，做到有的放矢。农户依托信息流，合理安排生产，与物流进行有效衔接。

## 二、技术流+服务流

随着数字农业、智慧农业等的应用，农业数字化技术越来越重要，对农业精准化发展有着指导性作用。加强技术精准服务，在种业创新、农机装备升级不断发力，发挥科技在产业集聚中的支撑作用。继续完善"科技下乡""科技特派员"等服务体系，形成自上而下的农业技术推广模式，创新公益性农技推广服务方式，鼓励各类社会力量参与农技推广，进行农产品关键技术攻关，在科技创新、产业化经营、品牌营销等方面实施全产业链技术服务。

农产品供应链各环节提高技术保障、标准化操作，从而降低生产成本和物流成本。建立农产品供应链协同创新平台，可实现农业技术、农业服务和农资供应的实时链接，数据实时共享，通过溯源技术对农产品进行监测，保证产品有根可循，增强产品安全双保险。建立面向区域农产品的技术服务网络，实现科技成果市场价值，为农产品发展拓展新空间，引领和支撑区域农产品转型升级和提质增效。打通技术流与服务流的连接，用技术流支撑服务流，用服务流服务技术流，构建技术覆盖、服务集成的新型农业社会化服务集成系统。

### 三、品牌流+现金流

供应链品牌在农产品流通中发挥着重要的作用，如何将供应链品牌与物流有效地融合考验着供应链的效率。强化区域农产品品牌建设，培育具有地方特色的农产品，例如围场马铃薯、万全鲜食玉米、兴隆山楂、望都辣椒等区域公用品牌，对接大型电商平台，如阿里、京东、苏宁等，拓展更多的销售路径，实现农产品多层次、多平台、多环节转化增值。

农产品物流在农产品供应链中扮演着重要的角色，无论是运输，还是配送，都起着举足轻重的作用。涉农供应链企业与物流服务公司建立长期的合作伙伴关系，既提高了效率，又节省了成本，起到一举两得的作用。农产品供应链发展离不开资金注入，无论是国家涉农专项资金，还是民间资本资金都不断地注入农业，缓解农业供应链发展资金不足、融资困难等问题。"团购+预订"及"销售前置"的基于互联网新型商业模式，对资金短缺和降低经营风险，起到一箭双雕的效果。政府应出台相应的政策，保证农民的收益有增无减。将农产品批发市场或销售中心作为交易核心，解决生产和销售头尾衔接不畅问题，打通物流和资金链，形成农产品供应链金融，实现各环节利益共享。鼓励行业协会或龙头企业与农户组织建立营销收益共享机制，开展农产品销售推介和品牌运作，让更多农户享受产业链增值收益。

### 四、产业流+商流

做大做强农业特色产业，形成强有力的产业流。首先，优化河北省地区产业结构，形成"一县一特、一乡一业、一村一品"的产业布局，大力推进农业"一减四增"，调减贫困地区高耗低质低效农作物，优化产业结构。其次，聚焦畜牧、蔬菜、中药材、果品四大特色优势产业，无论在占农业总产值的比重还是在占农业面积的比重都做到最大化，使其优势更加明显。持续加大推动产业发展，顺应城乡居民消费特点，不断地进行升级迭代，同时结合省内资源禀赋，深入发掘具有当地农村特色的生态涵养、休闲观光的产业链。

遵循市场规律，加强产销衔接，利用直播电商的优势，解决农产品的销售难问题。通过直播电商重点进行品牌推广和产品销售，买卖信息及时进行公布，各取所需。针对河北省农产品分布特点以及销售形势，建立区域特色农产品专项产销衔接活动，不断地完善销售渠道，使得渠道流更加顺畅，扩大销售。以消费者为核心，根据线上线下订单，有效生产，减少中间不必要的环节，使得流通的效率提高，流通成本降低。推广"订单收购+分红""土地流转+优先雇用+社会保障"等多种利益联结方式，让农户参与加工、销售环节的利益共享。

## 第二节　直播电商全链路化

### 一、直播电商全链路营销模型构建

直播电商全链路营销模型要充分考虑宏微观环境因素，针对不同的产品类型，进行锁定客户注意、兴趣和欲望的内容前链路，助推客户行动的互动中链路，激励客户完成消费的转化后链路，搭建移动支付、物流、数据吧、MCN服务等直播电商基础设施，通过粉丝社群运营等形式，将沉淀下来的专属私域流量进行目标用户群体营销，最终形成直播电商全链路营销模型。(详见图9-2)

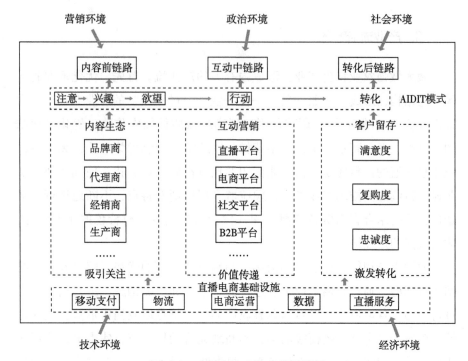

**图9-2 直播电商全链路营销模型**

(一) 健全内容生态, 降低营销成本

**1. 直播电商内容多元, 生态基本成型**

企业、政府、MCN 机构、优质创作者纷纷涌入直播平台, 这将大大丰富直播电商内容类型, 提升直播电商整体内容质量。现阶段, 产品从生产到变现过程中, 涵盖相关平台工具、渠道、政策、资源等方面的直播电商内容生态要不断地健全。企业通过内容创意赋予客户更大的自主权, 解决客户可"划过去"不看广告的现象, 乐意接纳企业传播的内容。这样一来对企业内容输出提出了更高的要求, 它不仅要求产品广告内容接近直播电商平台原生内容, 甚至还要比直播电商平台原生内容更加精彩, 做到让客户无法挑剔, 这样才能吸引更多客户关注。传统企业产品要围绕内容社交、内容接力等形式的创意玩法不断地推陈出新, 利用时下热点, 甚至是创造热点, 增强与客户的互动, 不断提高客户的参与感。

## 2. 短视频营销，降低营销成本

企业号是直播电商平台的重要布局之一，当下直播电商平台，如抖音、快手、视频号等，都在积极进行布局，主要帮助企业利用内容营销精准地锁定目标受众。传统企业要抓住商业机会，制订企业短视频营销战略规划，将营销资源向线上倾斜，通过周期性地与客户进行内容互动，打造企业品牌社群活动，建立以企业品牌为中心的私域营销阵地，使得这些新的营销方式更贴合客户，满足客户需求，从而大幅度降低营销成本。

### （二）生产尖叫产品，实时进行互动营销

## 1. 生产尖叫产品，吸引客户注意力

传统企业在产品设计、生产、营销的全流程中制订长期规划，以创新为推动力，利用现代科学技术，生产出让客户尖叫的新产品，打造自主品牌，抢占市场先机，提升企业的产品竞争力。直播电商平台根据内容分发机制恰恰能将企业产品进行精准推送，吸引客户注意力。直播电商呈现内容碎片化特点，客户一旦与传播内容建立了连接，平台会给客户打上属性标签，为后续企业进行精准营销提供了数据层面的支撑。

## 2. 实时互动营销，延长广告作用时间

传统企业在全链路营销过程中，除了关注转化指标外，也要关注在直播电商平台上与客户的互动性。分析客户与品牌互动的诸多行为，判断客户对企业品牌、商品等偏好程度，进而为营销活动、产品或服务提供参考。直播电商与客户互动的形式也更有利于捕捉并留住用户的注意力，从而延长企业广告作用时长，进一步保证信息传递的质量。由于直播电商具有上述特点，因此，直播电商越来越受到传统企业的追捧。

### （三）搭建私域流量体系，提高客户转化

## 1. 沉淀私域流量，搭建流量体系

随着流量红利的逐渐消失，直播电商野蛮增长的时代即将过去，公域流量成本攀升成为直播电商营销不得不关注的问题。由于技术上存在差异性，因此，社区市场仍然是一块处女地，市场前景广阔。国内相关企业应

抢占市场先机，利用直播电商的无地域限制优势，开辟社区市场，开发适合社区市场需求的产品与服务。通过粉丝管理、社群运营等形式沉淀下来做私域流量，搭建流量成长体系，根据人物画像特点，对私域流量进行再营销，其效率有着得天独厚的优势。

### 2. 细分客户圈层，缩短转化路径

直播电商自身优势是进行客户细分，采取一系列的技术手段，使得内容营销、知识付费、直播电商等模式全线开花，吸引客户多样化的注意力，进入不同的细分圈层。传统企业通过直播电商平台建立网络销售渠道，减少企业搭建实体渠道的成本。直播电商是一个很好的平台，简化渠道层级，提高产品流通效率。直播电商营销的转化环节是以产品销售为主流。企业开通短视频账号后，利用短视频平台接入的第三方电商平台或自建电商供应链体系，实现了从内容到商品详情和购买入口的一键跳转。在短视频内容引起客户兴趣，激起客户的消费欲望，然后通过电商入口一键转化。这个成交过程缩短了转化链路，客户行动成本降低，从而能够激起客户瞬间的冲动性购买，进而提升产品销售转化率。转化链路缩短大大提高了客户满意度，增加客户复购率，进而提升客户忠诚度。

### （四）完善基础设施，构建品牌集群

#### 1. 完善基础设施，打造产业生态闭环

面对暗流涌动的直播电商行业现状，传统电商平台、娱乐内容平台和导购社区平台三类平台入局直播电商的逻辑与侧重点各有不同，也各有其优势与短板。5G 技术的广泛应用，使 5G 技术成为 4K/8K 超高清视频与 VR/AR 应用的底层技术基础，进一步解决了直播电商技术障碍。各类数据、云计算、硬件技术的优化与融合，为直播电商注入新动能，使得直播基础设施更加完善。平台、MCN 机构、商家、监管机构多方需携手共进，聚合优质资源，实现精细化运营，打造健康且稳定的直播电商产业生态。

#### 2. 实施战略联盟，构建区域品牌集群

传统企业可以通过实施战略联盟，整合产业链资源，打通产业链各个环节，利用自身优势，将不同区域、不同企业结合区域特色入驻直播电商

平台，形成规模效应，打造产业链的优势产品，构建品牌区域集群，使产品具有很高的知名度和美誉度，形成品牌经济。

## 二、抖音短视频的直播电商全链路营销分析

我们选取字节跳动公司旗下的抖音短视频 App，该 App 在 2016 年 9 月上线，作为内容输出的电商平台，由于定位音乐短视频社交类软件，其娱乐性和创意性是非常明显的，产品上线就吸引了很多的消费者关注。经过 4 年的运营，用户大幅激增，抖音短视频 App 一跃成为最受欢迎的短视频软件之一。截至 2020 年 8 月，日活用户已经突破 6 亿。如何将流量进行商业化，是抖音一直以来思考和探索的问题。抖音大量的日活用户赋予企业较低的直播获客成本，形成了该平台天然的竞争优势。

抖音平台为响应客户的全链路营销需求，提出了全链路营销模型，完善了从聚焦用户、建立强关系、创新营销内容生态，传播扩散到占领消费者心智的行动，完成转化等全流程的营销策略。在实际运营中，抖音的商业化由之前的借鸡生蛋到自己产蛋，商业模式发生了翻天覆地的变化。尤其是抖音电商的独立，转化链路更短，变得更加可控，前链路与转化后链路之间的距离被进一步缩短，逐渐形成了以特色鲜明的直播、POI、购物车、抖音小店为核心的产品矩阵，链接线上线下，赋能直播商家的全链路营销。

### （一）产业链入驻平台，完善内容生态，形成核心竞争力

抖音通过引入明星、政企、专业媒体账号等优质内容来提升平台整体的品质感，从而吸引更多生产商、经销商、代理商、品牌商等产业链的关注，并吸引它们入驻到平台中来。在以内容为累积的流量基础上，通过精品化内容，链接精准用户，形成精准用户画像，与用户进行有效沟通，增强用户的信任感，形成良好的内容生态。

直播电商行业已由蓝海逐渐转为红海，而具有核心竞争力的行业参与者仍然有较多的受益机会。抖音平台的核心竞争力主要包括流量、供应链以及选品能力。抖音直播电商具有超强的竞争力，能够同时驾驭流

量池与商品池的运营与管理，以供应链管理能力和选品能力为抓手，从而反哺流量池和商品池。抖音平台的超级流量使其具备较强议价能力，吸引更多优质的生产商、经销商、品牌商等产业链商家以低价提供货品，优质的商品和低廉的价格又吸引更多流量涌入平台，形成一个良性正向循环。

因此，未来产业链入驻抖音平台的热情会更加高涨，行业集中度将会进一步提升，形成完整内容生态，入驻行业产业链完整度决定在该平台的话语权越加明显。从抖音发展历程可以看出，头部短视频商家根据自己的特色积累一定的用户之后，在现有业务板块下，既涉足电商业务，又完善了产业链，核心竞争力快速提升。

（二）全民参与，记录美好生活，进行互动与价值传递

抖音在现有自身媒介平台属性和强运营优势基础上，以短视频广告营销为核心，配合直播带货，通过打榜、接力、话题互动等形式降低用户的创作成本，提升全民参与热情。以此为契机，为商家提供常态化内容营销和直播去库存的组合服务；明星达人参与引领分享，激发粉丝参与内容创作热情，全民围观，迅速实现品牌裂变。

2020 年 6 月，字节跳动统筹公司旗下抖音、今日头条、西瓜视频等多个内容平台的电商业务运营，意味着既明确了电商的战略地位，又明确将这些电商业务作为字节跳动的重要业务板块。根据推荐算法锁定用户碎片化时间和多元消费场景，利用垂直内容聚焦细分人群和场景，精准抵达目标人群。2020 年 8 月，开启"抖音奇妙好物节"，第一次尝试平台大促活动，效果出其意料得好，商品交易总额（GMV）达到 80 亿元。数据化管理更加明显，为商家提供线上店铺管理平台抖音小店 App，帮助商家实现移动端店铺管理，同时积极为商家匹配流量，推出商家流量扶持，以提升店铺运营的管理效率。

（三）智能推荐系统引入公域流量，精准推荐，激发客户转化

智能推荐系统赋能内容创新，根据用户偏好在公域范围内进行推送，

与内容生态环境共生，打造引起用户共鸣的原生内容，从而激励商家提升内容品质，实现与用户的深度沟通。建立企业系统转化生态，激励用户口碑传播与消费行为的转化。

2020 年 4 月，签约抖音的罗永浩在直播间进行首秀，引发全民热议，当时热度直线飙升，最终结果也没有让抖音失望，直播最终观看量超 4800 万、GMV 超过 1.1 亿元。因此，可以看出抖音自身平台销售已占到半壁江山。之后，抖音的"明星直播"电商带货模式迅速复制推广，"乘风破浪的姐姐"等演员相继加入抖音，开始了你方唱罢我登场的直播秀，场面非常火爆，演员将自己的粉丝也无形中导流到平台。

2020 年 5 月，字节跳动官方营销服务品牌巨量引擎旗下"巨量星图"平台服务日臻完善，功能增加了达人直播服务。商家根据自身需求，可以一键操作，选择与产品属性匹配的抖音达人进行带货，并通过后台营销数据分析，实现按效果付费，这大大地提高了商家的参与度。抖音制定了一对多的策略，通过平台将需求方与供给方快速连接，从一个任务发出，便能获得海量创意响应，满足客户表达多元的诉求，为客户带来更便捷的体验。再加上 DOU+上线"直接加热直播间"功能，主播根据直播实际情况投放 DOU+购买流量，提升直播间人气，这在无形中又增加了客户转化。

（四）完善"人、货、场"，聚焦流量转化，形成"基建"闭环

抖音依托头条系战略布局，刚开始变现方式比较分散，在"电商化"早期，网红资源与直播场景丰富，但受制于自身的短板，尤其是商品货源缺失。抖音的运营模式从合作模式到自建供应链，逐渐完善支付、商品、物流等环节，形成了基于抖音属性的闭环"基建"。2018 年，抖音实现了与淘宝的联合，为抖音量级大 V 开通购物车，支持链接淘宝网店成交。随着抖音商业模式不断的优化，抖音摒弃了为淘宝、京东等第三方平台引流的角色。2019 年 1 月，抖音接入今日头条"放心购"平台，头条系平台打通，使消费者无须在第三方电商平台购买，直接在抖音平台完成一系列交易。之后，抖音电商小程序、抖音小店陆续上线，抖音的商业帝国更加完善。2020 年 8 月，字节跳动曲线救国取得合众易宝支付牌照，从好内容、

好商品、好服务三维度搭建抖音电商经营模型,从而形成抖音直播电商闭环,聚焦流量转化,完善新"基建",形成自身的优势。

抖音在自建供应链的同时,也面临着新的挑战,尤其是抖音仍面临两大挑战:独立供应链 VS 商品 SKU、优质内容 VS 流量变现。抖音从娱乐内容平台到"娱乐内容+电商"平台转型过程中,不可避免地会触及用户心智,遭到部分用户的反感和抵制。抖音在进行优化基础建设设施时,既优化自有供应链,又丰富商品 SKU,在满足消费者的内容需求基础上进行流量变现。

抖音直播电商控制数据、流量的同时,也可将电商服务部分收入计入平台,缔造新电商的"王国",使自己快速成为行业的巨无霸;从外部平台角度来说,以淘宝、京东等交易为核心的传统电商,将失去部分抖音外部流量支援;从外部商家角度来说,尤其是全渠道运营商家,要分别在抖音系和非抖音系平台进行布局,经营自己的电商业务板块,抖音小店的新渠道也为产业链入驻各方带来便捷的交易渠道。

## 第三节　供应链应急化

面对突发事件,需求出现不确定性和随机性,时间要求上分为时间约束和无时间约束等很多的制约因素,这是新形势下面临的新挑战。目前,应对突发事件的应急物流供应链管理法律法规还不健全,预警体系亟待完善,信息的规范化有待提升,因此,急需保障信息畅通无阻快速响应。

### 一、完善应急物流供应链管理法律法规

进一步完善应急物流供应链安全法制建设,完善具有中国特色的应急物流供应链管理体系,把应急管理纳入规范化、制度化、法制化的轨道。从国家战略安全的角度制定统一的应对重大突发事件的法律法规;从法律角度授权政府,促进应急物流供应链管理部门的沟通与协作,并限定其职责,杜绝出现分散管理,多头管理的现象;制定《应急物流供应链管理法》,将应急物资调配的时效性和准确性纳入进去,将各种突发应急事件

通过科学的程序和制度，使得应急管理部门有法可依。

## 二、重视应急物流供应链管理预警体系

一旦发生突发事件，损失就不可避免地造成，如何将损失降到最低，预警机制就显得尤为重要了。在某种意义上，任何防止风险发生的措施、任何消除风险的努力，都属于应急管理的内容。成立突发事件指挥中心，快速整合和重塑应急供应链体系，使得仓储子系统、受灾信息交换子系统、应急子系统、信息子系统等各个环节信息共享。运用预警系统，快速地传递信息、科学地进行鉴别，实现供需匹配，真正解决供给端和需求端的矛盾，使供应链的整体成本下降，成员获利，从而不断提高应急供应链应对突发事件的能力，尽量将损失降到最低。

## 三、提高应急物流供应链管理流程信息化

提高应急物流供应链管理的速度、效率和准确性，实现应急管理质的转变，这就需要将信息技术与互联网技术相联合，运用大数据、云计算、IOT等技术在该领域推广，解决供需不匹配的问题。构建智慧生产、智慧云仓、智慧物流、智慧销售、智慧配送、智慧金融、智慧溯源"七位一体"的数字智能产品应急供应链体系。共享信息子系统，将应急物流供应链各个环节打通，长链、短链相互交错，形成纵向、横向及混合的供应链，保证物资调配实现快速反应，即在最短的时间、最短的路径和最准确的物资实现供需匹配。

## 四、加强应急物流供应链管理的舆论宣传

在应急物流供应链管理中，如实向公众发布相关信息是非常必要的，体现政府对公众的知情权和切身利益的尊重与重视，也是政府进行舆论宣传的基石。从以往的突发事件处置案例中可以看出，信息不及时公布或者有意隐瞒，都会使得谣言满天飞，给突发事件处理造成了很大的障碍。突发事件指挥中心发挥着重要的作用，需要保证信息发布的及时、准确，尤

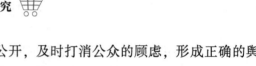
其是公众关心的问题更要及时公开，及时打消公众的顾虑，形成正确的舆论导向。同时提高新闻发言人应对采访的能力，营造应急物流供应链管理的舆论宣传氛围。

## 第四节　电商物流人才专业化

### 一、提升人才储备，专注于电商领域的生鲜农产品销售

可持续发展是企业发展的必要条件，生鲜农产品电商行业同样需要高素质人才来支撑其发展。专业的生鲜电商人才对行业的发展起着至关重要的作用。因此，必须注重培养这方面的专业人才，并强化农民群体的现代化产品发展意识。政府部门应积极响应生鲜农产品电商企业的人才需求，鼓励毕业生进入这个领域，以提升技术水平推动生鲜农产品电商平台的建设与发展。

为确保电商工作人员紧跟电商整体发展趋势，生鲜农产品电商平台需要定期开展技术培训，提高工作人员的专业素养和技能。这将有助于促进我国生鲜农产品电子商务的发展。

（一）改善产业链中各个环节的专业预测能力，以提高整体生产效率

提高鲜活农产品供应链响应能力是一个复杂的过程，包括农产品种植户、直播电商企业、物流企业及平台等多个环节。其中，物流作为供应链中至关重要的一环，如果物流网络布局得当，则可以大大降低供应链的营运成本和提升供应链的响应速度。同时，伴随着大数据技术的快速发展，直播电商企业可以利用各种历史和相关数据，并通过各种智能算法对直播间的流量、观看人数、加购人数、下单人数、退货人数等各个环节的转换率进行预测，从而提高预测准确性，实现精准营销和预测，降低退货率，以及在不确定的情况下找到规律。通过这些预测数据，物流企业可以提前规划布局物流网络，如确定前置仓的位置、库存数量的分配、运力的调整、物流人员的配置、设施设备的部署等；通过前期充分的调研和预测，

物流企业可以极大地降低直播电商存在的不确定性，简化物流供需调节的难度，合理配置物流资源，降低生鲜农产品的物流成本。

（二）探索如何推动实体店和电商经营理念的转变，以适应不断变化的市场需求

消费者在购买生鲜食品方面的偏好正在发生变化，线上购买方式逐渐取代了传统的线下购买方式。政府应该积极引导生鲜企业改变经营理念，支持实体店建立线上交易平台，并推广网上下单、线下集中配送的模式，以满足消费者日益增长的生鲜需求。同时，政府也应该鼓励生鲜电商与实体店、物流服务商进行融合发展，以消费者为核心，通过人员、货物和场地的重构，逐步形成完善的线上线下产销对接体系。这样，就可以借鉴和融合现有的管理模式和方法，实现更加高效的生鲜供应链管理，推动行业的升级和发展。

## 二、实施兼具引导和培育的策略，提升生鲜农产品物流水平

生鲜农产品物流行业的从业人员素质参差不齐，需要物流企业采取多种方式来提升其水平。首先，可以积极吸纳当地闲散劳动力，加强相关知识和技能培训，以便为企业带来更优质的服务和更低的用工成本。其次，政府可以出台相关政策，例如鼓励大学生回乡就业或与高校合作开展订单班、现代学徒制等项目，以增加从业人员数量并注入新鲜血液。此外，物流企业也可以整合行业内的专家资源，定期提供指导与讲授，推动从业人员素质的不断提高。总体而言，通过引育并重，物流企业可以建立起完善的从业人员素质提升机制，从而为生鲜农产品物流行业的发展注入新的活力。

## 三、打造个性化服务品牌，协同直播电商，为生鲜农产品物流提供优质服务

物流行业不能单纯依靠低成本、快速的配送来满足直播电商对生鲜农

产品的诉求。同样，只注重产品质量、牺牲物流做营销的直播电商会使得消费者的投诉增加，导致生鲜农产品退货率显著提升。目前生鲜农产品物流网络的发展滞后于直播电商的进展，因此，协调物流和直播电商的发展，量身定制服务以满足消费者对生鲜农产品的独特需求至关重要。物流企业通过打造生鲜农产品个性化、定制化服务模式，可以有效地支持直播电商的成长，并在这个新兴市场建立起可以信赖的合作伙伴关系，物流企业只有通过这两个产业的协同发展，才能打造生鲜农产品个性化服务品牌，确保直播电商模式在这一板块的成功。

# 参考文献

[1] 陈泽云. 数字乡村视角下农村电商物流的运作机制和实现路径研究 [J]. 农业经济. 2020 (10)：130-132.

[2] 孔思远. 截至 7 月底，河北 150 个县、1109 个供应商共认定扶贫产品 3283 个 [N]. 河北新闻网，2020-08-06.

[3] 杨旭，李竣. 县级政府、供应链管理与农产品上行关系研究 [J]. 华中农业大学学报 (社会科学版)，2018 (3)：81-89.

[4] 张正，孟庆春. 供给侧改革下农产品供应链模式创新研究 [J]. 山东大学学报 (哲学社会科学版)，2017 (3)：101-106.

[5] 王柏谊，杨帆. "互联网+" 重构农业供应链的新模式及对策 [J]. 经济纵横，2016 (5)：75-78.

[6] 叶兴庆等. "十四五" 时期的乡村振兴：趋势判断、总体思路与保障机制 [J]. 农村经济，2020 (9)：1-9.

[7] 王海南等. 乌卡时代后我国生鲜农产品供应链的优化路径与策略 [J]. 农村经济，2020 (10)：107-113.

[8] 励莉，顾建平. 大数据背景下农产品双渠道供应链协同创新分析 [J]. 商业经济研究，2019 (22)：138-141.

[9] 王海南，宁爱照，马九杰. 乌卡时代后我国生鲜农产品供应链的优化路径与策略 [J]. 农村经济，2020 (10)：107-133.

[10] 林强，叶飞."公司+农户"型订单农业供应链的 Nash 协商模型 [J]．系统工程理论与实践，2014，34（7）：1669-1778.

[11] 秦开大，李腾．多不确定条件下的订单农业供应链研究 [J]．经济问题，2016（2）：111-116.

[12] 冯小．公益悬浮与商业下沉：基层农技服务供给结构的变迁 [J]．西北农林科技大学学报（社会科学版），2017，17（3）：51-58.

[13] 贺雪峰．关于实施乡村振兴战略的几个问题 [J]．南京农业大学学报（社会科学版），2018，18（3）：19-26+152.

[14] 王影．国外农业供应链的发展及其经验借鉴 [J]．世界农业，2016（2）：21-23.

[15] 吴琼，刁振军．基于"互联网+"的农业供应链新模式 [J]．农业工程，2018，8（9）：143-144.

[16] 叶飞，林强，莫瑞君．基于 B-S 模型的订单农业供应链协调机制研究 [J]．管理科学学报，2012，15（1）：66-76.

[17] 刘锐．农村产业结构与乡村振兴路径研究 [J]．社会科学战线，2019（2）：189-198.

[18] 易正兰．农业产业集群与农产品供应链管理结合探讨 [J]．农村经济，2008（8）：25-27.

[19] 齐冬梅．浅论信息化农业供应链与中国特色的现代农业 [J]．电子政务，2008（2）：103-108.

[19] 申云，李京蓉，杨晶．乡村振兴背景下农业供应链金融信贷减贫机制研究：基于社员农户脱贫能力的视角 [J]．西南大学学报（社会科学版），2019，45（2）：50-60+196.

[20] 陈秉恒．物联网技术下农业供应链的构建 [J]．江西社会科学，2013，33（4）：214-217.

[21] 符少玲．农产品供应链整合与质量绩效 [J]．华南农业大学学报（社会科学版），2016，15（3）：10-18.

［22］石岿然，孙玉玲. 生鲜农产品供应链流通模式［J］. 中国流通经济，2017，31（1）：57-64.

［23］党国英. 关于乡村振兴的若干重大导向性问题［J］. 社会科学战线，2019（2）：172-180.

［24］周熙登. 基于自组织的农产品物流系统战略协同演化［J］. 中国流通经济，2015，29（6）：45-52.

［25］王佳元. 现代供应链：演变特征与发展战略［J］. 宏观经济研究，2019（7）：98-106.

［26］刘念，简兆权，刘洋. 服务供应链整合战略演进与服务创新能力升级［J］. 科学学研究，2020（1）：145-157.

［27］付磊，廖成林. 考虑消费者类型的零售商物流外包竞争策略［J］. 计算机集成制造系统，2017，23（1）：134-142.

［28］公彦德，王媛. 考虑拆解补贴分配的闭环供应链物流服务偏好研究［J］. 工业技术经济，2019，38（3）：36-45.

［29］冯兴元，孙同全，韦鸿. 乡村振兴战略背景下农村金融改革与发展的理论和实践逻辑［J］. 社会科学战线，2019（2）：54-64.

［30］申云，李京蓉. 乡村振兴背景下农业供应链金融信贷风险防控机制研究［J］. 金融与经济，2019（2）：46-53.

［31］龚英. 灾害救助中的应急供应链管理研究［J］. 软科学，2009，23（12）：17-21.

［32］吴忠和，陈宏，梁翠莲. 时间约束下不对称信息鲜活农产品供应链应对突发事件协调模型［J］. 中国管理科学，2015，23（6）：126-143.

［33］陈方若. 大疫当前谈供应链思维：从"啤酒游戏"说起［J］. 中国科学院院刊，2020，35（3）：289-296

［34］李宁. 新型冠状病毒肺炎乌卡时代应急供应链协同管理研究［J］. 卫生经济研究，2020（2）.

［35］刘燕. 生鲜农产品社区电商供应链运作模式研究［J］. 商业经济研究, 2021 (4)：102-105.

［36］王可山, 郝裕, 秦如月. 农业高质量发展、交易制度变迁与网购农产品消费促进：兼论新冠肺炎乌卡时代对生鲜电商发展的影响［J］. 经济与管理研究. 2020, 41 (4)：21-31.

［37］王海南, 宁爱照, 马九杰. 乌卡时代后我国生鲜农产品供应链的优化路径与策略［J］. 农村经济, 2020 (10)：107-113.

［38］鲁钊阳. 网络直播与生鲜农产品电商发展：驱动机理与实证检验［J］. 中国软科学, 2021 (3)：18-30.

［39］侯媛媛, 金琰. 海南省生鲜农产品电商物流能力评价［J］. 江苏农业科学, 2021, 49 (13)：19-24.

［40］张思光. 生鲜农产品电子商务研究［M］. 北京：清华大学出版社, 2015. 8.

［41］毕玉平. 中国生鲜农产品物流供应链模式研究：以山东生鲜农产品为例［M］. 北京：中国社会科学出版社, 2014. 10.

［42］程扬, 王永钊. 基于突发事件的应急物流供应链构建与策略研究［J］. 铁路采购与物流, 2021, 16 (6)：63-66.

［43］李源, 李静. "互联网+"背景下生鲜农产品O2O电商模式与改进策略［J］. 商业经济研究, 2020 (20)：96-99.

［44］王永钊. 基于电子商务环境下的物流配送服务优化研究［J］. 铁路采购与物流, 2015, 10 (1)：49-51.

［45］王永钊. 基于电子商务环境下的物流服务平台分析与设计［J］. 铁路采购与物流, 2014, 9 (1)：49-51.

［46］王永钊, 郭静. 基于协同理论的区域物流研究［J］. 物流技术, 2013, 32 (23)：63-65.

［47］王永钊, 李芳. 虚拟物流风险分析及应对措施［J］. 物流技术, 2012, 31 (15)：192-194.

［48］程扬，王永钊，刘建文. 生鲜电商农产品供应链协同体系构建研究［J］. 铁路采购与物流，2022，17（12）：54-57.

［49］王海萍. 供应链管理理论框架探究［J］. 经济问题，2007（1）：16-18.

［50］STREN GLUD JOHANSEN, ANDERS THORSTENSON. AnInventory Modelwith Possion Demands and Emergency Orders［J］. International Journal of Production Economics，1998，56-57：275-289.

［51］PAUL D BERGER, ARTHUR GERSTEN FELD, AMY Z Z ENG. How Many Suppliers Are Best? A Decision-analysis Approach［J］. Omega，2004，32（1）：9-15.

［52］WILSON M C. The Impact of Transportation Disruptions on Supply Chain Performance［J］. Transportation Research Part E，2006. 1-26.

［53］MULVEY J M, RUSZYNSKI A. Anew scenario decomposition method for large-scale stochastic optimization［J］. Operation Research，1995，43：477-490.

［54］YU C S, LI H L. A robust optimization model for stochastic logistic problems［J］. International Journal of Production Economics，2000，64：385-397.

［55］CHRISTOPHER M, CHRISTINE RUTHER FORD. Creating Supply Chain Re-silience through Agile Six Sigma［EB/OL］. http://www.critical-eye.net,June-August, 2004.

［56］Bade D J, Muller J K, New for the Millennium：4PL, Transportation and Distribution, 1999,（2）：78-80.

［57］艾媒咨询. 2022 年中国生鲜电商运行大数据及发展前景研究报告［R/OL］.（2022-04-8）［2022-11-14］. https://www.iimedia.cn/c400/84894.html.

［58］艾瑞咨询. 2020 年中国生鲜供应链行业研究报告［R/OL］.

（2022 - 09 - 17）［2022 - 11 - 14］. https://report. iresearch. cn/report/
202009/3652.shtml.

［59］千际咨询. 2022 年乳品行业研究报告［R/OL］.（2022-07-15）
［2022 - 11 - 12］. https://caifuhao. eastmoney. com/news/20220715115920658562070.

［60］贤集网. 2021 中国生鲜零售行业规模及前景分析，菜市场是特
大零售渠道［R/OL］.（2021-06-05）［2022-11-14］. https://www. xianji-
china.com/news/details_ 268748.html.

［61］町芒研究院. 2022 预制菜行业研究报告［R/OL］.（2022-08-
10）［2022 - 11 - 13］. https://baijiahao. baidu. com/s? id = 174075011283223363 1&wfr = spider&for = pc.

［61］艾瑞咨询. 2021 生鲜电商行业研究报告［R/OL］.（2022-09-
10）［2022-11-13］. https://m.thepaper.cn/baijiahao_ 14442666.

［62］兴业证券. 2019 农产品供应链行业深度研究报告［R/OL］.
（2019 - 09 - 23）［2022 - 11 - 14］. https://www. sohu. com/a/342685335
_ 757817.

［63］中国贸促会研究院. 一体化供应链物流服务发展白皮书［R/
OL］.（2021 - 10 - 31）［2022 - 11 - 14］. https://www. shangyexinzhi. com/arti-
cle/4316899.html.

［64］东北证券. 前置仓的市场空间及竞争力几何［R/OL］.（2021-
08-19）［2022 - 11 - 14］. https://www. 163. com/dy/article/HF5TKSQL05118
U1Q.html.

［65］工业互联网产业联盟（AII）. 基于工业互联网的供应链创新与
应用白皮书［R/OL］.（2021-12-16）［2022-11-14］. http://www. aii-alli-
ance.org/index/c145/n2702.html.

［66］零壹智库. 解析京东物流：引领一体化供应链，铸就电商 " 物
流壁垒 "［R/OL］.（2021-05-19）［2022-11-14］. https://www.baogaoting.

com/info/40871.

［67］腾讯研究院. 中国数字经济发展观察报告［R/OL］.（2021-12-17）［2022-11-14］. https://new.qq.com/rain/a/20211217a0csyt00.

［68］中央网信办、农业农村部. 中国数字乡村发展报告（2020年）［R/OL］.（2022-11-28）［2022-11-14］. http://www.moa.gov.cn/xw/zwdt/202011/t20201128_ 6357205.htm.

［69］头豹研究院. 2019年中国精准农业行业研究报告［R/OL］.（2020-11-30）［2022-11-14］. https://www.docin.com/p-2509890668.html.

［70］罗戈研究. 2021中国低碳供应链物流创新发展报告［R/OL］.（2021-8-25）［2023-4-9］. https://baijiahao.baidu.com/s?id=1709065437875534665&wfr=spider&for=pc.

［71］中国信息通信研究院. 企业数字化转型蓝皮报告（2021年）［R/OL］.（2022-10-4）［2023-4-9］. https://www.shangyexinzhi.com/article/5241035.html.

［72］曾佑新，袁盼，张怡雯. 博弈论视角下不同主导权的生鲜电商供应链决策分析［J］. 南京审计大学学报，2019，16（5）：55-64.

［73］霍红，贾雪莲，姜曼，等. 不同风险防范模式下农产品供应链决策研究［J］. 计算机应用与软件，2022，39（2）：68-74.

［74］刘刚. 服务主导逻辑下的农产品电商供应链模式创新研究［J］. 商业经济与管理，2019（2）：5-11.

［75］冷霄汉，戴安然. 关系和信任：电商主导下的农产品供应链研究［J］. 烟台大学学报（哲学社会科学版），2019，32（1）：115-124.

［76］侯媛媛，金琰. 海南省生鲜农产品电商物流能力评价［J］. 江苏农业科学，2021，49（13）：19-24.

［77］吴春尚. 基于Stackelberg博弈模型的不同主导权的三级农产品电商供应链决策分析［J］. 工业工程，2021，24（4）：160-167.

［78］李晓. 基于大数据的生鲜农产品电商配送优化研究［J］. 农村经

济，2018（6）：106-109.

[79] 向红梅. 基于微笑曲线理论的农产品电商个性化服务研究 [J]. 世界农业，2016（7）：90-95.

[80] 杨路明，施礼. 农产品供应链中物流与电商的协同机制 [J]. 中国流通经济，2019，33（11）：40-53.

[81] 汪义军，欧晓明. 生鲜农产品电商供应链协同模型的构建 [J]. 财会月刊，2019（23）：153-157.

[82] 刘燕. 生鲜农产品社区电商供应链运作模式研究 [J]. 商业经济研究，2021（4）：102-105.

[83] 高敏. 我国生鲜农产品电商供应链发展缺陷与对策 [J]. 商业经济研究，2019（11）：140-143.

[84] 戴菲，徐燕. 新零售背景下生鲜农产品电商竞争优势、问题及优化策略 [J]. 价格月刊，2020（2）：21-25.

[85] 朱一青，朱耿，朱占峰. 生态化视域下农产品电商供应链收益分配机制研究 [J]. 价格月刊，2021（11）：81-86.

[86] 徐鹏. 线上农产品供应链金融风险防范研究 [J]. 华南农业大学学报（社会科学版），2016，15（6）：93-103.

[87] 张旭梅，吴雨禾，吴胜男. 基于优势资源的生鲜零售商供应链"互联网+"升级路径研究：百果园和每日优鲜的双案例研究 [J]. 重庆大学学报（社会科学版），2022，28（4）：106-119.

[88] 周艳菊，郑铎，叶欣. 考虑扶贫偏好的三级农产品供应链决策及协调 [J]. 控制与决策，2020，35（11）：2589-2598.

[89] 曾凡益，孙剑，陈新宇. 农产品电商集群企业多维邻近性对协同创新绩效的影响 [J]. 中国农业大学学报，2021，26（12）：241-252.

[90] 胡振，王思思. 农产品供应链电商平台合作关系及信任度调查 [J]. 商业经济研究，2020（22）：77-79.

[91] 刘杰. 直播电商视角下农产品供应链整合的逻辑、现实问题及

对策建议［J］. 商业经济研究，2021（24）：150-153.

　　［92］鲁钊阳. 网络直播与生鲜农产品电商发展：驱动机理与实证检验［J］. 中国软科学，2021（3）：18-30.

　　［93］朱婷，夏英. 农业数字化背景下小农户嵌入农产品电商供应链研究［J］. 现代经济探讨，2022（8）：115-123.